La regla del juego

ESCUELA LACANIANA DE PSICOANÁLISIS

BERNARD-HENRI LÉVY
JACQUES-ALAIN MILLER
(Compiladores)

La regla del juego

Testimonios de encuentros con el psicoanálisis

TRADUCCIÓN DE SUSANA LAURO

EDITORIAL GREDOS, S. A.

Director de la colección:
VICENTE PALOMERA
Edición para España y Latinoamérica a cargo de
LIDIA LÓPEZ SCHAVELZON

Título original francés:
La Règle du Jeu.

López de Hoyos, 141 - 28002 Madrid.
www.rbalibros.com

VÍCTOR IGUAL • FOTOCOMPOSICIÓN
TOP PRINTER PLUS • IMPRESIÓN
DEPÓSITO LEGAL: M. 18.877-2008.
ISBN: 978-84-2493-565-8

Impreso en España. Printed in Spain.

CONTENIDO

PREFACIO

Este libro es el testimonio de cómo cada sujeto pudo introducir un margen de libertad en lo que constituía «la verdad» de su destino. Dicho margen es una conquista que resulta del riesgo, asumido por el analizante, de hacer algo con ese obstáculo que vuelve de modo insistente, ese sufrimiento que lo lleva una y otra vez a lo más insoportable de su vida.

Semejante riesgo tiene un tiempo y una forma. El tiempo es inherente a la idea que tenemos del sujeto en tanto efecto retroactivo de la cadena significante. En cuanto a la forma, está construida por las modulaciones de ese Otro que conformó la matriz de los lazos que el sujeto se ve compelido a repetir. El analizante recurre a un analista para saber acerca de esa «verdad» que lo determina, para descubrir lo que ignora de sí.

Demos entonces la palabra a quienes, tras arriesgarse, han decidido ejercer el derecho a oponerse a los ilegítimos medios por los cuales hoy se intenta cuestionar el psicoanálisis.

*Cada uno de nosotros es llevado por lo que ignora y que sin embargo encuentra en la repetición: ese curioso objeto causa de nuestro deseo nada nos garantiza que nos guste. ¿Cambiarlo? Imposible. Pero entreverlo de otra manera que no sea a través de las catástrofes con las que él sacude nuestra vida, sí. Es eso lo que puede permitir una cura.**

En psicoanálisis, *no se trata del tiempo que se cronometra, de la duración que es una tentativa de neutralización... Se trata del tiempo bruto que no se borra, el que separa un antes y un después. Es el tiempo límite no limitado en sí mismo por una medida instrumental. Para el tiempo abordado de este modo, el instante no se distingue de la eternidad, envuelve, insinúa, resulta imposible de domesticar...*

* Los textos en cursiva sin referencias forman parte de los testimonios reunidos en este libro.

Los mandatos ejercidos en las sociedades contemporáneas para que el sujeto «funcione» de acuerdo con los modelos de la eficacia y el éxito actualizan lo que dijo el poeta inglés W. H. Auden: «El behaviorismo funciona: la tortura también. Estoy seguro de que si me confiaran al profesor B. F. Skinner, y me facilitaran las drogas y las herramientas apropiadas, terminaría recitándoles, en una semanas, el Código Atanasiano en público. El problema con los behavioristas es que siempre se las ingenian para excluirse a ellos mismos de sus teorías. Si todos nuestros actos son condicionados, nuestras teorías también lo son».[1]

La radicalidad con que el poeta se expresa para denunciar la falsedad de los postulados pretendidamente científicos con que se protegían los practicantes e investigadores de la psicología experimental es enorme. Sin embargo, eso que hoy parece superado y lejano retorna intentando hacerse un lugar mediante la oferta de soluciones a los grandes problemas de la época, aunque tanto sus propuestas de política sanitaria como los ataques mediáticos o los despliegues de *marketing* editorial que lleva a cabo delaten el condicionamiento escondido pero insoslayable que define su práctica: el servicio al discurso del amo.

Como lo hizo el poeta, hoy se hace necesario denunciar los falsos semblantes, ya se trate de la retórica enmascarada en la *lex artis* o de la impregnación cognitivista que busca apropiarse del psicoanálisis. Si el psicoanálisis alcanzó el estatuto de gran descubrimiento del siglo xx es porque asumió el lugar del reverso del discurso del amo. Esto produce una gran ruptura: *el síntoma no es una enfermedad que debe ser curada, sino un signo que viene del inconsciente personal y que abre una falla en la norma anterior con miras a la creación de un nuevo porvenir.*

El psicoanálisis es hoy todavía una disciplina muy joven; apenas ha transcurrido un siglo desde su nacimiento, tanto en el campo de la epistemología como en el de la terapeútica. Queda por recorrer un largo camino que, como el del deseo, por estructura, es sinuoso y laberíntico. *No figura en sus propuestas la conquista de la felicidad, no es una panacea, sólo pueden valerse de él quienes sufren.*

Sin embargo, a pesar de su juventud, el psicoanálisis ha marcado con huellas imborrables la cultura occidental. Freud y Lacan abrieron el cam-

1. W. H. Auden, *Confesiones de escritores*, El Ateneo, Buenos Aires, 1997.

po del saber a una episteme y una praxis que permitieron interrogar aspectos hasta entonces insondables de la religión, la autoridad patriarcal, el derecho, la ley, el arte y la literatura.

El psicoanálisis está dirigido a seres que reconocen en ellos un obstáculo: insomnes, bulímicos, depresivos, obsesivos, impotentes, narcisistas, angustiados, etcétera. El psicoanálisis reconoce la discordancia como esencial a la dimensión humana. Le hace un lugar para que se vuelva creadora y no destructora. La discordancia genera la invención. Se sabe que los grandes descubrimientos científicos se han hecho en la ruptura.

Este libro es el producto de la reunión de un conjunto de textos testimoniales escritos por psicoanalistas, escritores, periodistas, artistas y un amplio grupo de gente vinculada al mundo de la cultura, el arte y la ciencia sobre sus experiencias con el psicoanálisis.

Encontramos en la lectura de estos testimonios, vívidos, contrastados, singulares, un efecto de «bien decir», de lo que se transmite con la palabra justa, con la palabra orientada por la ley del deseo.

Jacques-Alain Miller y Bernard-Henri Lévy, director de la publicación *La Règle du jeu*, realizaron una amplia convocatoria para que cada uno, psicoanalizado o psicoanalista, desde su perspectiva, en nombre propio y a su manera, relatara su encuentro con la disciplina freudiana. Esta edición en español incluye además testimonios procedentes de España y Argentina.

Los resultados de un análisis no se pueden cuantificar ni evaluar, pero podemos conocer sus efectos a través de lo expresado por los mismos analizantes sobre lo que un tratamiento psicoanalítico les ha aportado. Lo que el lector encontrará en este libro es lo decantado en un largo recorrido, en un compromiso profundo, por quienes frente a los momentos de *impasse* de sus vidas se decidieron a realizar la experiencia del psicoanálisis.

Estos textos nos ofrecen, al modo de las epifanías joyceanas, lo que cada uno ha logrado apropiarse de tal experiencia: fragmentos de un real que expresa eso tan íntimo y tan personal que bordea lo indecible.

Si hoy, a través de estas páginas, tenemos acceso a estos testimonios, es porque hubo antes un lazo transferencial con un analista, quien desde su posición hizo lugar a que cada quien se apropiara de su vida para hacerla más vivible.

LIDIA LÓPEZ SCHAVELZON

ISABELLE ADJANI
Actriz

DEL LADO DE LA VIDA

Durante años, en la búsqueda ambivalente de un analista que hiciera «hablar» mi análisis, aprendí que no hay buen o mal analista. Hay verdaderos psicoanalistas y otros que no lo son. Yo estoy en cura analítica con un analista freudiano desde hace ya cierto tiempo.

En Francia, en el ámbito de los actores y de las actrices, me doy cuenta de que todavía es cosa corriente «temer» la cura analítica e identificarla con una cura de desensibilización. Desensibilización de los síntomas, de su motor negativo, verdadera falsificación psíquica del impulso vital y de su complejidad, que un día, sin embargo, todo artista puede decidir no confundir con el don, el talento y hasta la inspiración y la gracia, si fuera el caso.

A menudo escucho decir: «Yo me curo actuando», «Ponerme en la piel de un personaje es mi terapia, así nunca soy yo mismo», y muchas otras declaraciones de resistencia contra un inconsciente que hace trampa ante cada logro, es cierto, pero que nos hace trampa cuando retorna, ese famoso retorno del rechazo, reforzando todo lo que no va más cuando se trata de ser uno mismo, más aún cuando se trata de respirar por uno mismo.

Antes de deshacerme de esta superstición, hasta diría de esta religión de los síntomas, y de correr el riesgo de desplazarme, porque por supuesto es un riesgo, hacia el lado de la simbolización, el lado de la socialización, necesité tiempo, ese tiempo de la necesidad real de ponerme... del lado de la vida.

LAURE ADLER

Periodista, escritora

UNA DIGNIDAD NECESARIA

Fue por un libro que tomé prestado en la biblioteca del liceo de niñas de Clermont-Ferrand que tuve la revelación de la existencia del psicoanálisis. Revelación, la palabra no es tan fuerte como la impresión física, psíquica que me causó *La interpretación de los sueños*, llevándome lejos, al interior de lo que creía ser.

Ciertamente, los tormentos de la adolescencia nos llevan inevitablemente a sentirnos acosados por la obsesión de la identidad, los contornos de fronteras, a enfrentarnos con la opacidad de lo real. Banalidad, pues, del desconcierto —¿quién soy yo para el otro?, ¿quién soy yo verdaderamente para mí?, ¿hasta dónde llegan los contornos de mi cuerpo?, ¿qué lugar puedo autorizarme a tomar en el mundo?, y ¿estoy allí verdaderamente?—. Período propicio para las arenas movedizas, el suelo que vacila, los deseos de borramiento. La lectura constituía una fuente de sosiego. Lecturas febriles pero apresuradas, porque estaban saturadas de deseos de introspección de los caminos de la libertad, recogimiento ante las páginas aprendidas de memoria de Simone Weil con, en sordina siempre, ese deseo de huir. Pero ¿adónde? De desaparecer. Pero ¿cómo?

La interpretación de los sueños me salvó de ese halo mortífero que yo atribuía al hecho mismo de la existencia, me forjó una arquitectura general de lo que podía significar estar en el mundo, encendió la luz en el fondo de los fondos donde yacían seudosecretitos de los que pensaba que me protegía, pero que no eran más que acumulaciones y sedimentaciones de vanidades y de mentiras elaboradas desde la tierna infancia.

Ése fue el inicio de la revelación. El psicoanálisis, para mí, fue en primer lugar la incorporación de textos de Freud, el descubrimiento de la *terra incognita*, la posibilidad de construirse a sí mismo, el método para escuchar a los otros, una manera de recordar los sueños, un cuidado, un respeto, una dignidad necesaria y vital acordada al reconocimiento del Otro. Toda una marcha solitaria. Por otra parte, no deseaba hablar de eso, que salga de mí con palabras. Era un ensamblado de meditaciones, de reflexiones que se sedimentaban aquí y allá en el interior. Se construía, construía no sé qué. Poco importaba. No se trataba ni de la introspección ni de machacar.

Tuve la suerte de formar parte de una generación que tuvo la impresión de descubrir a Winnicott, Melanie Klein y Jacques Lacan leyendo a maestros que no dudaban en hablar de clínica y en permitirnos entrar en el laboratorio de sus conceptos a partir del sufrimiento.

Quizá por eso el psicoanálisis nunca ha sido para mí algo etéreo, complicado, disimulado. Por el contrario, de lo que se trataba era de revelación y despliegue del mundo. A riesgo de parecer ridícula, me atrevería a confesar que esperábamos los textos de Jacques Lacan como un encauzamiento, una serie de enigmas, de frases para rumiar. Muchas nos parecían de una luminosa claridad, a otras no conseguíamos quitarles el cerrojo. Estábamos del otro lado de la puerta, pero poco importaba. Porque de los *Escritos* de Jacques Lacan hablábamos entre estudiantes. Lacan era el principal tema de discusión, el motivo para encontrarnos, la ocasión de largas marchas por París, donde, gracias a él, surgían cuestiones que no siempre nos atrevíamos a plantearnos. Algunos pretendían comprenderlo. Comprender todo en él. Yo no los envidiaba. A veces, me gustaba mucho no entender nada. Y fue a partir de este conocimiento de lo incomprensible cuando se operó el vuelco. El deseo de entrar en psicoanálisis. Yo digo entrar en análisis. Porque de eso se trataba exactamente. De un comienzo.

Me acuerdo de la hora —siempre la misma— de la luz del día en ese momento —de las mañanas en que tenía sesión y no me despertaba y no dormía de la misma manera en que los días sin ella—. Porque durante todos esos años, había los días con y los días sin. Las noches antes, en que los sueños proliferaban, y las noches de después, en que los sueños se escapaban pero se chocaban. Era una buena paciente. Seguramente demasiado. Una máquina de soñar, una obsesiva de la interpretación. Ella no tardó en hacérmelo saber... Ella, era una mujer, la había elegido mujer y por supuesto lacaniana.

Pero muy pronto tuve la impresión de que era ella quien me había elegido en la manera de acompañar mi existencia sin decirlo nunca, en su presencia-ausencia, en esa voluntad con la que ella me alentaba a soltar prenda finalmente. Aquel tiempo forma parte de un ciclo de vida. En efecto, toda mi vida estaba teñida por el psicoanálisis que hacía. Entre una sesión y otra no pensaba en eso en particular. Venía, se iba, venía, así, sin avisar. Y muy a menudo en el momento oportuno.

Una vez quise abandonar. Esa mañana me había armado, había preparado las palabras para decirlo. Ella me dejó hablar, no respondió y al terminar la sesión solamente dijo: «Hasta la semana que viene». Comprendí que era demasiado pronto. Pero ¿no es siempre demasiado pronto?

Como una soldado que comprende que ciertos obstáculos deben imperativamente ser afrontados, el martes siguiente por supuesto acudía a la cita. Durante años, tres veces por semana, tres cuarto de hora. Recuerdo el lugar, el aspecto del camarero del café, los porteros lavando la acera en esa calle tranquila. Cuando leo un libro de Patrick Modiano, siento esa misma impresión de hipersensibilidad, de tentativa de ajuste conmigo misma, de estar de sobra, pero de estar.

Un día, sin haberlo decidido, le dije que se había terminado. Ella me dejó partir con una luminosidad en la mirada que yo interpreté como una aceptación.

Años después, ella publicó un libro que me envió, yo estaba en la lista de prensa. Mi trabajo era entrevistar a gente que me enviaba ese tipo de libros. Dudé. Ella aceptó venir. En el plató por primera vez, hablaba ella. Yo no podía mirarla y menos hacerle una pregunta. Ella entendió y se autoentrevistó.

AGNÈS AFLALO

Psiquiatra, psicoanalista

LA SUERTE DE UN ENCUENTRO

Yo encontré a Freud, leyéndolo, cuando tenía doce años, y no es excesivo decir que a él debo desde entonces mi decisión de querer ser psicoanalista. Yo encontré el deseo de Lacan a los veinticinco años y creo legítimo reconocer que la suerte de ese encuentro cambió mi vida.

Sin embargo, la primera interpretación, que fue la que decidió la elección de mi nombre, y construyó mi destino, la debo a mi padre. En el París pobre de posguerra, para ellos extraño, mis padres habían perdido una hija al poco tiempo de nacer. En la clínica, para afrontar los riesgos reales de un nuevo embarazo, la invocación materna salmodiaba, en un semisueño, el nombre de un santo varón, dueño del milagro que debía salvarla: «Rabbi Meir Baal Hanes». Mal oído, ese dicho se le apareció como el llamado a una Agnès enigmático para ella. El padre, convocado, interpreta el equívoco translingüístico Agnès-Hanes, lo promueve al rango de oráculo milagroso, lo decreta marca de una suerte divina, y decide que si es mujer, la llamará Agnès. Así es como mi nombre, heredado del santo varón, se convirtió en síntoma: adueñarse del milagro encarnando la suerte de otro caído en desgracia. No faltarían ocasiones.

Endosar los hábitos del milagro fue juego de niños. Pero el milagro era caprichoso, tomaba cuerpo sobre todo con la llegada de los más pequeños. Además, no impedía ni las ausencias de un padre imantado por otros deseos ni la hipocondría materna que envolvía a cada hijo en una angustia deletérea y apelaba constantemente a la renovación del milagro de la vida por salvar dejando de lado todo lo demás. La elección paterna y la bendición divina marcaban al niño providencial refugiado en el amor del padre. Sin embargo, la creencia, quebrada ya por la preferencia materna por el hijo mayor, fue seriamente cuestionada, a los doce años, con el nacimiento del menor. Por su propia defensa y con la muerte en el alma, el niño elegido debió rendirse ante la evidencia, el saber paterno, por más divino que fuera, estaba marcado por el sello de la impotencia. La verdad enclavada en el cuerpo no dejaba de interrogar al oráculo. El divino azar convertido en necesidad multiplicaba inexplicablemente la suerte con la desgracia. ¿Cómo adueñarse del milagro?

Aprender a leer y a escribir el idioma del milagro no fue suficiente. La delicada tarea de traer suerte necesitaba un saber más extenso. Pasó por el de otras lenguas escuchadas en la casa, y el amor se dijo *amor*. Los sonidos de esas lenguas marcaban el cuerpo y sellaban las paradojas de ese destino sin dar las claves. Era necesario entonces otro saber cuyo real estuviera más asegurado. Y en ese momento encontré a Semmelweis y a Freud sucesivamente. La lectura de sus descubrimientos dio un vuelco a mi vida. Semmelweis descubrió la ley de la asepsia que cura la fiebre puerperal fatal para la madre y el niño. El cumplimiento del milagro de la vida salvada concordaba muy bien con la ciencia. La mirada y el saber del científico doblaban a los del padre, con el agregado de la demostración que llevaba consigo la convicción: el saber faltante podía complementarse con un plus de saber que lo haría consistir y haría comprender la verdad del oráculo. Decidí ser médico.

¿Qué remordimientos debía adormecer para tomar semejante decisión? Al descubrir a Freud, poco después, se reveló bruscamente el cuerpo del delito: el milagro de la vida salvada para la madre y el niño estaba fantasmatizado. La ley científica necesaria era sólo universal. La causa, porque era singular, la había suplantado. Mejor la verdad incandescente que la mentira tibia. Esta exigencia imponía a partir de allí el recurso del saber del psicoanálisis. Éste pasaría por la medicina y sus fallas, y por Freud.

Las proscripciones alimentarias y la relativa libertad parental en lugar de los ritos religiosos desplazaban la batalla al campo de los desórdenes de alimentación. Luego, el encuentro con los maestros religiosos hizo fracasar la fascinación por la renuncia jansenista y las tentaciones de la religión. El encuentro con un maestro filósofo y sus *impasses*, al final de la adolescencia, fue la primera oportunidad para hacer consistir el milagro del saber salvador fuera de la casa: él había sabido ver, él también, la preciosa verdad, pero puesta por escrito en el cuerpo del texto. Convertida en Diotima, yo esperaba enseñar el Sócrates por venir.

El despertar de la primavera puso en jaque, una primera vez, al imperativo de producir el saber que falta al Otro para encarnar su suerte, y la otra cara de la moneda tomó cuerpo por el lado del gran sueño. Despierta para dormir mejor en el milagro, y con el bachillerato en el bolsillo, la facultad se hacía accesible. Por desgracia, Freud quedaba demasiado lejos y el deseo del hombre, demasiado cerca. La muralla de don Juanes acumulados empezaba a desmoronarse. Para convertirme en psiquiatra, once años en firme y el aburrimiento ante todo. Los intentos por encontrar el saber del psicoánalisis en la universidad se saldaban con un fracaso: «ciencia de los textos» demasiado oscura, y la psicología oscurantista. Un día, al empujar por casualidad la puerta de un curso, escuché a un joven profesor que comentaba un texto arduo sobre la sexuación escrito por un psicoanalista cuyo nombre me era apenas conocido, Lacan. Cada frase desplegaba una luz incandescente. Allí sí está Freud: el mismo rigor lógico, la misma exigencia de demostración, el mismo acento de verdad. Un ejército de autores de los que en muchos casos escucho su nombre por primera vez. Ese día de otoño de 1975, en Vincennes, Lacan hizo su entrada en mi vida, y el deseo de este enseñante me hacía saber que después de tantos años Freud tenía un sucesor. Jacques-Alain Miller acababa de presentármelo.

En el extranjero, el encuentro con quien hizo advenir la mujer precipitó la primera cita con un psicoanalista. Dos rasgos lo marcaban: debía ser lacaniano y estar dentro de mi precio. ¡Qué encuentro: no me decía nada y anotaba todo! Así con el oráculo reducido a silencio, el milagro de la transferencia fue el de «divanes profundos como tumbas». La búsqueda del ser se hizo letra muerta, y el goce de la bella durmiente ocupó toda la escena durante meses: estirarme en el diván, dormir los veinte minutos rituales, despertarme, pagar e irme. Apareció la idea de que el psicoanálisis y los psicoanalistas eran dos. Conocer las consecuencias de este descubrimiento llevaría un tiempo. Poco después, el encuentro con un verdadero deseo de hombre, que encarnaba otra versión del milagro, desencadenó un cortejo de angustias asfixiantes y reforzó el temor cotidiano de padecer enfermedades mortales de las que se enseñan en la facultad. Entonces, la alternativa fue la escapatoria silenciosa reiniciada o el deseo de tentar la suerte de encontrar a Lacan. El deseo pudo más.

La primera vez, la sesión duró más de una hora. Una vez elegido el juego, empezó el desafío. El precio pedido por una sesión era el de mi salario mensual como médica externa. Muy pronto tuve que ir a la calle de Lille todos los días. Ningún límite a las concesiones para obtener, una vez más, la palabra de amor y su divino estrago. Satisfacer la demanda del Otro debía seguramente conducir a eso. Debía, pues, multiplicar las guardias de reanimación después de psiquiatría para pagar el precio de las sesiones. Ni tiempo de cerrar un ojo. La inhumanidad no venía por el lado del analista, sino más bien del lado del inconsciente, que exigía, sin descanso, el encuentro con la urgencia de la vida por salvar y la satisfacción del *furor sanandi*. La multiplicación de guardias chocó con los límites del cuerpo agotado. Hubo entonces que terminar con la imposible satisfacción del deseo del Otro y así salir, en parte, del daño amoroso actualizado en la transferencia. Lacan, sonriente, asintió a esta conclusión, y las sesiones diarias se redujeron a tres por semana. Ése fue el precio que pagar para empezar a captar las apuestas del desprecio: la exigencia del analista en mis precios encubría el goce por el desprecio del cuerpo como el del amo castrado sobre el que había que reinar. El desprecio no faltaba a ninguna cita.

La duración de las sesiones: la de un relámpago. Había que ver y concluir. Ya no había tiempo para dormir en análisis. Accesos de adormilamientos fulgurantes e incoercibles antes de cada sesión, a eso se reducía el milagro: una historia para dormir parada. En el análisis, el síntoma se construyó en torno al enigma del sexo. Tomó cuerpo una curiosidad fálica. Ésta pulverizaría uno a uno los semblantes del querido saber hasta dejarlo en su inconsistencia y su incompletud estructural. El peso de la mirada empezó a aligerarse por haber podido interrogarla metódicamente. El cuerpo fue liberado suficientemente de sus enredos como para arriesgar la apuesta por el deseo de la femineidad: consentir a una petición de matrimonio, después dar vida a dos niños.

Pero Lacan se fue antes de que el amor librara su axioma. Para construir la ley de la serie, hubo que retomar el camino del análisis. Las condiciones de amor prescribían la elección de un maestro docto, debía ser uno marcado por un rasgo discreto del fracaso, única garantía de poder encarnar, seguramente, su suerte, y de obtener, más secretamente, la seguridad de tener al otro divino a merced. Las apuestas fuertes imponían resolver el espinoso problema planteado por el enigma del sexo y de la vida enunciada por el oráculo: el «si es una niña» sólo habla de una hipótesis, y hace pantalla a la condición implícita del mortal. Manejar el milagro para adornar el desamparo implicaba adquirir todo el saber del ser sexuado y en vida. La intimación que producir y hacer producir al Otro el saber inédito escandían los momentos cruciales del análisis, momentos de desamparo en que el goce deletéreo se condensaba. La enfermedad y la agonía de un ser querido, en esa época, sirvieron para librar la última batalla contra la loca exigencia del *amor* para separarlos por fin. El encuentro con la soledad radical del humano impuso sacar las conclusiones de la disyunción necesaria del psicoanálisis y del psicoanalista. Alcanzado el punto de finitud, fue necesario decidir de forma definitiva por el psicoanálisis, y consentir que un psicoanalista no sea más que el *partenaire* necesariamente humano. Pero fue después cuando la verdad del galán hizo bascular la perspectiva, como una anamorfosis, lanzando una última mirada al volverse.

En el análisis, la tela del síntoma no había dejado de tejer el derecho y el revés de la misma cara, recorrida indefinidamente, desde la actividad de salvar hasta la de ponerse en peligro para hacerse salvar. Idas y vueltas incesantes del niño precioso al niño dormido para siempre, del hombre que salva a la mujer que debe ser salvada, del saber a la ignorancia, de Hanes a Agnès. Hombre y mujer conjugados en tiempo presente de la ficción alcanzaban el punto de verdad: lo imposible. Entonces, lo más lejano se volvió lo más cercano: el goce de la mordaza del silencio que frecuentaba el lazo amoroso desde la infancia no era del otro, sino muy mío.

Una vez descifrada la despiadada ficción del oráculo, seguía siendo un misterio el enigma del viviente sexuado: la relación con el sexo nacía de su imposible. Fueron necesarios algunos largos años de análisis para que la elección contigente de ese nombre cese de prescribir la necesidad de un destino imposible de realizar. Porque ¿cómo curarse de ser sexuado y mortal?

Ningún amor por el saber colmará jamás la falla. Un deseo vivo y decidido sólo puede elaborar trocitos de saber. Qué es una niña puede pretenderse ser oído en los aluviones de la lengua, o verse, pero no más que la vida o la muerte, no se puede saber. El enigma del sexo y del goce del ser viviente, desprovisto de sentido, constituye la falla infranqueable del saber que un nombre propio o un apellido enmascaran. Es imposible curar de la condición humana. Sin embargo, si se aprovecha la ocasión, la experiencia del psicoanálisis puede desprogramar un destino desactivando las palabras maestras de las que se sirve. La suerte de este encuentro cambió el curso de mi vida.

JORGE ALEMÁN LAVIGNE
Filósofo, psicoanalista

EL APRENDIZAJE DE SABER PERDER

¿Cómo saber cuándo alguien se encuentra con una disciplina? Un encuentro que merezca ese nombre es siempre portador de las marcas de lo imprevisible. Todo lo importante nos llega de modo imprevisto, pero lo imprevisto necesita tiempo para prepararse. En este caso lo imprevisible se fue preparando a partir de distintas escenas, escenas que de algún modo introducían una orientación hacia un cierto tipo de psicoanálisis. En primer lugar algunos sueños y pesadillas de la infancia, pues de manera muy temprana supe, de modo espontáneo, sin reflexión y sin indicación de nadie, que esos sueños concernían a lo más crucial de mi vida. Especialmente me impactaba el carácter «ultraclaro», la extraña nitidez de algunos sueños y el tiempo que le llevaba a la vigilia reponerse de ese impacto. De un modo prerreflexivo, intuí que si algo no se puede significar y se presenta a nosotros con una opacidad radical y a la vez, sin saber por qué, nos concierne, esto exige que intentemos ponerlo en palabras o por escrito o narrarlo para alguien. Y esto lo empecé a intentar desde mi adolescencia. Por ello, siento haber tenido un presentimiento muy primario de lo «real lacaniano», en particular, a partir de sentir que podía intentar pensar algunas cosas por mi cuenta y descubrir que pensar sin obsesionarse es una especie de felicidad.

También el hecho de que mi escritura fuese ilegible desde el punto de vista caligráfico, y que muchas veces el profesor devolviera un examen sin haberlo leído despertó en mí una gran atracción por las inscripciones en paredes, la letra impresa, los neologismos de la lengua, el argot de la calle y los diversos puntos de fuga de la gramática. En este sentido, antes de empezar la cura analítica, la experiencia del inconsciente me llegó a través del poema que «el» habla por sí misma desliza en la lengua sin saberlo.

Luego, en la adolescencia, la militancia política incluyó en el centro de la propia existencia una nueva aporía, una cuestión indecidible de gran calado, a saber, por un lado la «causa revolucionaria» demandaba una entrega incondicional donde obviamente una desventura personal siempre tenía que ser irrelevante con respecto a la marcha ineluctable y necesaria de la historia. Pero, por otra parte, en la cura analítica, en su propio discurrir, fui abriéndome en cambio a mi propia «finitud», a las cosas importantes que nos alcanzan de un modo contingente, a los traumas que se repiten, a los dilemas que sólo se resuelven con una elección sin garantías; en suma, a todo aquello que sólo uno debe saber si es capaz de soportar o no. Esta aporía, esta tensión inaugural entre la lógica interna de un proceso histórico y la exigencia ética del propio deseo, de distintas maneras aún insiste en todos mis proyectos. Me apasiona en la disciplina freudiana la relación de conjunción y disyunción entre la marcha de la civilización y la experiencia subjetiva.

¿Qué le debo al psicoanálisis? Haber aprendido a saber perder. ¿Qué es la vida para el que no sabe perder? Pero saber perder es siempre no identificarse con lo perdido. Saber perder sin estar derrotado. Le debo al psicoanálisis entender la vida como un desafío del que uno no puede sentirse víctima; en definitiva, el psicoanálisis me ha enseñado que uno debe entregarse durante toda una vida a una tarea imposible: aceptar las consecuencias imprevisibles de lo que uno elige.

Por otra parte, a diferencia de otras disciplinas o corrientes del pensamiento más propicias para dejarse seducir con los espejismos intelectuales del saber, lo que más me importa en el psicoanálisis es su honestidad con respecto a una verdad que nunca puede ser dominada por el saber, el psicoanálisis es una experiencia de pensamiento donde el saber queda «desidealizado», pero que nos advierte de la infatuación que implica identificarse con la verdad. Su honestidad mayor radica en verificar siempre que es posible e imposible en una experiencia humana con otro. Sin coartadas nos abre a la impotencia o imposibilidad que toda auténtica empresa de transformación pone en juego irremediablemente.

JOSÉ MARÍA ÁLVAREZ

Psicoanalista (Hospital Psiquiátrico Dr. Villacián, Valladolid)

TAN BELLA COMO VERDADERA

Conocí a Freud y a Nietzsche al mismo tiempo. Fue durante un verano sofocante en mi pueblecito de Castilla, poco después de cumplir catorce años. Tres décadas han pasado desde entonces y aún sigo prendado de la prosa elegante de ambos, la mejor prosa alemana. Guardo todavía vivo el recuerdo de la conmoción que me produjeron aquellas lecturas, una atracción irresistible que me hacía avanzar, pese a sentirme un poco más desnudo a medida que pasaba las páginas. Me hablaba Freud de la sexualidad infantil y de los sueños; Nietzsche, del saber y la moral de los pensadores de la Antigüedad. Más próximos me resultaban, desde luego, los argumentos que Freud hilvanaba con firmeza, precisión y mesura; tan cercanas se me antojaban sus descripciones que me veía en ellas retratado. En cambio, a través del estilo aforístico, metafórico e hiperbólico de Nietzsche adivinaba un mundo de héroes y tragedias del cual apenas tenía noticia. Con el paso de los años, en deseada soledad, de nuevo la filosofía práctica de los antiguos y la verdadera naturaleza del drama humano desvelada por el psicoanálisis volverían a confluir hasta conformar mi experiencia cotidiana. Que Freud hiciera ciencia de las cosas no sabidas e inconfesables que gobernaban nuestras vidas y que en eso del *pathos* yo no era muy distinto al resto de los mortales fueron las dos marcas indelebles de aquellas primeras lecturas; una y otra me resultaban tranquilizadoras y me hacían albergar alguna esperanza de solucionar mi propia aflicción. Mientras veía en *Herr Professor* un hombre de ciencia y un médico audaz, imaginaba que Nietzsche era un ser atormentado, a caballo entre la locura y la genialidad. Comoquiera que por entonces era propenso a los extremos y que me sentía, muy a mi pesar, demasiado diferente de cuantos me rodeaban, el mundo de la locura me interesó desde bien pronto. Encaminé por ello mis estudios universitarios en esa dirección y, con veinte años, comencé a frecuentar la Biblioteca Freudiana de Barcelona, donde empezaba a impartirse una enseñanza sobre Freud y Lacan.

La angustia se había adueñado de mí hasta convertirse en mi segunda piel; me sentía profundamente desarraigado y desubicado. Paulatinamente hallé gran consuelo en la literatura, el psicoanálisis y la psicopatología. Un buen día se produjo un acontecimiento que me permitió dar cuenta en público de mis conocimientos. Al descerrajarse esta inhibición, mi relación con las letras se volvió creativa. Comencé a escribir una tesis de licenciatura sobre Schreber; a renglón seguido, durante los ocho años siguientes, redacté una tesis doctoral sobre la paranoia.

Sé que tan salutífero desenlace jamás se hubiera producido sin una profunda transmutación interior, la cual no me llegó a través de los amados libros, sino como resultado del análisis personal. Doy también por seguro que de no haberme psicoanalizado, los libros y la escritura hubieran continuado siendo algo admirable, pero tanto más tormentoso cuanto imposible de disfrutar.

Unos años antes se me había presentado un imprevisto que por darme en el talón de Aquiles me fulminó al instante; supe de inmediato que para esa herida no bastaría con el bálsamo de los libros. Coincidiendo con el inicio de la práctica clínica, para la cual me creía dotado, la angustia me venció nuevamente. Consecuente con mis principios, decidí ponerme en manos de un psicoanalista. Al salir de la primera entrevista y rebuscar en el bolsillo las pocas perras que llevaba, mi analista me instó a que volviera al cabo de un rato; compungido le dije que no tenía mucho más dinero, a lo que respondió que cómo era posible que creyéndome tan listo no supiera ganarme la vida. Como sucede al voltear un caleidoscopio, sus palabras me recolocaron instantáneamente. Con su intervención había dado en la diana, pues entendí que tenía que abandonar las quejas para ponerme manos a la obra. Hundido hasta las trancas, en la buena compañía de mi Caronte logré salir del lodazal. Fue una travesía difícil, larga e inolvidable, culminada con un abrazo y la publicación de mi primer libro sobre las enfermedades mentales.

La querencia hacia el saber me acercó al psicoanálisis, en efecto, aunque mi relación con la clínica psicoanalítica vino determinada por mi propio sufrimiento. Después de todo, si a mí me había curado el análisis, daba por cierto que lo mismo podría suceder a mis pacientes. Si hubieran tenido razón los filósofos postaristotélicos cuando veían encarnado en el ideal del sabio la fusión del saber y la virtud, la prudencia y la sustracción a las pasiones, no hubiera tenido yo la oportunidad de tener una experiencia en la que descubrí algunas claves que me permitieron hacer algo creativo y personal. Una de ellas surgió muy pronto en el análisis, puesto que constituía una de las aristas del síntoma: al desentrañar mi propia historia, comencé a investigar la historia de la clínica, de la locura y del pensamiento psicopatológico, terreno en el que creo haber aportado algo a nuestra comunidad analítica. En verdad tuve que dar una gran vuelta para recuperar algunas de aquellas cosas sencillas —la familia, el amor, la pareja, la amistad— que se dislocaron en la neurosis y se acrecentaron con ciertos encuentros. Antaño he lamentado el tiempo desperdiciado en atormentarme. Ahora valoro más lo que supe encontrar por el camino, en especial la paz de leer, la soledad y la intensidad de escribir, la emoción de enseñar.

En *El tiempo recobrado* reconoce Proust que los materiales que dan cuerpo a su obra literaria provenían todos de su vida pasada. De mi análisis me queda un pequeño armazón apuntalado en algunas frases, palabras y escenas, en especial aquellas experimentadas con sorpresa al ser pronunciadas. Dos de esas escenas han marcado mi relación con la existencia. Me recuerdo en la niñez mirando embelesado los cuadernos en los que la hermana que me precede tomaba sus apuntes. Al pasar de los palotes a las letras, escribí mi primer cuadernillo de caligrafía. Henchido de gozo, corrí a casa para ofrecérselo a mi madre. Se lo entregué, pero no le hizo mayor aprecio. Si no era suficiente, quizá habría que escribir más y más. Seguramente por eso mis escritos han sido tan voluminosos. En la segunda escena está mi padre hablando mientras la gente lo escucha sin perder detalle. Es ésta otra de esas cosas sencillas que han marcado mi relación con la lengua, uno de los dones que recogí y con los que disfruto en mi actividad docente.

Si desde un primer momento me interesó de Freud su capacidad para formular y responder las preguntas esenciales sobre el drama humano, componiendo pieza a pieza un discurso coherente y riguroso, progresivamente mi interés se fue centrando en la práctica psicoanalítica, a la que considero la clínica en estado puro. Conforme profundizaba en el estudio del *pathos*, más me asombraba la cabal explicación que proponía el psicoanálisis para articular cuanto nos sucede por el hecho de ser sujetos del lenguaje y las manifestaciones psicopatológicas que nos afligen. Sobre este particular, el resto de las teorías psicológicas, psiquiátricas o filosóficas le siguen a mucha distancia. Amén de su originalidad y utilidad clínica, grata me resulta también la multiplicidad de referencias al mundo de la cultura y del pensamiento que atesora la obra de Lacan, fuente de continua reflexión en la que se conjugan mis intereses pasados y presentes.

Al echar la vista atrás me parece que el psicoanálisis ha sido y es para mí causa y medio del cumplimiento de deseos que durante años consideré irrealizables. Sin ignorar mis limitaciones epistémicas, el paulatino conocimiento de la disciplina freudiana me lleva a considerarla tan bella como verdadera. Por eso, entre las muchas palabras referidas a Freud, elijo las de Sándor Márai en *Confesiones de un burgués*: «Me encantan la genialidad y la belleza de las teorías de Freud».

FERNANDO ARRABAL

Escritor, cineasta

MI PSICOANALISTA (YO) Y YO

Cuando debo hablar de mí
de inmediato me inquieto
pues no se puede hablar mal de uno mismo
¿y qué decir de sus cualidades?

Nací de un padre centauro
que un día sedujo a la aurora
y soy hermano de una sirena
que las ninfas proclamaban reina.

De padre heredé el ardor
en mí ni el menor dolor
pero ¡ay! tomé de mi madre
su pasión por la quimera.

Creciendo aprendí todo
y reconozco su precio
pero no del centauro Quirón
ni de Vulcano, dios herrero.

Sino de Pan que me hacía reír
por él conseguí escribir
siendo todavía niño
las memorias de un elefante.

Amaba en él sus pies de cabra
sus cuernos, su barba y la fiebre
que lo empujaba a conducirse
como un hombre que gusta seducir.

Osaba pinchar la parra
acariciar la divina botella
tanto como espantar, sorprender
y de él dicen más que injurias.

Pero sé que la confusión
y yo ya lo percibía
no es más que el reflejo de la vida...
pero creo que me desvío.

Un día llegó la Patafísica
para encantarme con su música
entre ella y yo hubo idilio
yo abrazaba al cocodrilo.

Tengo en mí algo de león
pero no soy camaleón.
Tal cosa creo inaprensible
como huye la arena entre los dedos.

Tal otro alaba mi humor
se espera que rime con amor
por eso mismo me abstengo
aunque Venus me esté viendo.

Porque todo poeta es amante
porque todo poeta es cariñoso
esto es lo que quisiera ser
o por lo menos... parecer.

¡YO TE SALUDO, DEMENTE!

¡Yo te saludo, demente!

Extrañamente arreglada para el baile del asilo
deseas volar sobre las rocas de la suerte
mientras las furias se han vuelto pacientes
por los nuevos psiquiatras, esos pastores del odio.

¡Yo te saludo, demente!

En medio del deseo sin besos, ni caricias
sectas de gurús fingen la diferencia
se disputan el opio para avasallar al niño
que perfuma la sangre derramada por la inocencia.

¡Yo te saludo, demente!

Todo niño es un loco, el loco es sólo un niño
cuando posa su cabeza sobre el diván de plumas.
Los Diafoirus entre ellos, orgullosos, se congratulan
acunados por el balanceo de certezas blandas.

¡Yo te saludo, demente!

Damasquinada de puertas sin salidas ni socorros
nos tomas por festivos y en especial por extraños.
Fantasmas y quimeras vinieron de aquí abajo.
Tu cerebro te mira y ya no te conoce.

¡Yo te saludo, demente!

Galopas, inconsciente, sobreponiéndote a Sigmund
o a sus discípulos profundos, sin hacer campana.
Herederas de la picota, purgadas de todo amor
sus cabezas zozobrando en la norma gregaria.

¡Yo te saludo, demente!

Aislada en la prisión de tu reducto
destilas el hastío, gota a gota, del tiempo
temiendo naufragar en tu cima flotante
sitiada por rencores fatalmente exactos.

¡Yo te saludo, demente!

Planeando sobre un diluvio universal apenas,
triunfas en el corazón de tu tristeza, ignorando
el despliegue de estrellas en tu estela negra:
la virgen, la vivaz, la bella Apocalipsis.
¡Yo te saludo, demente!

JACQUES AUBERT
Profesor emérito de la Universidad Lyon-2

Y COLGARÁN A TODOS LOS «AFFREUDS»...*

—Entonces, ¿resulta que nos habían ocultado la verdad?

—Sí, señor, toda la verdad. El hombre está torcido, pero es completamente enderezable. Y hasta rectificable. Basta un poco de buena voluntad. Nos lo revela un libro reciente, negro sobre blanco.

—¿Y quienes dicen lo contrario?

—Y bien, qué lástima, ya se ve: son torcidos sin esperanza, si rechazan ese recurso.

—Entonces, ¿hubo un complot, para que recién hoy nos demos cuenta?

—Sí, y esto viene desde hace muchísimo tiempo. ¡Milenios, le aseguro! Vea con Sófocles, por ejemplo, todos esos autores dramáticos, todos esos filósofos, que se preguntaban qué es el hombre. ¡Como si no estuviera claro, simple, *limpio*, por así decir! Pero resulta que todos esos intelectuales y esos artistas quisieron buscar la quinta pata al gato, inventando cosas retorcidas. ¿De dónde sacan todo eso, «tragedia», «ética»? «...¿a Nicómaco»? Sí, por supuesto, ya sé: la campaña antitabaco.

—Pero, no hace tanto tiempo, Joyce, Wolf, Faulkner, Lowry...

—Le corto: se ve que ellos no tienen nada que decir, si nos remiten a Homero y a los otros.

—Felizmente los tiempos han cambiado... la ciencia... las ciencias... ¿Por qué cargarse de viejos libros, Dante, Shakespeare, Rabelais, Racine, todo eso, le pregunto? En todo caso, tenerlos, pero que se pierda tiempo leyéndo-

* Neologismo formado por los términos *affreux* («horrible») y Freud. *(N. de la t.)*

los, compulsándolos... ¿Qué hay, qué dije? «¿Compulsar?» ¿Y qué? No, señor, yo no tengo compulsiones, ni siquiera pulsiones... ¿«Freud», dice? No, siento que me voy a enojar, y mi abuela decía que no es bueno para la salud.

—Por otra parte, tengo que dejarlo, tengo prisa, acaban de renovarme la receta, y la farmacia está por cerrar.

FRANÇOIS-MARIE BANIER

Escritor, fotógrafo

LOS IGNORANTES

Quien dice psicoanálisis dice resurrección. Caer del cielo de su propio pasado no es sin dolor. Sin palabras. Tampoco sin felicidad. Yo no creo en los enemigos del psicoanálisis, creo que hay ignorantes, seres abrochados a imágenes, a lugares comunes. Seres que tienen miedo de sí mismos, miedo de comprobar el mal uso que han hecho sus padres de su infancia. Y no viceversa...

En «psicoanálisis», no hace falta ser un gran sabio para ver la palabra «análisis». A los franceses, que se creen campeones de este deporte que piensan haber inventado, como los ingleses el golf, lo «psi» les molesta.

Me gusta Freud, me gusta Lacan, me gusta Jung, me gusta Dolto, y para no quedarme en el desierto de un ascenso feroz de ciertos recuerdos, prefiero la psicoterapia a las prácticas más ortodoxas. El lecho en el que nos acostamos con todos esos males que vuelven y se convierten en lecho de dolor sin palabras para sanar.

MIQUEL BASSOLS

Psicoanalista

PARA NO OLVIDARLO

Hace falta la chispa de la transferencia para que la experiencia del inconsciente se haga realidad y encienda su reguero de pólvora. Es una chispa que, en el instante mismo, siempre se muestra como un encuentro contingente, pero que se demuestra también como necesario visto un tiempo después. Hay que añadir algo de lo imposible de soportar, lo que solemos llamar «síntoma», para que esta mezcla tenga efectos eruptivos, de verdadera pasión por el saber. O también, lo que puede resultar más complicado, de pasión por la verdad sin saber por qué.

Es lo que me ocurrió contando dieciséis años, cuando el país se debatía contra su propia oscuridad a finales del franquismo y yo con la mía a finales de un bachillerato nada apacible. La imagen que viene ahora para cifrar este encuentro, el que actuó de precipitante de la mezcla, procede de un regalo familiar, el regalo hecho por una hermana, un verdadero regalo: un ejemplar de la *Psicopatología de la vida cotidiana*, de Sigmund Freud, en la edición española de Alianza Editorial. Era una edición de bolsillo con una sugerente ilustración de cubierta: el dibujo a tinta negra de una mano con el dedo índice levantado y un hilo rojo con un nudo atado a media altura. Un nudo para no olvidarse.

¿Para no olvidarse de qué? Había que abrir el libro para empezar a saberlo. Y el lector empezó a saberlo, a leer con pasión, sin saber por qué: *Signorelli*, la sexualidad y la muerte, *aliquis*, las mujeres y las generaciones, el olvido de los nombres y las palabras extranjeras, la pluralidad del sentido, el equívoco y los recuerdos infantiles, el olvido colectivo y los puentes de palabras, el goce sexual y las leyes fonéticas, la fe de los padres y la repetición, el estilo y el sinsentido, lo interior y lo exterior, el síntoma y el encuentro con lo nuevo... Cada cosa llevaba por un camino u otro al nudo de la propia historia y del propio malestar.

Sin embargo, el amor al saber conducía entonces en primer término al lugar donde se suponía que ese saber estaba, a la universidad, la de psicología si se trataba de seguir los nudos del hilo rojo en cuestión: *Great Expectations*, como decía el título de una pieza de jazz que acompañaba esas lecturas. Bastaron unos meses para experimentar la desilusión más descorazonadora y casi perder el hilo en las grandes expectativas. ¿Qué tenían que ver las «dos sigmas de separación de la media de adaptación», el «condicionamiento palpebral» o la «sinapsis neuronal» con aquel nudo que se había formado para mí entre el síntoma, el saber y la verdad? Y, además, esa apariencia de falsa ciencia con la que se revestía una ideología sostenida muchas veces desde la impostura, aunque fuera con algunos gestos progresistas, ¿cómo podía ni tan siquiera considerar la existencia de ese nudo con el que me las veía desde hacía un tiempo? Salvo honrosas excepciones, el discurso general iba del eclecticismo más diluido al reduccionismo empirista más banal. Casi nada que hablara de psicoanálisis y, cuando se hacía, era más bien para confinarlo en los anales de la historia de la psicología. Digamos al pasar que la cosa no es hoy, treinta años después, muy distinta. En aquel momento, aquella caída de los ideales de saber tuvo la virtud de hacerme interesar por la epistemología, por las condiciones con las que un saber se constituye y se propone como ciencia, por el estudio del lenguaje y de las lenguas, y de empezar a buscar fuera de aquel medio universitario una relación con el saber más viva y verdadera.

Una cita leída al vuelo como exordio en un libro crítico con la psicología académica, aconsejado por una de aquellas excepciones universitarias, sigue hoy subrayada en rojo: «La psicología es vehículo de ideales: la psique no representa más que el padrinazgo que la hace calificar de académica. El ideal es siervo de la sociedad». La cita, tan explosiva para mí en aquel contexto como precisa en la actualidad, iba firmada por un tal Jacques Lacan y quedó como hilo conductor de las lecturas de ese primer año de universidad. Era un hilo a la espera de un nuevo nudo, que no tardaría mucho tiempo en formarse. La frase tocaba de lleno el corazón del síntoma: la servidumbre de los ideales transmitidos en la historia familiar, el rechazo de esos ideales que acuciaban un deseo difícil de escuchar, cuando no imposible de decir, un «padrinazgo» que delataba la orfandad del deseo, el malestar de ese deseo ante cualquier academicismo de impostura.

Digamos que la apariencia de ciencia con la que se revestía la psicología académica era entonces menos pretenciosa: las TMC de la época decían mejor, aunque con igual brutalidad, lo que las TCC de hoy piensan camuflar bajo el nombre de «Terapias Cognitivo Conductuales»: eran puras y meras «Técnicas de Modificación de la Conducta». Las contradicciones eran, sin embargo, fecundas para quien supiera escucharlas con cierta inquietud: a la vez que se aconsejaba la lectura y la ideología autoritaria de *Walden 2*, de Skinner, se comentaba el crudo impacto de *La naranja mecánica*, de Kubrik; a la vez que se proponía la modificación de la conducta fóbica por medio de técnicas de implosión confrontando sistemáticamente al sujeto con el objeto fóbico, se flirteaba con el progresismo de Cooper y Laing en el tratamiento de la locura.

Lo heteróclito del panorama no escondía, sin embargo, el proyecto general, que ya tomaba la forma de programa universitario, de ignorar y hacer ignorar al psicoanálisis en los departamentos de la psicología científica. En el despacho de al lado, los «Psicodinámicos» que hoy diluyen el nombre y la experiencia del psicoanálisis en el eclecticismo de las psicoterapias aconsejaban entonces, lisa y llanamente, no leer a Jacques Lacan: demasiado difícil, demasiado abstracto, demasiado intelectual, demasiado incomprensible, demasiado... Y uno, que siguiendo el hilo rojo de la letra se había encontrado ya con aquella máxima de José Lezama Lima, «Sólo lo difícil es estimulante», no podía no encontrarse ya con el texto de Jacques Lacan.

Fue un encuentro en compañía de algún otro que cultivaba igualmente lo difícil y lo estimulante en la conversación amistosa y fue también un encuentro en la soledad de la lectura. Fue un encuentro mediado por alguien que había sido tocado también por ese texto, en otro país y momento, el psicoanalista argentino Oscar Masotta, que había iniciado en Barcelona y otras ciudades de España un trabajo de lectura y de impulso de un movimiento que sería después el crisol para una escuela lacaniana en el país. Sin esta coyuntura, hecha de intersticios y de fracturas, no habría habido para mí encuentro con la disciplina freudiana, con la experiencia y con el discurso del psicoanálisis. Supe ya entonces que esas condiciones son de estructura y que, por lo mismo, un encuentro así no podrá subsumirse ni organizarse nunca en las formas universitarias del saber, que su propia naturaleza y su transmisión implican la existencia de lo intersticial para hacerlo habitable.

El encuentro con el texto de Jacques Lacan fue así lo más parecido a una experiencia traumática, un encuentro como a destiempo con lo súbito incomprensible, pero realizado a la vez de un modo lento, con el paciente destello de lo que no se comprende pero toca lo más íntimo del ser, lo más ignorado de uno mismo. ¿Cómo un texto podía subvertir de tal manera el sentido común y producir efectos tan estimulantes, exigir un trabajo tan opaco a veces, tan a tientas, y ofrecer finalmente un relámpago tan certero, tan directo y de consecuencias tan singulares como pragmáticas? No, no había nada de «intelectual» en todo aquello, ese texto llamaba a la acción sobre el sujeto en su singularidad más íntima e irreductible, la incluía en su lógica de un modo que ninguna teoría ni ideario «revolucionario» podía ni imaginar. Tardes y tardes de conversaciones, noches y noches de lecturas, mañanas y mañanas de levantarse a tientas y con un sentimiento de fractura subjetiva que llegaba en sus resonancias a cada rincón de la vida. A la vez, había que escuchar de algún avispado y futuro ejecutivo del mundo «psi» que todo eso eran retóricas vacías, piruetas en el aire cuando el mundo real de la enfermedad y la locura exigía acciones concretas, verificables sólo en la empiria objetivada del laboratorio conductual y científico.

Pero ¿qué había más real que esa división subjetiva que yo mismo encarnaba? ¿Qué había más concreto y verificable que ese efecto de la letra y del significante sobre el sentido vacilante de la vida en el que algo de la locura y su estructura misma se hacían evidentes? De ese real y de esos efectos podían deducirse las leyes de una clínica mucho más rigurosa que cualquier descripción empírica de lo observable.

Ése era el nudo, el nudo para no olvidar, el nudo que había que defender con una pasión por la verdad que muchas veces hacía estragos en uno mismo. Tiempo después, esa pasión por la verdad se demostraba como un verdadero obstáculo para poder operar con el sujeto de la experiencia analítica. Pero faltaba entonces ver cómo hacer y deshacer ese nudo, cómo rehacerlo para explicárselo a uno mismo y explicarlo a otro.

De ahí a estirarse en un diván había un paso, el que exige dar el sufrimiento del síntoma para empezar un análisis. Y la experiencia de estirarse en un diván y hablar al Otro —«hay que volver a aprender a hablar», recuerdo haber dicho al inicio— empezó a cambiar muy pronto el *pathos* de la verdad por cierta alegría en el *gay saber* y por unos efectos de formación en los que encontré el deseo del analista, es decir, el deseo de ocupar esa extraña posición que es la del analista. Las consecuencias de este pasaje no fueron, por supuesto, extraídas de un día para otro. Tres períodos de análisis con tres analistas distintos —a la tercera fue la vencida, de trece años, y fuera de mi país— y una implicación constante en el movimiento psicoanalítico tejieron los hilos. El nudo, para no olvidarse, está formado ahora por la experiencia analítica y mi vínculo de trabajo con la Escuela de la Orientación Lacaniana, que hace presente el discurso del psicoanálisis en España en el marco de la Asociación Mundial de Psicoanálisis, la que impulsó y sigue orientando con su deseo Jacques-Alain Miller.

Hoy sé que le debo a esa experiencia haber podido librarme del efecto mortificante de aquellos síntomas, pero también haber podido encontrar un modo de decir que toque y pueda tratar la división subjetiva, la que había sufrido con toda mi pasión, dándole un lugar más digno. Es ésta una experiencia que nunca podrá reducirse a una adquisición de saber, una adquisición que, es cierto, no deja de producirse de múltiples formas una vez encontrado ese deseo inédito del analista y haber operado con él en la práctica. «Un modo de decir» es lo que Jacques Lacan formalizó con el *Discurso del analista*, es también un estilo de vida que parte de lo que no tiene forma para formarse en la singularidad de cada ser que habla, es también lo que cada psicoanalista debe hacer hoy presente para estar a la altura de la subjetividad de su época.

La experiencia analítica me ha enseñado, sin embargo, que tal modo de decir, extemporáneo en relación con los ideales de la época, sólo subsiste en la medida en que fracasa de la buena manera, sin llegar a la suficiencia de su éxito, que sólo obtiene su lugar y sus verdaderas consecuencias sobre lo real en su «no dejar de no conseguirlo». Era la idea, más bien antiexitista, de Jacques Lacan: «Si el psicoanálisis tiene éxito, se extinguirá hasta no ser más que un síntoma olvidado».[1] El psicoanalista, más que nadie, sabe la importancia de lo fallido para hacer posible el tratamiento del sujeto y no borrarlo de lo real con la solución más rápida y eficaz.

Para no olvidarlo, conviene defender hoy la experiencia del psicoanálisis de su reducción a un saber evaluable según los criterios generales de la eficacia utilitarista.

FRÉDÉRIC BEIGBEDER

Escritor, editor

ANDO MUY MAL. ÉSA ES LA PRUEBA...

Yo no hice psicoanálisis. Ando muy mal. Ésa es la prueba de que el psicoanálisis es una ciencia exacta.

1. Jacques Lacan, «La tercera», en *Intervenciones y Textos 2*, Editorial Manantial, Buenos Aires, 1988, p. 85.

MARLÈNE BELILOS

Psicoanalista

ANTES Y DESPUÉS DE FREUD

El trayecto que lleva a la demanda de análisis estaba ocupado en un principio para mí por «las resistencias al análisis».

Terminaba un curso de letras en la Universidad de Lausana, al que seguía un curso de ciencias políticas, uno de esos recorridos infinitos en los que me perdía con delicia.

En el camino, buscando un tema para el trabajo de fin de curso, encontré al filósofo Gaston Bachelard. Me atraían sus trabajos sobre el imaginario e intenté seguirlo en su investigación acerca del origen de la creación poética.

Y entonces fue por lo menos sorprendente descubrir, en los archivos del INA (Institut National de l'Audiovisuel), con fecha 4 de marzo de 1955, en France Culture, un importante reconocimiento de su parte a Sigmund Freud, después de haber admitido que el psicoanálisis no lo seducía en su libro *El psicoanálisis del fuego*, que apareció en 1938.

Y fue así como encontré a Freud, por intermedio del filósofo menos freudiano. Su tono, el de una época, era más que elogioso: «A menudo se intenta encontrarle antecedentes. Querríamos que la historia de las ciencias mantenga una continuidad que escape a las vicisitudes de la historia ordinaria; tal búsqueda erudita de una continuidad escondida tiende a borrar el carácter decisivo de una gran doctrina. Sin embargo, ciertos pensadores marcan una era. Como se dice en la historia de la química "antes de Lavoisier" y "después de Lavoisier", ahora hay que decir, en la historia de la psicología "antes de Freud" y "después de Freud". Yo quisiera mostrar, como historiador de la ciencia, lo que hay de innovador en las doctrinas de Freud».

Bachelard adoptaba la misma postura que Freud, haría la experiencia de los sueños queriendo comprender su mecanismo, y así convertirse en el que había querido eliminar los razonamientos científicos de las escorias del imaginario, para abocarse finalmente a celebrar su virtud creadora, y lo que lo seducía en Freud era el acento que ponía en el dinamismo del psiquismo: «El inconsciente es una realidad psíquica que debe ser minuciosamente estudiada. Pero este análisis debe hacerse en términos de dinamismo más que en términos de estructura; se trata de una dualidad de fuerzas que actúa de modo muy diferente al dualismo filosófico del alma y del cuerpo, y todo el arte del psicoanálisis consiste en poner en evidencia ese campo de fuerzas donde se actualizan los conflictos más antiguos».

Redacté un trabajo que titulé «Realité du désir et transformation poétique».

Me libraba a la tarea de tejer los lazos entre Freud y Bachelard, me aplicaba en la lectura de las obras de uno y de otro para concluir en parentescos poéticos entre los dos hombres.

Exergo, citaba a André Breton: «El armario está lleno de sábanas. Hasta hay rayos de luna que pueden desplegarse». El trabajo dejó sus huellas. La lectura de la *Introducción al psicoanálisis* me había transportado. Me dedicaba a comprender ese «dualismo de fuerzas». Pero tuvo que ocurrir una catástrofe personal, un acontecimiento subjetivamente doloroso —que además me parecía ajeno y familiar a la vez— para que el psicoanálisis me interesase de manera diferente.

Incapaz de rendir en los exámenes —que seguían a la redacción del trabajo para la universidad— fui ligeramente medicada por un amigo médico, que me hizo saber que se trataba sólo de una solución provisional: «Deberías ver a alguien».

En mi búsqueda, me di cuenta de que en mi entorno esta frase estaba encarnada para muchos de mis amigos. Yo repetía mis reticencias porfiadamente, la pérdida de la imaginación creativa era la que repetía complacientemente.

Las resistencias ya habían perdido actualidad, yo estaba en peligro. Empecé a buscar «un alguien» para ver. Vi a «alguienes», pero eran muy esto, muy aquello, decididamente la realidad no me funcionaba.

La elección de alguien fue decisiva, supe después que a eso se le llamaba «transferencia». Yo había delineado un retrato, un hombre, fue una mujer, no muy lejos de mi casa en Suiza, fue en París a cuatro horas de TGV. Allí, había ido a vivir alguien sobre quien podría apoyarme, pero que patinaría sin cesar: «La cura no está allí para consumir el amor».

Falta y más falta, pero, de esa dinámica continuamente recomenzada, de esas sesiones interrumpidas, en el mejor momento, en mi opinión, nacería el agarre de un deseo.

A veinte mil leguas de mis intereses confesados, mi vida cambió, yo cambié de país, de trabajo, de nuevo podía moverme, el tiempo no estaba ya congelado. Avanzaba, había un presente.

Hoy se ataca el psicoanálisis como se atacaba ayer: «Pareciera que la marca misma del psicoanálisis es la que siempre debe justificarse, aportar nuevas pruebas, contra las objeciones incansablemente repetidas», notaba ya Bachelard en 1955.

TAHAR BEN JELLOUN

Escritor

EL ODIO NEGACIONISTA

Yo descubrí el psicoanálisis en los textos. Muy temprano, me interesé por los escritos de Freud y de Lacan; hasta me sentí atrapado por la moda Wilhelm Reich, después de Mayo del 68. Nunca entré en la religión como algunos de mis amigos de la época, no por ser más listo que ellos, sino simplemente porque el hecho de escribir me ayudó a hacer un trabajo sobre mí mismo y me guió en un camino paralelo al psicoanálisis. De hecho, no creo haber perdido mi espíritu crítico respecto de esta disciplina particular. Mientras que los textos de Freud me hacían avanzar y aclaraban mi itinerario, los de Lacan me intrigaban y muchas veces me empujaban a decodificarlos y, en algunas ocasiones, a no tomarlos al pie de la letra. Tomé distancia con las tesis de Lacan e investí las de Freud. Esa distancia no era un rechazo sistemático, aunque, a veces, parecía desconfianza, y otras, prudencia.

Vengo de una cultura que no deja ningún lugar para el análisis. El mundo árabe-musulmán permaneció ajeno al psicoanálisis, pese a ser un universo del discurso, donde el verbo está presente en todas partes. Cuando era profesor de filosofía en Marruecos me resultaba difícil convencer a los alumnos de la importancia del descubrimiento de Freud. Yo atribuía esa resistencia al peso de la tradición, sobre todo religiosa. Con el tiempo, las cosas han cambiado. Ahora hay psicoanalistas en las grandes ciudades, aunque en su mayoría son psiquiatras que hacen psicoterapia. Simplemente porque la gente ve el análisis como una intrusión en su intimidad y los resultados terapéuticos son inciertos. Sin embargo, sólo se acepta ir a ver a un psiquiatra cuando se llega al estado de locura, con sus manifestaciones espectaculares e insoportables. Antes, intentando una curación, se pasa por los curanderos y otros charlatanes que se basan a menudo en ciertos elementos de la religión para provocar una suerte de electroshock. No se trata del terreno del análisis y del de la ciencia, sino del de la fe.

En Francia, los actuales ataques contra el psicoanálisis traducen una resistencia comparable a la que opone la sociedad árabe-musulmana al trabajo sobre el inconsciente. Se parecen a una revancha de lo religioso sobre la complejidad del espíritu humano. El rechazo de lo bien-fundado del psicoanálisis es, de hecho, el miedo a ir al fondo de sí y el miedo a descubrir lo que no se tiene en absoluto deseo de descubrir.

Yo evito leer esa literatura querellante, aunque sea de los que critican algunos aspectos de la práctica psicoanalítica. Estoy a favor de un acercamiento crítico a todo, incluidos los textos de Freud. Una vez más, como acto reflejo, evito la actitud de la fe. Yo había iniciado mi reflexión a propósito del psicoanálisis, cuestionando la universalidad del complejo de Edipo. La tesis de tercer grado que defendí en 1955, en la Universidad de Jussieu, trataba de demostrar que no todas las sociedades viven esa etapa de la misma manera. Hacía referencia al *Edipo africano* y extendía el campo hasta Marruecos, donde el individuo no es reconocido en tanto que entidad única y singular.

Esto para decir que estoy convencido de la importancia histórica y cultural de los descubrimientos de Freud, y que no estoy obligado a aceptar todo, dejando de lado mi espíritu crítico y mi cultura original.

Criticar el psicoanálisis es un derecho, querer anularlo es una agresión contra una herencia cultural, que se parece al odio negacionista.

En mi opinión, se debe impedir que los charlatanes se apoderen del diván «autorizándose» sin control, sin legitimidad. ¿Cómo? Es allí donde se necesita una legislación. No habrá que confiarla a los políticos, sino a los propios psicoanalistas, esos cuyos trabajos y cuya práctica prueban lo serio y lo bien-fundado de su actitud.

ENRIC BERENGUER
Psicoanalista, traductor de Lacan

UNA GANANCIA IRRENUNCIABLE DE NUESTRA CIVILIZACIÓN

El psicoanálisis me esperaba desde mi infancia en las estanterías de la biblioteca de mis padres. Freud formaba parte de una galería de personajes ilustres, o sabios, o buenos, u osados, o todas estas cosas a un tiempo, que habían hecho aportaciones decisivas a la humanidad luchando por algún descubrimiento crucial o alguna causa justa y siempre difícil. La lista era heteróclita, pero tenía su lógica interna, que yo tardaría mucho tiempo en descubrir: Madame Curie, Albert Schweitzer, Albert Einstein, Pasteur, Casals, Churchill, etcétera, y Freud. La serie de héroes se amplió por la lectura de un libro de Paul de Kruif, *Hombres contra la muerte*, con otros personajes menos conocidos y que quizá me parecieron más susceptibles de emulación.

Transcurrieron unos pocos años más hasta que, siendo ya un preadolescente, tuve la ocurrencia de poblar unas vacaciones más bien solitarias, pasadas en un apartamento de mis abuelos en Jaca, con algunas obras de Freud. Entre ellas estaban *Psicopatología de la vida cotidiana* y *La interpretación de los sueños*.

Fue mi primer gran descubrimiento intelectual, y recuerdo aquellas tardes lánguidas de una ciudad provinciana, dedicadas a la leer las bellas traducciones de Ballesteros, como uno de los episodios más felices de mi vida. El efecto que aquello produjo en mí fue inmediato y decisivo, ya que en el mismo momento en que empezaba a formularme toda una serie de preguntas cruciales sobre la existencia, el decir de Freud, su modo de interrogar, su audacia, su honestidad intelectual, pero, sobre todo, la consideración del inconsciente, empezaron a incorporarse a mi propio modo de pensar para convertirse en referencias constantes, ineludibles, imborrables.

Dos años más tarde, un desengaño amoroso adolescente me llevó a un comportamiento de desafío de los límites, con el resultado final de un encontronazo con la realidad incuestionable, inmensa, terrorífica, de la angustia.

Así que me encontré contándole mis sueños a un psiquiatra muy simpático a quien le parecían muy imaginativos. Pero yo ya sabía que allí había algo mucho más importante para mí que las pastillas que me administró por un tiempo.

En el verano previo a mi inscripción en la universidad, supe que Masotta venía a Barcelona, todavía no había cumplido la mayoría de edad cuando ya acudía a sus seminarios, rodeado de intelectuales y artistas. Yo, que me sabía un neurótico con todas las de la ley, se lo confesé a Masotta como si de una desgracia se tratara. A él le pareció una excelente oportunidad para formarme y se limitó a darme el teléfono de un psicoanalista, regalándome una sonrisa cómplice y un «eso está bien» que me acompañó durante años.

De este modo, me salvé de una angustia que había convertido buena parte de mi vida en un infierno y supe que el sufrimiento y las luces siempre van de la mano. Me impliqué enseguida en la Biblioteca Freudiana de Masotta, iniciando así un camino que me llevó al encuentro con los escritos de Lacan, luego con sus alumnos y con el Campo Freudiano. En consecuencia, tuve la fortuna de orientarme en la lectura de Lacan gracias a la guía de Jacques-Alain Miller, hasta el día de hoy.

¿Qué le debo al psicoanálisis? Ante todo, haberme salvado de la angustia, enseñándome que no ceder en lo que respecta al deseo es la única vía que evita su cronificación. También a saber escuchar en mis síntomas los índices sutiles de mi posición subjetiva, con las marcas precisas de mis renuncias, haciendo de ellos la brújula más segura para saber en qué dirección había que dar el próximo paso. Aprendí que lo que afecta al cuerpo y al alma son pasiones que pueden disfrazarse, pero que esperan a ser reconocidas en lo que suponen de responsabilidad para el que dice padecerlas.

También creo que le debo haber resuelto en su día de la mejor manera el encuentro con el otro sexo, y más tarde haber sabido abordar la responsabilidad de ser padre, un deseo profundo en mí, pero lastrado por muchos interrogantes que quizá me hubieran llevado a desistir, lo cual hubiera sido imperdonable.

Lo que me importa del psicoanálisis es lo que considero su aportación crucial, en este momento histórico, como una guía inestimable para entender las formas actuales del malestar en la civilización, más aún cuando muchos otros referentes han perdido su eficacia. El psicoanálisis sigue pareciéndome hoy la mejor opción que cada uno tiene para luchar contra el desánimo y contra la tentación del cinismo, en un momento en que la deshumanización tecnocrática y los fundamentalismos campan a sus anchas por el planeta, librando entre ellos una guerra sin cuartel que nos invita a ser su carne de cañón. El psicoanálisis no es para todos, pero es una ganancia irrenunciable de nuestra civilización que debe estar ahí para quienes no aceptan: ni la forclusión del sujeto en nombre de la ciencia, ni las falsas promesas de ciertos ideales.

TOM BISHOP

Profesor de civilización francesa en Nueva York

CLARIDAD

La importancia, incluso la grandeza, del psicoanálisis se mide con la vara de la idiotez y del odio que suscita en sus enemigos, de quienes prefieren la oscuridad a la claridad. Para mí, el psicoanálisis ha sido de una importancia capital, tanto en mi vida personal como en mi actividad profesional. Me ha permitido sobreponerme a una infancia de huida de los nazis, desde mi Viena natal, pasando por Budapest y París, antes de embarcarme para Estados Unidos en el último barco de línea que abandonó Francia en 1940. Inversamente, fue también el psicoanálisis el que me ayudó a dejar atrás la culpa de haber podido irme a tiempo, de haber sobrevivido cuando tantos otros no tuvieron esa suerte. En el plano teórico, el psicoanálisis es para mí una herramienta necesaria para abordar algunos autores en mi crítica y en mis cursos. Es el caso de Samuel Beckett y Jean Genet, independientemente de la experiencia psicoanalítica que uno u otro haya podido tener.

Yo no estoy obligado a hacer lecturas enteramente psicoanalíticas de sus obras (aun cuando es perfectamente factible) para darme cuenta de las posibilidades de comprensión que ofrecen las teorías psicoanalíticas. Son caminos del conocimiento profundo de sí mismo y de nuestro universo que deben ser estimados y protegidos como tales.

LOLITA BOSCH
Escritora

CURADA NI ENFERMA

Supongo que había oído hablar de Freud en mi adolescencia, aunque no sabría decir si en casa, entre amigos, en la escuela, en algún libro o en la televisión. Sin embargo, sí recuerdo que lo leí por primera vez en la universidad. Me matriculé en filosofía y estudié el psicoanálisis como uno de los modelos de pensamiento del siglo xx. Creo recordar que fue una de las cosas que más me impresionaron durante mi primer año universitario. No obstante, en la materia nos hablaban más de Freud y su entorno histórico que de la disciplina psicoanalítica en sí. De modo que compré por mi cuenta algunos libros y comencé a leer. De Freud recuerdo especialmente el tratado sobre los sueños (que no me convenció entonces ni me ha convencido después), *El malestar en la cultura* y su estudio sobre la risa y el chiste. Pero de ahí me fui a Henri Bergson y dejé aparcado a Freud. Un tiempo. Al cabo de unos meses, comencé a buscar una terapia. Creo que por entonces tenía la intuición —que sospecho que en algún momento tenemos todos— de que el lenguaje es, en esencia, contradictorio, bidireccional, y que nos agrede lo mismo que nos ayuda. De manera que probé un par de terapias muy «sensoriales», por decirlo de algún modo, que curaron algunas cosas coyunturales y empezaron a esbozar un camino; hasta que entendí que no tenían mucho que ver con el proceso intelectual y emocional que yo estaba buscando. Con la esperanza, ahora lo entiendo, de que la ficción fuera un hecho posible. No la ficción en el sentido de artificialidad, sino el empleo de sus reglas de construcción para explicar el mundo. Mi mundo. Aunque eso lo aprendí más adelante. En aquella época apenas buscaba algo que encajara con mi modo de estar aquí (allí) y me diera un tiempo, un espacio y un método con los que pudiera aprender a reconocerme.

Tenía veinte años y avanzaba a tientas. No estaba interesada en que alguien me diera su opinión sobre lo que hay que hacer y lo que no, lo que es bueno para mí y lo que es malo, lo que hiere y lo que hace feliz. Me importaban poco las explicaciones de las cosas, tal y como me sucede hoy.

Y buscaba, sin saberlo, un espacio en el que poder plantearme, desde el inicio, la contradicción inherente a la emoción y al pensamiento. Finalmente, y después de un par de terapeutas de otras disciplinas que sin duda me ayudaron en aquel momento, encontré a un psicoanalista. Y me pareció que la terapia psicoanalítica era casi filosófica. Y, por supuesto, bastante literaria. Los psicoanalistas, como los guarda agujas de las estaciones de tren, los músicos checoslovacos o los soldados del Imperio Austrohúngaro, por decir algo, me parecían casi casi personajes de novela centroeuropea. Así que seguí yendo a las sesiones como si leyera: con curiosidad y continuidad, pero sin mitificar nada en exceso. Y comencé, yo diría que sin darme cuenta, a replantearme algunas cosas y a cambiar otras.

No creo que haya magia fuera de la fe, la ética, el amor y la literatura, ni tampoco creo en el absolutismo de un modelo de pensamiento frente a otro, pero a medida que avanzaba la terapia tenía la sensación de haber encontrado un discurso que encajaba perfectamente conmigo —o por lo menos con muchos aspectos que tienen que ver conmigo—. Fue como cuando llegué a vivir a México y creí encontrar un espacio que era como yo. Y es que resulta verdaderamente maravilloso encontrarte fuera de ti, pero es algo que no nos suele suceder con espacios, sino más bien con personas, con canciones o con relatos. Y sin embargo, con el psicoanálisis me sucedió. Y tras aquella sensación de estar leyendo que había tenido al inicio, continué la terapia fascinada por la curiosidad con la que el psicoanálisis me permitía narrar.

De modo que yo no diría que «me curé porque el psicoanálisis cura». Entre otras cosas porque no creo estar ni curada ni enferma. Sino que sospecho que lo que sucedió fue que el lenguaje le puso un orden a algunas cosas y que ese orden, que a mí siempre me ha parecido literario, finalmente encajaba bastante con algo mío. Sin juicio ajeno. Y que lo que había comenzado como una búsqueda y siguió con la sensación de leer, finalmente se había convertido en narración.

Y aun así es complicado pensar qué le debo a la terapia psicoanalítica. Podría ser un planteamiento muy tramposo. A veces hablo de la terapia con amigos y familiares, claro, pero siempre trato de ser cautelosa respecto al contagio de mi fascinación en este aspecto. Yo me siento muy a gusto en el espacio psicoanalítico y me parece un proceso muy entretenido y enriquecedor. Casi como tejer con hilo transparente. Pero no me gustaría encontrar argumentos para convencer a nadie de sus virtudes. El psicoanálisis no hace feliz, como se suele esperar de las terapias, no alivia ni soluciona nada como premio, sino que es un espacio de aprendizaje y de esfuerzo. Pero sobre todo, y eso es lo que podría ser contagioso, el psicoanálisis es un espacio de pensamiento, sentimiento y creación.

Dicho esto, no obstante, al psicoanálisis como teoría le debo asombro —que es una sensación maravillosa que tiene que ver con la curiosidad— y agradecimiento. Me ha parecido siempre un modo de estructurar ciertos pensamientos de manera inteligente, culta y bien argumentada. Como la música, probablemente. Pero a diferencia de otras estructuras bien hechas, como la música pero también como el silencio, digamos, el psicoanálisis está hecho con lenguaje. Y esto es lo verdaderamente maravilloso: el psicoanálisis *es* lenguaje. Aunque esto no signifique que sea verdadero ni que sea falso. Porque del mismo modo que en las novelas el hecho de que funcionen no les da veracidad, el psicoanálisis es un recorrido sin pretensión absoluta. O así es como lo entiendo yo: como si fuéramos capaces de aplicar la construcción de un libro en alguien. Y poder crear este proceso en uno mismo resulta fascinante. Por eso le debo asombro. Aunque en realidad diría que en última instancia se lo debo al lenguaje, a la curiosidad ajena de pensarlo, a la capacidad de transportarlo a un ámbito distinto para ver de qué es capaz... Y que, por lo tanto, fuera de lo meramente abstracto, al psicoanálisis no le debo nada. Porque, ¿a quién se lo podría deber? ¿En quién estaría representado? De un modo muy infantil entiendo que le debo respeto a las cosas bien pensadas —igual que se lo tengo a la literatura— y a las cosas bien hechas —como se lo tengo a la ética o al amor—. Pero también entiendo que la posibilidad de seguir el orden del lenguaje no es únicamente virtud de Freud ni del psicoanálisis, sino de una construcción humana fascinante que siempre he creído que habla bien de nosotros como especie, aunque tendamos a ver lo malo. El lenguaje es nuestra esperanza y nuestra certeza. Su orden nos rebasa y su capacidad es extraordinaria.

Así que yo diría, regresando a la pregunta de mi deuda con el psicoanálisis, que a quien, en todo caso, le debo algo es a mis psicoanalistas. Del mismo modo que les podría deber a los novelistas que han abierto brechas de pensamiento y me han acompañado al seguirlas. O a Freud por haber empezado a pensar una estructura de pensamiento. Aunque entiendo que éste es un vínculo intelectual, profesional o simplemente de especie, y que no tiene nada que ver con un vínculo afectivo que efectivamente te pueda hacer sentir en deuda apasionada ni con una transferencia que nunca he entendido ni he sentido. He estado principalmente con tres psicoanalistas —por razones estrictamente geográficas— y lo he visto todo como parte de una continuidad. No sólo tejida por los momentos más dolorosos de mi vida, sino también por aquellos en los que de repente todo parece cobrar sentido y nos sentimos preparados y abiertos para aprender.

Y ahora, llegados a este punto, yo diría que una parte del psicoanálisis, la más evidentemente curativa, ha dejado de importarme por encima de otros aspectos de la disciplina. Por lo menos en cuanto a lo estrictamente esencial. Los dolores y los traumas fundamentales diría que están «curados», aunque ésta sea una palabra que no termine de convencerme. En realidad debería decir que mis dolores esenciales están explicados, asilados o acomodados en un discurso general y abstracto que es el que uso para hablar con más frecuencia de mí. Y con esto no quiero decir que el psicoanálisis me haya explicado más de lo que me ha explicado la ética o el amor, pongamos por caso, sino que las sesiones han detenido durante un rato el devenir de los sucesos y se han convertido en el espacio necesario para pensar de qué manera se hilan, precisamente, estos procesos que a su vez detiene. De qué modo se narran, qué vínculos crean, qué habilidades literarias pueden pensar esos procesos —no trata de explicarlos—. Y que eso es, finalmente, lo que me importa del psicoanálisis. Diría que ahora que ha pasado la etapa de búsqueda, de lectura y de narración, encuentro en el psicoanálisis el espacio «exterior» a mí más parecido a la creación literaria que soy capaz de imaginar. Diría que fuera de mi escritura y de los libros de los demás, y tal vez del teatro o de otros discursos narrativos de los que yo no hago mucho uso, el psicoanálisis en la actualidad es el único espacio verdaderamente reflexivo de la ficción. Y de hecho lo es en un sentido que la creación literaria nunca alcanzará. Porque el psicoanálisis, aunque pueda parecer lo contrario, tiene una capacidad que la literatura casi nunca tiene: detener el lenguaje y buscar lo previo, lo previo, lo previo. No en el contenido, sino en la construcción del discurso, que en realidad en el psicoanálisis es mucho menos discursivo de lo que suele pensarse. O así parece haber sido en mi experiencia.

Y precisamente acabo de terminar un texto que me ha hecho pensar en las tres preguntas sobre psicoanálisis que me habéis hecho: cómo conocí la disciplina freudiana, qué le debo y qué es lo que me importa de ella. Mi texto cuenta que los astronautas pueden ver la salida del sol cada noventa minutos. «Un hecho insólito», digo, «porque éste es el período exacto que dura un día fuera de la Tierra. El único lugar conocido en el que, tal y como sucede en las novelas, el tiempo está dentro del tiempo». Y creo que, aquí, debería añadir que en el psicoanálisis sucede lo mismo. Y que tener un espacio donde detener el lenguaje sin modificar el ritmo de pensamiento y de este modo observar sus reglas de construcción mientras están en movimiento, me parece un suceso fascinante. La posibilidad de estar cerca de la ficción como un hecho posible. Un privilegio.

GUY BRIOLE

Profesor de psiquiatría en el Hospital de Val-de-Grace, psicoanalista

QUEMADURAS DE ÁFRICA

Siendo un joven médico me encontré un día, sin darme cuenta del todo de que lo había soñado en mi infancia, como responsable de un sector de grandes endemias en Mondou, una pequeña aldea del sur de Tchad. La tarea era inmensa, así como también lo era la extensión de las tres prefecturas, donde debía ejercer una medicina para la cual estaba bien preparado, por los sólidos estudios realizados en la Facultad de Medicina de Burdeos y por una formación complementaria de seis meses en medicina tropical y en patología exótica en el Instituto del Pharo, en Marsella.

Nada me parecía imposible, ni siquiera difícil. Ser médico, tener la seguridad de ese saber, guiaba mi vida, la que encontraba muy plena. O por lo menos era una cuestión que ni siquiera me planteaba. Era como si eso debiera durar para siempre así. El sentimiento de infinito que a veces produce África no siempre hace perceptible, y hasta enmascara, la acuidad de lo efímero. Es como si lo real, por hacerse presente en todo, se deslizara sin dejar huella. Como si apenas se percibiera el roce. Por lo menos yo avanzaba así, entera y metódicamente ocupado en domesticarlo. Las leyes de la gran mayoría se verificaban y yo no me había incluido en ellas, lo que es bastante banal para un médico joven.

El picotazo viene, por sorpresa, brutal, decisivo. Me quedó el recuerdo, el de Bebedja, un lindo pueblecito, a orillas del Logone. Había ido hasta allí por una llamada de auxilio de su jefe tradicional, quien me había enviado un emisario: el rebaño estaba a punto de ser diezmado y la enfermedad ganaba a los hombres. Varios habían muerto y la enfermedad, en corto tiempo, había invadido las dos orillas del río. Habían compartido la misma carne en una comida, después de los funerales. El diagnóstico se impone a la evidencia —una epidemia de carbunco (ántrax) con contaminación del animal al hombre— y las acciones que poner en práctica son simples. En el lugar todo es distinto. El pueblo está abandonado; la visión es la de un campo de batalla. La muerte está en todas partes, con tumbas cerradas con premura donde los buitres se apresuran a despedazar los esqueletos en descomposición de los animales muertos. No se sabe muy bien qué es lo que sobrecoge más, qué sentido prima sobre el otro en el horror. Es como una brutal desregulación de toda sensorialidad. El saber no es ninguna ayuda, cada uno es por sí mismo. La efracción se produce en ese preciso instante, en ese encuentro con lo real, y marca el cuerpo. Fue en esos tiempos cuando decidí que, en cuanto regresara a Francia, empezaría un análisis.

El psicoanálisis acababa, para mí, de cambiar de lugar: de un interés intelectual, ciertamente muy marcado, se convertiría en el camino que seguir para arreglar la profunda «crisis de fe» que vivía. La idea no tenía nada de descabellado, mi primer encuentro con el psicoanálisis se remontaba a algunos años atrás, pero había quedado allí, en reserva, para mí mismo. Probablemente en ese primer tiempo no había visto su alcance. El contexto es el de la entrada a una de esas escuelas, cuya tradición imponía una novatada cuyo valor iniciático había cedido paso rápidamente a un desencadenamiento mal controlado de inutilidades con objetivos vejatorios, humillantes a veces, con condicionamientos estúpidos otras. Yo he sido siempre rebelde al condicionamiento y a la esclavitud que ello implica, más aún porque en este entorno se reavivaba, es cierto que con una fuerte amplificación imaginaria, lo que había marcado la historia familiar durante la guerra. Llevado al punto de ruptura donde crecía esa violencia, un encuentro radicalmente diferente me paró en seco. Un «ex» me pidió que le hiciera un resumen de un libro: *Introducción al psicoanálisis*. Descubrí a Freud. Me puse a trabajar, sosegado. Conservé ese libro que había alcanzado el valor de una suerte de tesoro. Aquel que, en esas condiciones degradadas de la relación con el Otro, nos tiende esa mano es un amigo. Lo sigue siendo.

A mi regreso a Francia, muchos meses después, quise encontrar a Jacques Lacan. Había oído decir de él, por uno de sus analizantes, que su recorrido personal lo había llevado hasta África. El único nombre que tenía en mente era el suyo. En todas partes me decían que no me recibiría. Me dio una cita. Me apremiaba hablarle de lo que me había ocurrido en África. Allí, frente a él y para mi sorpresa, no le hablé de eso, sino de otra herida del cuerpo, presente en mí desde mi infancia.

Los dos momentos de encuentro con el psicoanálisis se articulaban ahora, a ese efecto de la transferencia, con las coordenadas de mi historia, con los impedimentos, a menudo incomprensibles, con los que chocaba mi vida. Faltaba desanudar el conjunto, un largo camino. Fue así como debutó mi análisis y como cambió la orientación de mi vida personal y profesional. Esta experiencia, que he proseguido durante mucho tiempo, retomada luego varios años después, queda en mí, siempre presente, como brújula ética.

MARIE-HÉLÈNE BROUSSE
Psicoanalista

LA TRANSFERENCIA DESVELADA

¿Cómo encontré la disciplina freudiana? Pensándolo bien, se impone una diferencia entre el conocimiento y el encuentro: el psicoanálisis era un objeto de la cultura al que yo había tenido acceso. Pero el encuentro propiamente dicho, ¿cómo definirlo? Como el momento en que ese objeto (de saber) produjo un efecto en la persona que yo era. Tuvo lugar para mí en un juego de palabras que hizo un amigo sobre mi nombre: efecto de sorpresa y de enigma; en resumen, efecto de división. No hay encuentro con el psicoanálisis que no pase por la experiencia subjetiva.

Después, hubo el encuentro con un analista y la experiencia de esa aventura que es una cura. Enseguida tuve claro que ésta es una experiencia del decir preciso y riguroso. Pero lo que me preocupaba era la transferencia. Ponía el saber de los libros en el centro del dispositivo analítico y, en mi análisis, no lo veía por ningún lado. Muchas veces escuchaba a mi alrededor hablar de amor y de odio, veía cómo se desplegaban todas las modalidades del lazo, *in vivo*. En mi lazo con mi analista, nada de todo eso. La calma chicha. Sin embargo, lo había elegido yo, por su nombre y su discreción justamente. Pero de él yo no quería otra cosa que el ejercicio de su función. Lo quería funcionario del análisis. Hoy que soy analista, me doy cuenta al escribir estas líneas que la transferencia estaba, y bien que estaba, bajo la forma de ese «yo no quiero saber nada». Estaba en la asociación imposible entre el nombre, o sea lo contrario del profesional anónimo, y la discreción, aquí modo encarnado del silencio.

Sin embargo, los libros, es decir, la teoría analítica, tenían razón. Después de una sesión, en la escalera, como estricta consecuencia de un encadenamiento asociativo, apareció ante mí el resorte de la transferencia: mi analista, ese hombrecillo tranquilo, discreto y silencioso, encarnaba para mí, el Santo Padre, el Dios clamoroso de la Biblia, el Dios de Abraham. A este Otro, le temía más que a nada, su palabra era un rayo... Todavía recuerdo la risa formidable que solté en esa escalera parisina que parecía una jaula. Mi analista era el imperativo de la demanda contenida en toda palabra. Si yo no lo veía por ninguna parte, es porque era ese todo, el cuadro general del mundo amenazador en el que vivía. Todas las particularidades de mi relación con los otros, que organizaban mis síntomas, respondían a ese *partenaire* interior del que había que, costara lo que costara, guardar distancia.

Haber experimentado eso no sólo tuvo efectos terapéuticos inmediatos, sino que modificó radical y profundamente mi concepción de las relaciones con los seres hablantes. No existen relaciones entre los seres humanos que no estén organizadas por la transferencia. Se despliegue bajo su forma imaginaria o simbólica, ella es la gran organizadora, ella es real. Organiza las respuestas y los actos del sujeto sin saberlo. Sin embargo, en los diferentes discursos en los que somos tomados, no aparece de ese modo, sino que sin cesar es objeto de maniobras: de sugestión, de influencia, de denegación, por ser el resorte de cualquier poder sobre el Otro. La evidencia y la formulación de las modalidades que adopta para cada sujeto es la condición del poder que un sujeto puede tomar de sus propios actos, la condición para convertirse en el agente de su destino.

Solamente el dispositivo analítico pone al analista en la obligación de renunciar al poder que le da la transferencia para operar. Es lo que permite que se devele. Un análisis produce, por ese hecho, consecuencias éticas y políticas en el sujeto.

La puesta al desnudo de la transferencia o, por el contrario, el velo mantenido sobre él, constituye una línea divisoria entre el psicoanálisis, por una parte, y las otras formas de discurso que siguen encontrando en eso las raíces de su poder sobre los sujetos, ya sea sin querer saberlo, como en el caso del discurso de la ciencia, o en pleno conocimiento de causa, en el de la política.

El odio que hoy suscita el psicoanálisis tiene su origen en la revelación, por la transferencia, del poder dado al Otro, que se produce para todo analizante en su cura. Las distintas técnicas de gestión de los seres humanos no quieren separarse (¡por el bien de los sujetos, evidentemente!). Lacan lo formula admirablemente en un texto escrito después de la Segunda Guerra Mundial: «En este siglo, el desarrollo que habrá de los medios para actuar sobre el psiquismo, una manipulación concertada de las imágenes y de las pasiones de la que ya se ha hecho uso con éxito contra nuestro juicio, nuestra resolución, nuestra unidad moral, serán la ocasión de nuevos abusos de poder».[1] Es más que nunca de actualidad.

HERVÉ CASTANET
Psicoanalista

CUENTO DE LA IMAGEN MUDA

¿Cómo?

Él había vivido en un mundo cerrado percibido siempre a través del prisma del capullo materno. Buen alumno, serio pero sin inventiva, gustó, como en un sueño, de disciplinas raras y difíciles. A finales de los años se-

1. Jacques Lacan, *Autres écrits*, Seuil, París, 2001.

senta, en el último año del bachillerato científico, no oyó hablar de psicoanálisis en el curso de filosofía. Se apasionó, en cambio, por la epistemología dura.

Algunos meses después, a los dieciocho años, un descubrimiento modificó su vida durante mucho tiempo. Una ciudad: Aix en Provence. Una fecha: comienzos del otoño de 1969, suave y tranquilo. Un lugar: el parque Jourdan. Una lectura: *Psicopatología de la vida cotidiana* en la (mala) traducción de Ediciones Payot. La lectura le causó risa. No le gustó, a él que le gustaba el saber seguro de sí, seco y construido. Continuó. Quedó perturbado. No supo por qué. Al día siguiente, retomó la lectura que Freud hizo del olvido con el nombre de Signorelli o de la palabra latina *aliquis* en boca de un orgulloso joven. Ya no pudo reír. Así pues, el saber podía tener sus fallas, sus agujeros, sus blancos, sus ausencias. La continuidad de un diálogo, de un pensamiento, de una argumentación resultó ser una operación de recubrimiento, una forma de ignorancia de lo que suena y de lo que hace causa. No quiso escuchar. El buen alumno continuó su vida de pasión por los saberes. Pero el buen alumno se aburría —«a morir», como decía—. A los veintidós años, fue a ver a un psicoanalista buscando una salida. ¿Cómo salir de ese paraíso del aburrimiento donde la vida era tan lejana? A eso siguió un largo análisis de dos decenios. Aislemos un momento de esa cura en la que ese síntoma del aburrimiento voló en pedazos por el surgimiento del objeto color vacío que es la mirada. La escritura tuvo su implicación. ¿Cómo?

Una (re)interpretación

El joven convertido en analizante tomó partido por la escritura para decir su *vida sexual*. Su objetivo: arrancar una certeza subjetiva a sus descripciones y recuerdos. Consentir escribir y extraer el objeto de goce en el que se había construido su ser de ficción correspondía a la misma elaboración.

La escritura se hizo posible por una interpretación. Para puntualizar una demostración, el analizante eligió la preposición *voilà* («he aquí»). Le surgió como una manera de concluir en lógica: *Debe saberse... He aquí la demostración*. La interpretación del analista —un equívoco significante en el cual el sentido pleno se deconstruye en una significación vacía— cayó: *Vois-la/Vois-les.** Mirada y cuadro se daban cita. Volvía a encontrar ese quiasma en el que desde siempre se cifró su goce: el discurso se interrumpía para volverse cuadro inerte. Lo designaba el Otro femenino («Ve-las... las mujeres concretas de su historia») implicado en su vida amorosa, de la que acababa de hablar, ofrecido como un cuadro a su analista.

Por esta interpretación que separó mirada y visión, el cuadro se deconstruyó, puso al descubierto la gramática pulsional en juego. Quedó abierta una perspectiva: se hizo posible un nuevo orden de las elecciones amorosas del analizante que habían durado más de treinta años. Por la escritura, su vida sexual (*voilée/vois-(la)les*)** al objetivarse, encontró su tiempo —el del futuro anterior—. El matema se extrae del relato, aunque el relato, una vez cumplida esta extracción, no desaparece. La aportación de este analizante es el de haber sacado consecuencias de esa no desaparición. El relato no se reduce a una ficción hecha de puros significantes, por más que fueran los significantes maestros de la historia íntima. Como el relato prosigue de otra manera, desprende ese juego del semblante que encierra lo real. Porque el semblante es un mixto de simbólico y real. El cuento es una realización textual concreta de eso.

Para engranar el cuento, él (re)elaboró un antiguo dispositivo que incluía a su madre.

El lugar

La vida amorosa del analizante estaba fijada a una escena. Él la había conservado siempre intacta. Podía hablar, describirla, hasta divertirse. Su fuerza era tan decisiva como inalterable la emoción que le provocaba. Era hijo único —siete u ocho años—. Su madre había ido a buscarlo a la escuela. Tan lejos como podía recordarlo, su madre le había hecho saber que él era todo para ella y que su marido, aunque importante, estaba después (la sangre antes que la alianza). Él construyó su vida de niño sobre

* Homófono de ve-la / ve-las. *(N. de la t.)*

** Velada / ve-(la)las. *(N. de la t.)*

esta proposición. Supuso el goce del Otro materno *todo* reducido a ese amor por su hijo. Él vivió con este amor incondicional que a cada momento se verificaba.

Cuando llegaron al apartamento familiar, ellos estaban —*ella y él*— en el sillón de la sala. Habían estado adormecidos dos horas. Ya era de noche. La escena con la madre era su mundo de adentro, allí donde él decía yo —*yo soy amado por ella. Yo soy todo para ella*—. Para ponerle título se impuso el nombre de una pintura: *La madre dormida con el niño*.

La acción

El cuerpo del hijo único estaba apoyado sobre el cuerpo materno. Era ligero, recogido, posado apenas. La madre estaba moderadamente dormida. El niño había querido no moverse, no hacer ruido, esperar la noche hasta el último instante posible. Había querido intensamente que la escena maravillosa de *La madre con el niño* durara. El mundo se había alejado y la vida se había refugiado en el afuera. La escena fue el paraíso del analizante. El cuerpo se inmovilizo allí. El niño debía mantener la pose en el cuadro viviente. Rápidamente, él se adormeció, llevando a cabo la clausura del espacio y del tiempo. Él conservó un gusto particular por el sueño.

Mucho después, se volvió un especialista de lo escópico y de su lógica. Interrogó lo que hace la función del cuadro. Se apasionó por el mutismo de la imagen y el pasaje, siempre singular, de la especulación a lo especular. Las imágenes —la pintura— le quemaban la cabeza, sobre todo aquellas en las cuales el concepto se vuelve puro dado a ver en el recinto del museo. Sus trabajos fueron publicados. A través de otras imágenes, él comentaba largamente sin saberlo esta escena de infancia. El hallazgo, resultado de una interpretación, fue el siguiente: la imagen muda era él. Él se había vuelto cuadro, identificado con esa imagen de completud que se encierra bajo la mirada de máscara de la madre dormida. Él era esa imagen (*fascinum*) sin palabra.

Imagen muda fue el nombre de goce del analizante.

El mito

En su tiempo, el mito de Diana, paso obligado del arte occidental, le fascinó. Por el mito, animó la escena pasada. Deconstruyó ese presente eterno donde el cazador Acteón, que vio la teofanía de la diosa, da muestras de una cabeza vaciada de pensamientos, de una boca convertida en hocico. Desplegó el precio que implicaba su nombre de goce: *la muerte*. Él había admirado el cristal de la lengua barroca: *Acteón, la felicidad*, cuya precisión conocía a pesar del fin trágico del héroe. Había apreciado el equívoco de Klossowski, quien, en *El baño de Diana* (1956), hablaba de «servilismo». Había permanecido largo tiempo ante *La muerte de Acteón* en la National Gallery de Londres. Con la firma de Tiziano, esta *Muerte* muestra a Diana, a la izquierda, inmensa, soberana, poderosa, y a Acteón, a la derecha, minúsculo entre los árboles, devorado por sus perros. El analizante se había preguntado si bajo la máscara de Acteón no estaba su propio rostro. En una sesión, él respondió afirmativamente. Él había visto el cuadro con la irónica frase de Ovidio atribuida a la diosa: «Nunc tibi me posito visam velamine narres / Si poteris narrare, licet».

Su madre tan dulce había sido su Diana, transformándolo en cuadro, reduciéndolo a una postura. Con conocimiento de causa, él lo había consentido. Él había aceptado la muerte dulce.

La elección

Fue su consentimiento más íntimo —su seguridad frente a los significantes siempre movibles—. Él creyó que su deseo cuajó apoyándose en el ser amado que era él para su madre. Fue la matriz de la frase de su fantasma. Hasta soñó con hacer pasar, por medio de la literatura, la palabra a la imagen. *Escrito en el mármol* le pareció la expresión adecuada. El consentimiento del analizante no fue total. Su paraíso tenía gusto a veneno. Nuevamente Ovidio: «¡Me miserum! Dicturus erat; vox nulla secuta est». Ese paraíso no había sido tocado: un paraíso sin castración.

Lo más preciado que había tenido el analizante —la madre— implicaba consentir, en el fantasma, con su muerte de sujeto. Esa felicidad fue entonces su drama. El aburrimiento fue el nombre del afecto ordinario de la imagen muda —es lo que lo empujo al diván—. El analizante fue torpe y su torpeza lo enojaba. No lo supo. Creyó lo contrario. Su torpeza era inexacta; ésta no era menos cierta como efecto del mutismo de la imagen que lo fijó como el infatigable joven amado por su madre. Confirmó que se trataba de una imagen de piedra que le hacía encontrar el mundo fácil, abierto, transformable, pero lejano. La acción le parecía simple, pero para más adelante.

El soltero

El analizante encontró la obra maestra de Marcel Duchamp *El gran vidrio* —y sobre todo su subtítulo *La novia desnudada por sus solteros, incluso*—. El adverbio *incluso* que cierra la frase, precedido de una coma enigmática, provocó la glosa. El analizante construyó la cosa así: la imagen era doble —la de arriba está ocupada por el velo de la novia, por su despojo; la de abajo, por la trituradora de chocolate, hace surgir el *incluso* de la repetición en la que el celibato encuentra su más viva realización—. Nunca las dos imágenes podrán ser una. Son disimétricas. El soltero (haciendo el chocolate solo y después de haberlo hecho sigue ocupándose de eso, *incluso*) no alcanzará a la novia, cuyo velo solo permanece como la pantalla de sus proyecciones. Este cuadro entraña de manera explícita la muerte. Así lo quiso Duchamp: la parte superior se llama *Vía Láctea*, el esqueleto de la novia se desprende. En la parte inferior, los novios se reducen a tripas hinchadas —es el *Cementerio de los uniformes y libreas*—. La muerte ronda... Ese cuadro fue la alegoría del analizante, su blasón. Michel Carrouges llamó *Máquina soltera* a ese tipo de montaje. El analizante adoptó la expresión y admiró el alemán que utiliza esa palabra de una sola pieza, *Junggesellenmaschine*. La imagen muda es su máquina soltera.

Pero *El gran vidrio*, expuesto en una de las salas del Museo de Arte de Filadelfia, está roto, gravemente dañado. La obra está atravesada por diversas fisuras por las que el vaso estalla. Al analizante le gustó el cuadro sobre todo por los estallidos que lo deforman.

La mirada

Estuvo encantado de que *El gran vidrio* estuviera dislocado; veía en ello la prueba de que su propio edén de muerte podía también fisurarse, no mantenerse. Al romperse la imagen, él podría entonces extraerse del cuadro. Ya no estaría incluido en el espectáculo del mundo bajo la mirada del Otro. Hizo la prueba.

De ese modo, lo que aseguraba la salida es la extracción del objeto mirada. La imagen no estaba cerrada más que en su apariencia, donde reinaban ilusiones y coartadas narcisistas. La mirada que la causaba y que parece instituirla en lo visible estaba allí particularmente elidida. Lacan insiste en eso: el campo escópico es el que más completamente elude la castración. Hacer la prueba de un descubrimiento: «El secreto del campo visual es la castración» (Jacques-Alain Miller), el desprendimiento del objeto de la cápsula imaginaria de lo figurable ordena los significantes del armazón de la escena. La imagen, al volar en pedazos bajo la presión del objeto mirada, pierde su fascinación y descompone la gramática pulsional del analizante: *Yo soy mirado por la madre* que el imaginario duplica en un *Yo me veo verme* (*bajo la mirada de mi madre*). La escena de la infancia que captura al analizante se develó en su pase de manos: la demanda de una mirada, como metonimia de un amor *todo* falla, ya que «nunca tú me miras allí donde yo te veo» (Jacques Lacan). Sólo creyéndose muerto supo que por fin la última mirada del Otro cumpliría con *tú me miras allí donde yo te veo.*

El analizante se desindentificó de ese lugar en el que, en su fantasma, se superponían ver y ser: *Tú me miras allí donde yo estoy* (= *donde yo te veo*). Él estaba fantasmáticamente fijado allí donde ella miraba y donde él la veía. Él creyó que él estaba allí donde él veía, asegurándose en la matriz del sujeto de la representación, que ese lugar era también ese donde él la veía. Es esta dialéctica mortífera la que redujo a ficción la extracción de la mirada.

La relación con la madre se transformó. Se pacificó definitivamente.

La interpretación del analista *—voilà/vois-la(les)—* tuvo esa función, al desprender el ciframiento pulsional de goce, de apertura. Otras aventuras siguieron en la cura... condicionadas por ésta, inaugural.

ROLAND CASTRO
Arquitecto

¡LO QUE DEBO! ¡LO QUE DEVUELVO!

Yo debo a la resistencia comunista de la zona de Limusin, a la población republicana de Saint-Léonard-de-Noblat (Haute Vienne) nada menos que la vida de mis padres, salvada por ellos y, por tanto, la mía.

Treinta años después le debo al psicoanálisis que haya quedado, según el admirable dicho de Lacan, «suficiente goce en el hablar como para que la historia continúe».

Jefe de «Viva la Revolución», o mejor dicho de un grupo izquierdista, como habitualmente se dice, simpático, conocido por su reconocimiento del sujeto (mujer, homosexual u otro), más allá del marxismo sociológico, jefe, pues, de mi propio jefe, lo disuelvo antes de que lo haga el gobierno. Con gran desesperación para los otros integrantes del grupo, encantados ellos por continuar, sufriré los odios legítimos de los abandonados y me encontraré en estado errático cercano al estatuto de sin domicilio fijo, en todo caso con domicilio flotante, como consecuencia de esta decisión oportuna.

Como para otros campos, esta decisión impedirá que el síntoma «Brigada roja» se desarrolle en Francia. En esa época escribí un poema que comenzaba y terminaba así:

1971
setecientos millones de chinos
¡y yo, y yo, y yo!
como siempre los poetas dicen la verdad.
[...]
Entonces
ese que descubro en mi espejo.
el ser robado a sí mismo,
el único ausente de mi historia,
ese que deambulaba por la chimenea
y que yo no veía,

me salta a la garganta
en el espejo:
yo.[1]

La llegada con urgencia a lo de Lacan —llamo a las once y soy recibido a las catorce horas— empezará a hacer efecto desde la primera sesión, y sin embargo yo sabía que bastaba con suponerle un saber, y que evidentemente él no sabía, y yo menos aún que creía que no sabía nada.

Que esta historia de frecuentar a Lacan durante mucho tiempo, luego a Laurence Bataille tan bella, luego a René Major en una suerte de alternancias con episodios que tuvieron para mí el valor de estudios filosóficos, de infancia estudiosa, de biblioteca ambulante, tome el camino de lo perpetuo inacabado, dice una profunda verdad.

Este encuentro que ha podido hacerme pensar la política de otra manera, la arquitectura como un paseante «aragoniano», y el amor como el único espacio no comercial; este encuentro que ha podido hacerme parir una manera de ser en la ciudad que lleva a cuestas su «en otra parte», que se llamará Movimiento de la Utopía Concreta (MUC), tal vez nos lleve lejos.

De todos modos si yo pienso que la democracia en Francia debe mucho al psicoanálisis, sobre todo en los años setenta, que nos ha hecho reemplazar los años de plomo italianos por años de *desesperación desarmada*, hoy pienso con orgullo que tal vez nos permitió repensar la política, que tal vez el Movimiento de la Utopía Concreta (MUC) sea el primer movimiento político lacaniano. Tal vez entonces —también pienso que es probable— este encuentro con el psicoanálisis autorice a que se cambie el paradigma de esta sociedad, su matriz.

No es, pues, sin un lazo con el psicoanálisis que decidí ser examinado por los habitantes de Francia durante veinticuatro meses.

1. Roland Castro, *1989*, Bernard Barrault, París, 1984.

MADELEINE CHAPSAL
Escritora

LO QUE DEBO A FREUD Y AL PSICOANÁLISIS

Sin el psicoanálisis creo que no hubiera podido acceder nunca a la escritura —más de sesenta libros hasta hoy de los cuales uno lleva por título *Oser écrire*— ni tampoco que siguiera viva todavía. Entré en análisis, por haber sentido bruscamente, un día muy triste, una pulsión que me empujó a tirarme a las vías de un metro, en plaza del Alma. Yo conocía y admiraba las obras de Freud ya desde mi clase de filosofía y me había acercado a psicoanalistas por haberlos entrevistado como periodista. Inicié mi cura al principio frente a frente, estaba demasiado mal para que fuera de otra manera, después en el diván.

Mi primer análisis duró años, en el transcurso de los cuales comencé a estructurarme y a adquirir mi independencia interior (hasta ese momento vivía fusionada a otro). Al cabo de tres años, sin que ése fuera el objetivo que buscaba, me encontré capacitada para escribir y para publicar mi primera novela, *Un été sans histoire*.

A partir de ese momento mi propia historia prosiguió al ritmo de mis libros, que me surgían cada vez en mayor cantidad, y de mis sesiones, que terminaron por espaciarse. De todos modos, ante cada duro golpe, de nuevo tuve la necesidad de ir a hablar —no quería medicación química— y rehice con éxito lo que se llama una franja de análisis.

La última de ellas fue con Françoise Dolto, que terminó de anclarme en mi feminidad —que yo misma creía imperfecta a causa de mi esterilidad— y en mi ascendencia, atormentada y oscura como lo es para la mayoría de nosotros.

He contado esta lenta marcha en dos de mis obras, *Le retour du bonheur* y *Ce que m'a appris Françoise Dolto*.

El psicoanálisis ha sido para mí una terapia, un camino de vida y también una ética. El psicoanálisis, por ser en su esencia una búsqueda de la verdad, sólo puede conducir a una moral. Me dio la oportunidad de encontrar hombres y mujeres, algunos famosos, otros menos, de una calidad humana excepcional.

En ese sentido, no es difícil darse cuenta si se está con un charlatán y abandonarlo cuanto antes.

Ninguno de aquellos a los que apelé intentó ejercer sobre mí la menor presión; no buscaron guiarme, solamente sostenerme con su escucha cuando sentía que tropezaba en mi difícil marcha hacia la libertad de mi ser y de mi vida.

Cada vez que pude, que puedo, me siento feliz de poder mostrarles mi reconocimiento. Por eso sé por experiencia que si ellos mismos no tuvieran la plena y entera libertad para ejercer su disciplina como mejor les parece —y cada analizante demanda un acercamiento diferente— no podrían ser eficaces, y la palabra «psicoanálisis» estaría entonces vacía de sentido.

Todos perderíamos mucho, tanto los que apelan a ellos como los que se benefician de rebote.

Porque la mayoría de los progresos que ha podido hacer nuestra sociedad en el campo del pensamiento, el conocimiento del funcionamiento del ser humano como en el plano del humanismo lo debemos al trabajo de los muchos psicoanalistas que ejercen libremente a partir de Freud. Sus libros son la prueba, pero no está de más que sus beneficiarios, de los que formo parte, revelen personalmente, por esta encuesta, lo que les deben.

Ésa es una de las cualidades y quizá también el defecto del psicoanálisis: una vez que ha hecho su trabajo, algo en nosotros pasa la esponja, seguramente para seguir adelante mejor: se olvida casi todo lo que tuvo lugar durante la cura...

Pero no siempre. «La libertad, ¡qué inefable minuto!», escribe Dostoievski, una vez liberado de sus hierros, en las últimas líneas de *Recuerdos de la casa de los muertos*. Él no había olvidado nada de su sufrimiento ni de su liberación; yo tampoco.

HILARIO CID VIVAS

Psiquiatra, psicoanalista

DE UN ENCUENTRO AFORTUNADO

En 1970, asistía a las clases de literatura que en la Facultad de Filosofía y Letras de la Facultad de Granada, impartía el profesor Juan Carlos Rodríguez. Recomendó como paradigma de lo que es la Crítica, entre otros libros, *Introducción al psicoanálisis*, de Freud. Estudiante de medicina y alumno interno en un hospital quirúrgico, la lectura de aquel libro cambió por completo el destino de mi vida. Descubrí que existía aquello que Freud llamaba el *inconsciente*. Esa perspectiva subvertía radicalmente la concepción que el ser humano puede tener de sí mismo, ubicando además en esa *Otra escena*, la causa de tantas cosas que hasta entonces aparecían oscuras, misteriosas o inexplicables.

Este encuentro llega en un momento clave de mi vida, pues la cirugía no colmaba mis expectativas, y aparecía en un primer plano tanto que la relación médico-paciente era un continuo malentendido como que el cuerpo, para el ser humano, era algo bastante distinto a una lección de anatomía.

Desde un primer momento, el psicoanálisis aparece para mí como una práctica. La lectura de Freud me convencía de la efectividad de lo que promovía. Lo tuve claro al poco tiempo del encuentro con la obra de Freud. Decidí ser psicoanalista. El problema fue que además de Freud, vía Althusser, se había introducido un tal Lacan. Mi decisión era la de ser un psicoanalista lacaniano.

Había que empezar como hay que empezar, o sea psicoanalizándose. No era fácil en la España de los setenta encontrar un psicoanalista. Pero que además fuese lacaniano era sencillamente imposible. Quizá hay que ser muy «ingenuo» para no darse cuenta de esto. Yo tardé diez años en darme cuenta.

Mientras tanto, hice lo que pude. Me «analicé» con quien pude, hice psiquiatría y trabajé como psiquiatra. Freud y Lacan eran las referencias en mi práctica cotidiana con mis pacientes. Y lo más interesante era que en esa práctica cotidiana el psicoanálisis funcionaba.

Había otros colegas con inquietudes parecidas y fuimos uniéndonos en grupos de trabajo que multiplicaban actividades y contactos.

Por fin me di cuenta de que Lacan existía en carne y hueso, que había formado a una gran cantidad de psicoanalistas y que yo podía seguir mi formación con discípulos directos de Lacan. Mereció la pena.

La formación de un psicoanalista exige un largo recorrido y de hecho, aunque uno lleve su análisis hasta el final, la formación de un analista es una formación continuada. Siempre se puede ir un poco más allá. El psicoanálisis, en tanto teoría, lo es de una práctica viva, en continuo movimiento. Es lo que leí en la obra de Freud y capté en la enseñanza de Lacan.

Desde que empecé a interesarme por el psicoanálisis conocí un fenómeno realmente curioso. Aun sin necesariamente haber leído nada de psicoanálisis, aun sin haber tenido ninguna experiencia de ningún tipo con el psicoanálisis, uno puede odiarlo a muerte. Podemos entender que uno haya hecho un tratamiento psicoanalítico y se sienta defraudado y se convierta en antipsicoanálisis. Incluso es bastante comprensible que tras horas y horas de estudio sobre psicoanálisis uno concluya que es un fraude, que no hay nada peor. Pero que sin tener la menor noción de la teoría o la práctica psicoanalítica uno desee que el psicoanálisis desaparezca, admitamos que es un poco fuerte. Y sin embargo es así. Y desde el principio.

Que el psicoanálisis despierte odios no impide que no cese de propagarse, y cuando parecía que podía extinguirse llegó un Lacan que le ha dado fuelle para mucho tiempo.

No sólo odio despierta el psicoanálisis. El amor es otra pasión que puede despertar. Eso me pasó en mi encuentro con la *Introducción al psicoanálisis*. Ese amor por el psicoanálisis me hizo entender que hay cosas a las que merece dedicar toda una vida y desear transmitirles a otros ese valor.

CATHERINE CLÉMENT
Filósofa, novelista

PUNTO DE VISTA DE UNA USUARIA FELIZ, DÉBIL PROFUNDA

Ya ni sé cuándo encontré a Freud. Seguramente en 1956, en mi liceo de niñas, donde la excelente Françoise Burgelin, mi profesora, no podía imaginar el último año de bachillerato sin hablar de Freud, ni de Marx. Evocando los años treinta en *Tristes trópicos*, Claude Lévi-Strauss describe muy bien ese paisaje intelectual donde se levantan dos Himalaya, Freud y Marx, referencias tan necesarias en las proximidades de la Segunda Guerra Mundial como al alba de un mundo en reconstrucción después de la caída de Hitler. Yo nací al pensamiento crítico con Freud, con Marx, en un mundo bipolar, el de la guerra fría: Freud, de un lado, y Marx, del otro, permitían evitar la tenaza de los dos bloques. Freud contra Stalin, Marx contra Kissinger.

Claro está que la lucha contra Freud se inscribe en un mundo unipolar. Después de haber desintegrado el Imperio Soviético, la superpotencia norteamericana emplea todos los medios para ganar su guerra cultural, incluido el antifreudismo. Porque, hay que entenderlo, los ataques contra Freud vienen todos de Estados Unidos, sustituidos por Quebec —y no Canadá—. Guerra verdadera. La superpotencia no es invulnerable. A veces pierde, acabamos de verlo en la Unesco, instancia multilateral capaz, en octubre de 2005, de ratificar a una aplastante mayoría de naciones, llevadas por Canadá y Francia, la convención sobre la diversidad cultural: dos votos en contra, Israel y Estados Unidos.

Los embrollos entre Canadá y Quebec merecen ciertamente ser mirados de cerca, y a pesar de un rumor mentiroso, el psicoanálisis no está muerto en los Estados Unidos de América. En cambio, políticamente, las cosas son límpidas. Si bien al actual gobierno estadounidense le importa un bledo el psicoanálisis, se interesa, sin embargo, por todos los medios de control, de los que forma parte la psicología comportamental en calidad de único Dios, el antidarwinismo, el sistema de escuchas por satélite y la técnica militar.

Para mí, nada ha cambiado. Antes de 1991, Freud me protegía en todos los campos: de la familia, de las escuelas, de las instituciones, de las normas sociales y de los maniqueísmos. Cuando me adherí al partido comunista en los años setenta, Freud fue aplaudido y sirvió para luchar sordamente contra la psiquiatrización a ultranza, utilizada por el régimen soviético, asunto poco conocido del que puede dar testimonio también Elisabeth Roudinesco. Con el sovietismo muerto, queda la superpotencia, y yo sigo necesitando del pensamiento de Freud. ¿Por qué? La subversión. Un espacio de provocación libertario, un arma contra el dominio. La mejor herramienta para comprender y desenmascarar.

El pensamiento con Freud es una cosa. Mi entrada en la vida psicoanalítica es otra, que tiene que ver con el sufrimiento íntimo. Aquí como el punto de vista del «usuario» del psicoanálisis, convocado en asociación cuando tratan de atacar a Freud, nunca cuando se trata de hacerle justicia. Soy usuaria, y consciente de mis derechos a hacer valer los beneficios del psicoanálisis en lo que a mí respecta.

Yo comencé una cura de psicoanálisis en 1972, porque después de haber visitado Auschwitz, cementerio sin tumbas donde están mis abuelos maternos, volví sin habla. Para una joven enseñante de filosofía en la Universidad de París-I, era urgente: no podía hablar. Curar los síntomas que acumulé entre 1939 y 1945 es una larga empresa, que no ha terminado —a menudo pierdo el aliento, me asfixio—. Separar lo analizable y lo no analizable de lo que me vino de la *Shoa*, eso, terminará sólo con mi último suspiro.

Una primera cura, dos episodios, una segunda cura, en número de años, es la tercera parte de mi vida. Sin evocar la intimidad, puedo decir que en el diván encontré la risa, que me era ajena, también con qué poder criar a mis hijos, la resolución de algunas cóleras familiares y poner a cubierto la *Shoa*. Para mi gran sorpresa, en el camino descubrí la escritura novelesca, signo de liberación del libro y del escrito. Decir que el psicoanálisis cambió mi vida es decir poco: la salvó.

Recuerdo haber oído a André Green insistir en la necesidad, para quien emprende un análisis, de estar en un estado de sufrimiento insoportable. Sin sufrimiento —decía— el análisis no puede empezar. En esa época, éramos muchos los que conocíamos la «luna de miel» analítica: desaparición rápida de los síntomas, en los que no había que detenerse so pena de verlos regresar al galope. Ese saber de sentido común, los enemigos de Freud no lo conocen. Del mismo modo sabíamos que el terapeuta, por querer curar demasiado, fracasaba. Ellos tampoco saben eso. ¿Conocen íntimamente el sufrimiento psíquico? No creo. La prueba, es que lo miden.

Por su culpa, ellos no saben casi nada. Los psicólogos comportamentalistas franceses son los instrumentos ingenuos de la guerra cultural americana mientras que, en su alma, apenas quieren ocupar el terreno, ocupar los lugares. ¡Ni siquiera saben que son totalitarios! ¡Se indignan por una palabra de la que ignoran el sentido! Si la Unión Soviética hubiese puesto en práctica la cuarta parte de las medidas de salud mental que esta gente pregona, habríamos salido a la calle. ¿Saben al menos que hace apenas veinte años peleábamos contra la psiquiatrización soviética?, y ¿habría que abandonarse a la indiferencia de los franceses? ¿Y qué más? ¿El baño? ¿La guillotina?

No compartiré el mundo con ellos. ¿El pasado, la memoria, el síntoma? No lo conocen. Para curarme, esa gente me habría hecho entrar en una falsa cámara de gas, porque hay que habituarse a sus miedos. ¿La verdad para ellos? Está en los tests. ¡Los tests son formidables! En 1958, en el departamento de psicología experimental donde, siendo una joven de la escuela normal, yo efectuaba mi paso obligado antes de la titulación de filosofía, me hicieron pasar el test de Binet y Simon, que mide, como se sabe, la inteligencia. La normal era de alrededor de 120, yo obtuve 70. No habría podido ser escolarizada. Se determinó el diagnóstico: débil profunda. Y estoy muy orgullosa.

De eso también me salvó el pensamiento freudiano. Del cientificismo, de las escalas, de los cuestionarios, de los tests, del aspecto policial de la psicología. Uno de mis colegas de la Sorbona me ayudó mucho con eso: Georges Canguilhem, un filósofo de las ciencias ante quien nadie podía traficar con la verdad.

SERGE COTTET
Psicoanalista

EL REVERSO DE MI FILOSOFÍA

Aprovecho un error de memoria que me arrastra más lejos de lo previsto: imposible recordar el título de la revista, *La règle du jeu*, al que sustituyo por diferentes títulos de películas de la misma época.

Rápidamente se impone el nombre Renoir, asociado a mi primer encuentro con el psicoanálisis. Era en París en clase de *filo*; había un original *prof* que trataba el programa por encima de lo establecido escamoteando las rúbricas académicas en provecho de Camus, Sartre y Merleau-Ponty. Además de sus audacias vanguardistas, era freudiano y adepto a *La interpretación de los sueños*. El mejor de la clase pretendía haber leído ese libro entero (cosa rara, señalaba Lacan en 1975). Yo lo frecuentaba asiduamente. Él no era sartriano. Le gustaba mucho el semblante... Por otra parte, la clase se dividía en tres tendencias: los nulos, los sartrianos y los freudomarxistas; yo me encontraba entre estos últimos. El estructuralismo ya se abría paso con Jean-Paul Sartre.

Ese compañero también tenía pasión por el cine francés de la preguerra (los Carné, Prévert, Clair, los Renoir, especialmente *El crimen del señor*

Lange). Curioso dandy, distinguido, nueva ola y pasatista al mismo tiempo, era lo que mejor hacíamos por aquella época. Yo no adivinaba todavía que en esas películas él encontraba con qué alimentar una imaginación erótica despertada precozmente por un padre artista y coleccionista de libros raros.

Este esteta delicado, de gustos híbridos, convertido en director de cine, no hizo carrera en el psicoanálisis.

Por mi parte, muchas veces asocié *Una partida de campo* con el psicoanálisis por la razón evidente de la presencia de Sylvia Bataille. Pero hay otras razones más personales.

Al principio, el psicoanálisis acompañó mis lecturas de alumno de liceo sin otras consecuencias que las de agregar un pensamiento grandioso al panteón de filósofos que admiraba: esos nombres propios podían cohabitar durante mucho tiempo sin contradicción.

Señalemos al joven lector que se trataba de una época con certezas dogmáticas en política y en filosofía. Nada más alejado del bricolage posmoderno de hoy.

Sin embargo, ¿qué uso podía darle a Freud un joven alumno de liceo de los años sesenta obsesionado por la verdad? Es el significante contestatario de 1968 que, enseguida, asociará marxismo y freudismo con la bandera de los filósofos de la sospecha. Era fácil entonces integrar el freudismo a la insurrección general contra el orden establecido; los surrealistas habían intentado hacerlo en el mayor malentendido treinta años antes. Los jóvenes tomaban el relevo. En esa época, el freudismo podía concordar con un pensamiento bastante firme del determinismo familiar como para creer que la cura analítica estaba en consonancia con la libertad de desear. La emoción de Mayo del 68 sirvió de revelador para los desaventajados: «Gozamos mal... la culpa es de la familia y del capitalismo», lanza Jacques-Alain Miller —por un momento portavoz del rumor— a Lacan.

Y entonces, en la tormenta, estalló el desacuerdo entre la coartada familiar de los complejos y el *impasse* subjetivo. La libertad de desear se topaba con oscuros impedimentos privados, al tiempo que las trabas invocadas estaban en plena descomposición; a la manera de los prisioneros de Luis Buñuel, incapaces de franquear la barrera invisible que los conduce a la salida de su puerta cerrada (otra película). Ninguna filosofía de la angustia entre las posibles podía dar cuenta de ese *fading*.

El gran desbarajuste alteró entonces gravemente el esplendor de la verdad. La intranquilidad del pensador pensante se vio zarandeada nuevamente por la prosopopeya de la gran nave: «¡Llevadme vagón! Robadme, fragata!». ¡Cortar amarras! ¡Ha llegado el momento de gozar! Empiezo de cero (como en la canción).

¡Ay! ¡Libertad! ¡Cuántas desgracias cometidas en tu nombre! He aquí que la neurosis se desata justo en el momento en que todo converge para asegurar la felicidad de la criatura; había algo podrido en el reino del marxismo: se imponía un retorno a Freud. Y resulta que era imposible moverse sin angustia o sin untar la mano del superyó. Ésa es la neurosis del domingo. La censura toma descanso, pero es para no disfrutar de nada: al revés que en *El domingo de la vida* de Raymond Queneau. O entonces es siempre el otro el que saca las castañas del fuego; la canalla goza sin complejos en las propias narices del padre de familia, constataba Freud amargamente. Podrá decirse que hoy es menos cierto, si admitimos que la voluntad de goce es menos conflictiva: sólo es más obligatoria (otra canción del totalitarismo).

¿Subversión del sujeto? Sí, pero sin dialéctica del deseo. ¿Un nuevo amor permitido por la revolución? Si se quiere.

Es en ese contexto donde hace parábola la danza del fauno de *Una partida de campo* separada por un momento de una memoria demasiado cargada. Falsa sátira que hace semblante y verdadero seductor sin querer serlo. En esta alegoría de la división se inscribió el escrúpulo paralizante: la compasión por la joven seducida y abusada; afección engañosa que enmascaraba un fantasma: la preocupación por la víctima señala más bien el postulado de una ofensa hecha al objeto por el solo hecho de codiciarlo. En esas circunstancias, ¿seguimos estando en lo cierto?

Llegado a ese punto, estalló un síncope del deseo contrariado en la infancia por un mito familiar relacionado con la intolerancia por todo lo tocante al azar del amor, a la contingencia del encuentro, al funesto desprecio y lo que de ello resulta. Durante mucho tiempo creí seguramente estar protegido de todo eso por mi adhesión a la ciencia... El eros platónico ofrecía más garantía. Fue el momento elegido para llamar en auxilio al otro mediador, el analista, para rectificar esa filosofía.

CATHERINE DAVID

Periodista, escritora

QUE LA PESTE SEA

Un odio fascinado acompaña la historia del freudismo. Desde sus orígenes, la «peste» del doctor Freud suscita un aborrecimiento militante cuyo exceso roza a veces el ridículo. Durante mucho tiempo se creyó que su doctrina era una deshonra para la buena gente a causa de los contenidos «sexuales» de su teoría. Pero la misma rabia se pone de manifiesto hoy en los términos más crudos, cuando la sexualidad ya no molesta a nadie. La difusión mundial del psicoanálisis parece haber devuelto sus detractores rabiosos, como si este logro fuese una injuria dirigida contra ellos personalmente, justificando los golpes bajos y los eructos.

Sin embargo, si bien el psicoanálisis es laico, no es obligatorio, que se sepa. Los pacientes dan su consentimiento, se recuestan libremente, no se los ata al diván. El psicoanálisis no es una dictadura. Ni un burdel. Ni una madrastra de *conte de fées* («cuento de hadas»), de *compte de faits* («cuenta de hechos»).* Para empezar, no hace cuentas, no mide, no juzga. No afirma nada, no denuncia a nadie. Contrariamente a lo que creen los tontos, no busca «culpabilizar a los padres». No tiene la rigidez de una ideología, las susceptibilidades de un dogma, la exclusividad de una secta. Ni siquiera es una ciencia, no os indignéis, no es una primicia. ¿Freud hubiera querido que lo fuera? Ciertamente, y fracasó, en eso como en otros campos. ¿Y qué?

Contrariamente a las religiones y a las ideologías, el psicoanálisis proporciona preguntas, pero ninguna respuesta definitiva (ni la medicina tampoco por otra parte, ¿hay que recordarlo?). No es otra cosa que una búsqueda, una investigación, un cuestionamiento en vivo, una aventura. Propone una visión eminentemente refutable de la psiquis humana, una explicación plausible de lo que nos hace correr, amar, desear, vivir. Por su audacia y su libertad, ha sido perseguido por los nazis y los estalinistas. El

* Ambas expresiones son homófonas. *(N. de la t.)*

psicoanálisis es una idea nueva en Europa que se convirtió en hecho de civilización, un mito moderno convertido en fenómeno de sociedad. El inconsciente, su piedra angular, no es otra cosa que una hipótesis de trabajo que ha hecho correr mucha tinta y suscitado muchas emociones. El psicoanálisis no prueba nada. Hace hablar, hace escribir, forma parte de los tiempos, es cierto. Pero en Francia, en 2005, es posible ignorarlo, pasarle por al lado, igual que se apaga el aparato cuando pasan los resultados deportivos. No hay por qué sacar los *kalachnikovs*.

Por otra parte, Freud tampoco escapó a la crítica, en vida, que ya entonces se lanzaba de todas partes. Más que ninguna obra filosófica, el *habeas* freudiano, inclasificable y proliferante, habrá sido criticado, comentado, completado, sobrepasado. Muchas veces con rigor y pertinencia (Jung, Adler, Rank, Reich, Reik, Klein, Foucault, Lacan, Sartre, Laing, Winnicott, Dolto, Deleuze, Guattari, Derrida, etcétera). Pero muchas veces también con un encarnizamiento vengativo, a golpes de escándalos ventilados.

Recordemos que el psicoanálisis es ante todo una clínica y que corresponde a una demanda. Propone su claridad paradójica, su método experimental, una libertad inaudita dada a la palabra. No es una panacea, no ofrece ninguna garantía y no conviene a todo el mundo. Puede lograr prodigios, devolver a un deprimido cierta alegría de vivir, liberar a un neurótico de sus cadenas imaginarias; también puede hundirse en el aburrimiento, fracasar. A veces, los psicoanalistas exageran o desvarían. Humanos, por tanto, falibles, no son omniscientes, sólo «supuestos saber». La transferencia es una ilusión, a imagen de todos nuestros lazos. Rebautizada «castración», la decepción forma parte del juego de la vida, y el psicoanálisis no hace más que amplificarla.

Además, la lógica del inconsciente induce a una extraña gimnasia mental. Se trata de invertir la carga de la prueba, el orden de los pensamientos. Tomemos el ejemplo de padres que maltratan a su hijo. Freud nos pregunta: ¿se sienten ellos culpables de haber maltratado a su hijo o lo han maltratado porque se sentían culpables? Lo irritante con esa inversión de perspectivas es que tarde o temprano lleva a uno mismo a examinarse con una terrible lucidez. Es quizá ese momento de verdad prometido por el psicoanálisis, en que el narcisismo de cada uno corre el riesgo de ser de lo más abucheado, lo que provoca el terror, y por tanto, la furia.

Cuestionar el psicoanálisis es saludable, es necesario criticarlo, es recomendable ponerlo a prueba; por ejemplo, confrontarlo con otros métodos terapéuticos, con otras visiones del mundo, con las neurociencias o con comportamentalismos. Pero es incongruente llegar a los extremos, pretender extirpar el psicoanálisis del mundo moderno como una hierba salvaje. Quienes sueñan con destruirlo no apelan al diálogo, sino a la reyerta, y su fervor asesino dice mucho más sobre sus propios deseos que sobre la historia del freudismo. De antemano, Freud les aconsejó: «Lo que tus padres te han transmitido, adquiérelo para poseerlo». En suma, antes de pasar al acto, importa mirar bien qué es lo que se decide tirar en la basura de la Historia.

JOSÉE DAYAN
Cineasta

BENDICIÓN

No soy psicoanalista, pero, aunque el psicoanálisis hubiera servido nada más que para darnos a Woody Allen, lo bendeciría.

JEAN-PIERRE DEFFIEUX
Psiquiatra, psicoanalista

EL PSICOANÁLISIS, ¿PROMESA DE «BON-HEURT»?*

Nuestras sociedades contemporáneas son adeptas a la felicidad y no dudan en hacer referencia a la filosofía clásica. Esta práctica hedonista es hoy preconizada por muchos terapeutas de diversas obediencias: neurobiologistas, cognitivistas, prescriptores de psicotrópicos, terapeutas del cuerpo, etcétera. A cubierto de pruebas llamadas científicas y descifrables, garantizan la satisfacción, el retorno a la homeostasis, la cura del estrés y de la de-

* Juego de palabras entre *bonheur* («felicidad») y *bon* («buen») *heurt* («choque, caída»). (*N. de la t.*)

presión; en una palabra, la alegría de vivir. Todo esto rápidamente y sin esfuerzo: la responsabilidad del sujeto no está en juego. La felicidad se convierte en una prescripción y en un valor adulterado.

El psicoanálisis está muy mal visto por todos estos técnicos. En ningún caso promete la tranquilidad de la felicidad; antes bien reserva a quien se dirige a él una cierta intranquilidad, la del deseo. El neurótico no se encuentra sereno, calmado; está atormentado, angustiado, deprimido, culpable, pero en cierta forma es feliz porque se mantiene al abrigo de un deseo decidido, a la medida de sus temores. Cree que entrando en análisis va a encontrar la felicidad, mientras que, por el contrario, va a abandonar, poco a poco, el acorralamiento de su culpabilidad para orientarse en el camino perturbador del deseo según su singularidad. Pero entonces, ¿el psicoanálisis es refractario a la felicidad? No por cierto, con la condición de distinguir la felicidad de su simple definición hedonista.

El doctor Lacan dijo una vez, en la Universidad de Yale en 1975, que el fin de la cura podía corresponder al momento en que el analizante piensa que es feliz de vivir. Es una posición muy distinta de la que preconizan las diferentes técnicas contemporáneas que prescriben, recetan, garantizan la felicidad. El psicoanálisis se refiere a la felicidad a partir de la posición subjetiva del analizante que no puede en absoluto medirse, codificarse, que es singular a cada uno.

La felicidad de vivir a la que puede llevar la cura analítica conlleva cierto alivio del sufrimiento del síntoma, cierto deslastre del *pathos* a partir del ejercicio largo, repetido y difícil de la palabra en el marco de la experiencia; pero no es suficiente para que eso conforme un criterio de fin de análisis. Para eso es necesario que esa felicidad responda a un acuerdo encontrado con el modo de gozar que da a cada uno su estilo de vida. Para eso se necesita tiempo, el tiempo de un análisis, tiempo necesario para comprobar los *impasses* de lo sexual. Sin daño, no hay modo de encontrar los cortocircuitos para eso, a pesar de lo que nos quieren hacer creer los defensores de los métodos múltiples llamados terapéuticos.

Esa felicidad no es la de la homeostasis del principio del placer freudiano tan buscada por el neurótico. Es un *bon-heurt* en el sentido en que pone en juego el encuentro con lo real del goce con el que tiene que vérselas cada uno. Ese *bon-heurt*, si bien está acompañado de cierto sosiego, el del sufrimiento del síntoma, no es tranquilidad porque incluye la entrada en la vía de un deseo orientado a partir de ese momento.

Sólo el psicoanálisis es capaz de llevar a un sujeto a aprehender y a asumir su estilo de vida más allá de la conformidad, del *ready-made* impuesto y de la senda prescrita. Por eso el psicoanálisis sigue siendo el único bolsón de resistencia contemporánea contra el aplastamiento subjetivo. Es una oportunidad considerable la que se ofrece a quien quiera tomarla.

PHILIPPE DE GEORGES
Psiquiatra, psicoanalista

NUESTRA HISTORIA DE AMOR

Un periodista apremiado comparaba el otro día el psicoanálisis con una anciana agredida. La imagen concuerda con el aire que se respira en estos tiempos en que se vilipendia a salvajes y truanes. Pero realmente, ese aire no es respirable y la fórmula es más la de un *boy-scout* que la de un hombre galante. ¿Desde cuándo se mira a la amada como a una anciana dama? El psicoanálisis, maltratado por los nuevos doctores Folamour, ¡es más bien *Susana y los viejos*! ¿Quién puede no ver en ese cuadro la mirada torva que deslizan esos señores sobre su blusa, sus gestos obscenos hacia sus encajes, que les gustaría rasgar? Pensamos de nuevo en la lección de Charcot: asistimos al gran regreso de los vejetes de la universidad. Con el pretexto de ir más allá del psicoanálisis, es exactamente a su más acá donde nos quieren hacer volver. Y también nosotros mismos, que defendemos a la Dama, somos muchas veces como esos viejos que hacían guardia en las murallas de Troya, a menudo hartos de la guerra, que solamente reanimaban sus ardores con la presencia de Elena a su lado: hace falta esa frescura siempre escandalosa para justificar los combates de la inteligencia. Y sin embargo, este ardor que nos habita no tiene nada de cualquier forma de espíritu de sacrificio. En verdad, es una deuda. Una deuda que nos une indefectiblemente a su soplo de vida y a su impulso de libertad. Somos nosotros los agradecidos del don que nos ofrece. ¡Esta gracia es terrible, como el rayo!

Para hablar de esa deuda, debemos partir de lo que éramos en el momento en que encontramos el psicoanálisis; nosotros, que habíamos nacido en los días de la guerra o poco después. Éramos sobrevivientes. Por una razón u otra. Lo que nos había precedido era espantoso: el éxodo, la quiebra del pensamiento, las ruinas, los montones de cadáveres, esas «miríadas torturadas y masacradas por los alemanes en los espantosos mataderos de Polonia y de Turinga». Su lamento crecía a nuestro alrededor, ganando la llamada hacia la nada de todos los inocentes inmolados desde la noche de los tiempos, ese clamor que se alza *bajo el altar*. Estábamos en la salida de lo que Lacan había llamado el reino de los enemigos del género humano, monstruosa y santa alianza de la racionalidad científica con la pulsión de muerte.

Había, en nuestras almas y en nuestros corazones, las mismas ruinas y devastaciones que sobre la tierra. En medio de todo ese caos, el abatimiento y la rebeldía se disputaban nuestras vidas.

El «nosotros» que empleo en este escrito abraza a todos aquellos de una generación en una comunidad de aislados. Este abrazo de «nosotros» conviene para dar cuenta, como sólo se puede hacer después, de vastos movimientos que por períodos sublevan a hombres y mujeres en una misma aventura.

En el desorden en el que estábamos, debíamos encontrar nuestras «marcas», algunos puntos fijos del paisaje para calcular nuestro camino. Nuestras señales fueron, pues, confusamente, los hombres de las Luces y del 89, el psicoanálisis, Freud después Lacan. Los primeros daban consistencia a nuestra rebeldía, al rechazo de lo intolerable, a la voluntad de pelearse y a la apuesta al poder del verbo y las virtudes del acto. En cuanto al alumbramiento del análisis, era la condición necesaria para no enceguecernos. De todas maneras, para vivir eran necesarios los encuentros. Es así como me crucé con la Belle Hélène. Un anciano de barba blanca decía: era un judío de cultura germánica, lo que aportaba un toque suplementario al crédito que le dábamos. En la generación de la que hablo, ¡éramos todos judíos alemanes! De un modo u otro. Enseguida me gustaron las incesantes paradojas de su pensamiento, su gusto por el reverso de los naipes y por las cosas que se agitan en las costas del Acherón. Ese hijo de las Luces era un apasionado de todos los márgenes de sombra, todos los lados oscuros de la existencia y las laderas en sombras de la humanidad. Avanzaba obstinadamente con su pequeña lámpara para darle luz: «La voz de la razón es tenue, pero dice siempre lo mismo». Me gustaba esa voz grave y franca. Leer *Duelo y melancolía* era, para un hombre joven sin esperanza, comprender cómo la pérdida de los ideales mortifica la carne viviente tanto como la desaparición de seres queridos. «Un no sé qué que no tiene nombre en ningún idioma», como decía Bossuet, puede entonces reinar sobre lo vivo sin que baste el tiempo para que el deseo retome sus derechos. Sin embargo, el odio de uno siempre vivo necesitaba otra cosa como remedio, distinta del consuelo que procura la pasión por la lectura. Pero Freud no era sólo un pensador. Él había abierto el camino de una praxis y el diván de sus discípulos se presentaba como el recurso.

La lectura precoz de Freud decidió al mismo tiempo mi orientación intelectual inmediata, una perspectiva profesional ulterior y una vía personal para tratar ese malestar que, por ser el de una cultura, sólo tiene solución para quien lo coge por la cintura. De ese modo, el análisis fue una manera de ser y de llevar adelante mi vida. Ésta se me antojaba tanto en los confines de la filosofía como de la poesía. *Filosofía* entendida como el lugar donde resuena la cuestión de *lo que es un hombre*, y poesía, como ese donde se anudan creación, lenguaje y palabra.

¿Un puñado de palabras pueden ser testimonio del fruto de un análisis?

1. Hacer la experiencia del diván es mantenerse lo más cerca *del habitante interno*. Para san Agustín, Dios es el nombre que aprisiona ese parásito que, en cada uno de nosotros, es su parte más íntima y la más ajena. Pero también es el demonio de Sócrates. Según el rey David, este oscuro habitante se aloja muy cerca de los riñones, en algún lugar de las vísceras. Es decir, que el asunto está muy lejos de ser angélico: no se hace economía de la pulsión. Lacan definió ese lugar como éxtimo. Retendré esta palabra que expresa a la vez todo el *nudo de nuestro ser* y su irremisible alteridad: nunca estaremos reconciliados con nosotros mismos. Tarde o temprano, las TCC caerán en el olvido, que es donde terminan todas los intentos de condicionamiento del rebaño de los hombres. Pero hará falta tiempo, y también la energía de la lucha siempre renovada.

2. Elaborar su inconsciente lleva a la evidencia que niegan todos los determinismos, genéticos o divinos: grande es la parte del azar o de la contin-

gencia. Freud pensaba que había que alcanzar un alto grado de cultura para admitirlo. Lacan le hizo eco: «Son los azares los que nos empujan de un lado a otro, y con los que hacemos nuestro destino, porque somos nosotros quienes los trenzamos como tal». Me gusta ese Lacan existencialista que no deja de recordarnos «la elección del sujeto» y «la insondable decisión del ser». En ninguna parte mejor que en el análisis se encuentra todo el valor de lo que hace de un verdadero encuentro un acontecimiento, un corte: ya nada es como antes cuando se ha atravesado el umbral, mientras que para cada uno de los encuentros decisivos que hacemos, uno se dice después que él nos ha «revelado a nosotros mismos». Cada vez igual y diferente es el movimiento del «ve hacia ti mismo» o de un «conviértete en lo que eres».

Retendré esto, que atempera el espantoso encarnizamiento que hace querer a toda costa «causas» lineales y encadenamientos mecánicos, a imagen de la continuidad aparente del «tejido de los seres y de las cosas». El prurito que impregna las mentes evaluadoras procede de esta pendiente que hace que se ignoren por completo las particularidades de la causalidad psíquica: lo imprevisto, la bifurcación, lo insólito y el después.

3. Antes evocaba el aire que se respira, que es nauseabundo. El mundo en que vivimos y el que se dibuja para las generaciones futuras está consagrado a la nivelación, a la reducción al nosotros, a la masa y a la atomización. El imperio del consumo, de la técnica, exige el borramiento de las diferencias. Esos imperativos necesitan la erradicación de la grandeza y de la nobleza, considerados monstruosos: talento, genio, originalidad, calificados como desvío, fuera de norma. La palabra de orden es simple: ya no hay más grandes hombres. Freud y Lacan deben ser ensuciados, como lo son en conjunto Picasso, Blanchot, Heidegger, Wittgenstein y Kojève y todos aquellos que escapan al molde de la vulgaridad. ¿Ustedes los han creído grandes? ¡Son perversos, agentes dobles o secretos, patológicamente voluptuosos o peligrosamente escépticos, bribones, viciosos, interesados, y después de todo impostores! ¡Adoren solamente a la Vaca sagrada! El odio por los grandes hombres no es de ayer y el ser de la sospecha tiene una larga historia. Desde hace mucho tiempo la biografía de los genios está redactada por su valet de cámara: el argumento tiene peso, no pueden hacerla, ¡conocen solamente una pizca!

¡En ese juego de masacre, me gusta que el psicoanálisis deje todo el lugar a la excepción! Porque estar de moda no es su idea. Señalaré, pues, qué es lo que sostiene al psicoanálisis: que no es deseo anónimo, que las funciones deben encarnarse para que operen, que la excepción es necesaria. Por un lado, el triunfo cadavérico de la preferencia negativa de un mundo con los colores de Bartleby. Por el otro, la afirmación de la diferencia absoluta y el horizonte del deseo.

4. El análisis no cura lo que cada cual finalmente tiene en sí de irreductible: lo depura, lo decanta, hace salir su hueso. Ese trabajo es lo inverso de la operación a la que apuntan los terapeutas de moda, el formateo hacia un bienestar aséptico. El análisis produce un estilo que es la marca íntima del sujeto.

Quienes quieran un rebaño humano dócil no pueden hacer otra cosa que estrangularse de rabia frente al camino que propone el análisis, dejando de lado todo sentido común y toda sabiduría: lejos del cielo de las ideas, tomar apoyo en su singularidad y hacer de su punto débil su fuerza más cierta. Lacan utiliza una palabra, que es un *Witz* y un *hápax*, para designar esta ética desfasada. Esta palabra ha tomado para mí todo su valor por el vigor con el que Jacques-Alain Miller la hizo resonar: ¡filiosofía!

Retendré que es eso lo que nos hace eminentemente odiables a quienes frecuentan la pasión por la norma. Y me regocijo por ello.

YVES DEPELSENAIRE
Psicoanalista

MÚSICA ANTE TODO

Mi encuentro con el psicoanálisis se precipitó un día de octubre de 1969 en Vincennes, cuando esperaba a Jacques Lacan, quien ese día desafiaba uno de esos famosos abucheos que tenían su secreto en la época. Lacan me dio una impresión indeleble: en fin, ¡ningún toc! Un discurso del que no tenía ni idea llegaba hasta mí, y de una sola vez despertaba admiración por una enunciación valiente, sed de un saber nuevo, vergüenza de mis sueños universitarios, alegría de entrever un camino en el flotamiento que me habitaba, sentimiento de una urgencia por deshacerme de identificaciones incoherentes hechas de rechazo más que de deseo. Como ya lo he contado más en detalle en el volumen reunido por amistad entorno a Jacques-Alain Miller en 2002 (*J.-A. Miller et quatre-vingt-quatre amis, Qui sont vos psychanalystes?*), el anzuelo con el que Lacan me prendió ese día tuvo como primera consecuencia la de conducirme a la clínica psiquiátrica de La Borde, al encuentro de lo imposible de soportar de la locura. Eso me perturbó bastante. Y allí medí cuánto la enseñanza de Lacan, en el impulso generoso pero confuso de ese momento hacia los excluidos del discurso común, ofrecía la única posibilidad sólida de orientarse sin perderse o desdecirse.

Los otros resultados de este encuentro inaugural con el decir de Lacan —la experiencia personal del análisis, la elección de la Escuela, la práctica analítica y los intentos de dar testimonio de todo eso fueron tantos otras elecciones éticas, inseparables de lo que yo debo al psicoanálisis en el plano más íntimo—. De eso diré algunas palabras.

Yo debo al psicoanálisis esto de esencial: me hizo la vida amiga. Es indudable que toda vida humana va más o menos a la deriva, como llegó a decir Lacan. Puedo comprobarlo cada día, yo mismo lo he visto más a menudo de lo que me tocó a mí, porque, en lo relativo a tratar de simplificar la existencia, los hay mejor dotados que yo. Mentiría, pues, si dijera que nosotros, él y yo, mantenemos relaciones tranquilas. El psicoanálisis no anestesió nada en mí, pero sí me arrancó del camino de Moritz en *El despertar de la primavera*, de Frank Wedekind, que Lacan comentó tan bien. Moritz huye de la vida, no quiere saber nada al punto de excluirse de lo real, no sin la humillante impresión de haber atravesado Egipto sin haber visto para nada las Pirámides.

Entonces el psicoanálisis me ha hecho la vida amiga. Cuando me enojo con ella, enseguida la extraño —hablo de la vida, pero también es cierto del psicoanálisis, tan así uno y otra se mantienen en un mismo nudo en adelante—. El psicoanálisis me interesa también en otros aspectos. Me importa en el aspecto de ser una práctica con la que me he comprometido desde hace veinticinco años con una pasión que no se desmiente. Es la misma experiencia analítica lo que me llevó a eso. Nada me destinaba especialmente a «recibir», como se dice. Ni médico ni psicólogo por formación, soy, pues, un psicoanalista laico. A no equivocarse: el núcleo de lo que siempre provoca escándalo con la excusa de exigencias científicas se encuentra allí: en el ejercicio del psicoanálisis laico. En vista de la inanidad —peso la palabra— de la formación clínica del psiquiatra y del psicólogo hoy, la risa se disputa con la preocupación.

El psicoanálisis me importa también como saber —*gay* saber—, y especialmente por lo que da como referentes de las conexiones del deseo y del pensamiento en los campos del arte, de la ciencia, de la política. No es una concepción del mundo, una de esas *Weltanschauungen* —«¡esa palabra amable que se parece a un estornudo!»— que Lacan vomitaba (Jacques Lacan, *Mi enseñanza*). Pero en una orientación lacaniana, hay una epistemología, una estética y una política del psicoanálisis. En este aspecto, el psicoanálisis importa más que nunca por el contrapeso que encarna frente al malestar creciente en la cultura, a los estragos del progreso, al aumento de las segregaciones.

En algunas zonas del mundo, unos locos de Dios quieren prohibir la música. Siniestros orquestadores querrían también reducir a silencio la musiquita del psicoanálisis. Como vemos, no termina de molestar. Me importa que dure.

DOMINIQUE DESANTI
Escritora

NI ANALISTA NI ANALIZANTE, Y SIN EMBARGO...

Extraña posición: ¿ni analizante ni analizada? Entonces, dirán, ¿qué derecho tiene a mirar la acción del psicoanálisis? Y bien, justamente, el derecho de mirada.

La mirada puesta sobre las personas cercanas que tienen «males del alma» —cada uno los conoce si consiente conocerlos—. Nuestros allegados nos han mostrado las diferencias que existen entre los diversos modos de combate que cada uno ha elegido.

Algunos recurrieron a las farmacopeas que nos distancian de nosotros mismos, sustancias de las que los franceses, según las estadísticas, son los más fervientes usuarios. O bien, «a lo anglosajón», se plegaron a los ejercicios de comportamiento. Y en efecto, he visto con frecuencia cómo sus fobias retroceden, los «síntomas» palidecen y a veces desaparecen. Ellos dicen: «Me gusta tanto no profundizar. Ahora, nadie se da cuenta de nada. Actúo como todo el mundo». ¿No es la implícita confesión de que, cuando se esfuma el síntoma, el «curado» rechaza aún más, y con diversas profundidades, las causas de su aparición?

Entre nuestros allegados, aquellos que han recurrido a la palabra —y que a veces también, con el transcurso de los años, pasaron del diván al sillón— no todos han alcanzado el misterioso «agregado» al que llaman curación. ¿Hasta dónde y cómo puede uno curarse de sí mismo? Pero aprendieron, con un paso adelante, uno o dos atrás, qué es lo que los había constituido y, atravesando los tumultos de la transferencia —amor, furor, angustia—, aprendieron más o menos a aceptar, renunciando a la necesidad de ser «como todo el mundo». Sabiendo que el «como todo el mundo» (lo mismo que *La* mujer) no existe.

Maud Mannoni decía: «Lo que revela el síntoma en el sentido freudiano es que el inconsciente habla, que el hombre se divide por efecto de su propio discurso». Para descubrir lo que se ignora de sí —lo «oculto» que nos oprime—, el tiempo es un factor decisivo. Si el analista «explicara», pondría en riesgo el *impasse*. Se debe entonces guiar al analizante, para que éste *se* encuentre a tientas, y ¿cómo predecir el número de horas que se necesita para esos descubrimientos? Todos admiten que no se puede medir el tiempo que se necesita para la investigación en laboratorio, entonces ¿por qué cuestionar lo que Julia Kristeva, analista y escritora, constata, cuando evalúa los dos modos de actuar sobre el interlocutor: «Ese mano a mano» del psicoanálisis con la estética por una parte, y la religión por la otra, ¿no necesita, muy por el contrario, más que nada amigos en el campo del humanismo clásico? Y: «El lenguaje, es lo que me hace ser cada vez más a través del no-ser».[1]

El psicoanálisis desempeñó un papel innegable en mi vida, pero de su funcionamiento, sólo probé —¿cómo decir?— un «entremés», pedagógico y sucinto. El hecho de haber entrevisto tan sólo cómo funciona esta investigación modificó ciertamente mi trabajo de escritura, tanto en mis intentos por reconstituir una existencia pasada para edificar su biografía o

1. Jacques Sédat *et. al.*, *Retour à Lacan?*, Fayard, París, 1981. [Trad. cast.: *¿Retorno a Lacan?*, Gedisa, Buenos Aires, 1987.]

—más aleatorios todavía— por transformar mis fugaces fantasmas en personajes —imprevisibles— de mis novelas. Las palabras me llevan.

Diría más: es probable que si Jean-Toussaint y yo no hubiésemos seguido, a partir de nuestro encuentro, los trabajos creados por Freud, ni frecuentado a quienes los ponían en acto, no habríamos sabido, tal vez, continuar con nuestro intento de vida libre y común. (Hipótesis osada, porque el analista más brillante me dijo: «El análisis sirve en muchos campos, pero muy poco en la vida privada del mismo analista...» ¿Nos sirvió entonces porque nosotros no éramos analistas?)

Por otra parte, Jacques Sédat alertó contra los desbordes extremos del análisis en nuestro tiempo en que religiones, partidos, familias, escuelas vacilan: «Si el análisis toma el relevo de las instituciones que fallan, se convierte en una empresa más de reciclaje, en lugar de afirmar su posición de campo extraterritorial de enunciación para los sujetos».

Dicho esto, ¿cómo puede «el humanismo clásico» denegar la acción de ese «segundo sistema de señales» que diferencia lo animal de lo humano en lo que los deportistas llaman hoy lo «mental»?

El Libro negro machaca con anécdotas gastadas, acosa con fórmulas tales como «análisis terminado o análisis interminable» desviándolas de su sentido. Denuncia la existencia de charlatanes, de mediocres, de «nocivos por insuficiencia». Con toda seguridad, en psicoanálisis los hay, como en medicina, como entre los mecánicos, los abogados, los tapiceros, los periodistas, y los artistas y los escritores, por no hablar de los políticos, los diplomáticos y otros «arquitectos de interior». En general, la acusada no es la profesión, sino su ejercicio llevado a cabo por individuos.

Una vez señaladas estas banalidades de sentido común, me gustaría resumir la historia de «un marginal del análisis» y mostrar cómo la escucha y la palabra de los analistas pueden actuar, fuera de sesión, sobre alguien que vive «al límite».

En el final de la adolescencia, cayó en mis manos la *Traumdeutung*. Jean-Toussaint la leyó en cuanto nos encontramos, y Freud me entusiasmó más que Marx. Durante la ocupación, la Universidad de Estrasburgo se «replegó» —no sin daños— a Clermont-Ferrand. Daniel Lagache profesaba allí la psicología. Después de la guerra, se convertiría en el primer profesor de psicoanálisis de la Sorbona.

Un organismo paraoficial, ubicado en Clermont, necesitaba «orientadores» para ocuparse de adolescentes perdidos, solos, que erraban por las rutas del éxodo. Lagache aceptó darles elementos de psicología y propuso a media docena de sus estudiantes mostrarles cómo conducir una «entrevista psicológica». Entre ellos, yo, supuestamente estable y madura, ya que era la esposa de un normalista, catedrático. Ese curso —semipago— representaba además una «pantalla» para actividades menos admitidas. Fue mi encuentro —seis meses— con el análisis practicado. Luego vino la Liberación y yo cedí a otras tentaciones.

En los primeros años de la posguerra, el hecho de habernos convertido en comunistas en la clandestinidad no nos impidió tener amigos psicoanalistas, con distintas orientaciones, pero todos freudianos. Hubo así un tiempo de latencia donde todo coexistió, al menos en apariencia. El Partido, molesto por el insulto antisemita de los nazis que amalgamaba lo «freudomarxista», no tomaba una posición oficial sobre la cuestión. Hacia 1948, Moscú tronó y el buró político declaró al psicoanálisis «burgués», por tanto, nocivo. ¿Exacerbar el individualismo? ¿Desmultiplicarlo con ese superyó, ese yo, ese ello en lugar de dedicarse a cambiar el mundo? ¡Qué pequeño burguesismo decadente! Los analistas miembros del Partido intentaron explicar, luchar. En vano. Fue un desgarro. Unos se fueron para no renegar de su vocación, otros se quedaron.

Esta crisis coincidió con el «realismo socialista» obligatorio tanto en arte como en escritura, lo que no quebró ni a Picasso, ni a Fernand Léger, ni a Paul Éluard, ni a Tristan Tzara..., al menos en su pertenencia. (Recordemos, sin embargo, el triste ridículo del retrato de Stalin que se le pidió a Picasso y que luego fue «renegado con una espontaneidad organizada» por el Partido.) El sistema de «doble verdad» se instalaba, bonito terreno para una crítica analítica.

Pasaron los años. Dejamos el Partido. Cuando Desanti preparaba la cátedra de filosofía, Judith Lacan siguió sus cursos y rápidamente se nos hizo cercana y querida. Su padre tuvo curiosidad por conocer al «profe», y su madre, Sylvia Bataille (que fue la estrella de *Una partida de campo*, de Jean Renoir), nos invitó a cenar. Por coincidencia, Desanti había publicado en una revista de medicina dirigida por un amigo psiquiatra —que después progresó mucho— un artículo crítico sobre el psicoanálisis. (No pude volver a encontrarlo.)

Esos dos hombres hablaron primero de *mathesis*. Desanti desarrollaba la idea de que, para la Antigüedad clásica, servía para alejarse de lo sensible, para acceder a lo inteligible, a las ideas. Citaba el *Fedón* de Platón. En resumen, las matemáticas representaban una ascesis intelectual. Lacan buscaba un vínculo para introducir modelos matemáticos en la estructura analítica y Desanti respondió que no había una *mathesis* única y que, por lo tanto, la transmisión, en todo saber, debía ser posible. Después hablamos de los socialistas de la utopía, de los límites del marxismo, de pintura y de los surrealistas. Lacan nos mostró ediciones originales que ya no se encuentran. Ni una palabra sobre psicoanálisis.

Después de la cena, en la sala, «el Doctor» —era su sobrenombre amistoso— sacó del bolsillo interior de su chaqueta un recorte de prensa y se lo mostró a Touky: «¿Es suyo?». «Sí». «¿Y usted piensa realmente eso?». «Lo pensaba». El «Doctor» entendió el tiempo de verbo. Se miraron y sonrieron. Quedaba sellada su relación de complicidad. Nosotros vivíamos muy cerca. Muchas veces, entre sesión y sesión, venía a casa a pellizcar alguna feta de salmón ahumado. Mantenía dos conversaciones: con Touky sobre la aplicación de los *mathemas*, y conmigo sobre la novela. Escuchándolo hablar de «otra cosa», yo comprendía cómo podía funcionar «eso». Me hizo el gran honor de leer el manuscrito de *Un métier de chien*, la primera de mis novelas cuyo personaje central era una «psi». Me llamó por teléfono a primera hora de la mañana. Y, cuando se publicó, le dedicó algunas palabras en el diario *Le Monde*, muy favorables como para atreverme a citarlas.

Yo seguía su seminario. Allí entablé relación con varios «psi», y mucho con Solange Faladé, mujer de una intuición y de una voluntad no frecuentes, que venía de Bénin, y me inició en el Edipo africano, permitiéndome comprender un poco mejor África, por donde yo circulaba bastante en esos tiempos. En nuestro entorno, muchos de los antiguos estudiantes de Touky pasaban de la filosofía a la práctica del análisis. Un día, pregunté al «Doctor» si él pensaba que todos, en esa desbordante multitud de oyentes, podían comprender todo. Con mucha calma me respondió: «¿Y usted, usted comprende todo?». Confesé que no alcanzaba a comprender totalmente la *mathesis*, los nudos borromeos. Hizo un gesto con su mano: «Y bien, si vuelve todos los miércoles, si ellos vuelven, es que algo pasa, los toca. Usted me ha confesado que escuchándonos, a Desanti y a mí, auscultar la *mathesis*, entendió mejor el recorrido analítico, y el suyo con sus personajes. El significante de las palabras, el tono de las voces, la atmósfera que despiertan, sobrepasan y muchas veces desvían su significado». Él sabía despertar el misterio pareciendo aclararlo.

Hacia esta época los Lacan y nosotros fuimos invitados por no sé quién (un galerista o un editor, creo) a una cena numerosa. Allí, sentada al lado de un desconocido que se propuso contarme su vida, yo sorprendía, por instantes, la mirada enseguida desviada del «Doctor», que no ocultaba su aburrimiento.

Los Lacan se fueron y nos llevaron con ellos como vecinos que éramos. Esta vez yo estaba sentada a su lado. Saliendo de un largo silencio, murmuró: «Sabe, usted tiene una escucha. Podría probar». Eso fue todo. Esa noche no dormí. ¿Probar? ¿Lanzarme en esa navegación sin puerto de amarre del que sólo conocía los arrecifes? Me cogió un miedo incontrolable. La antevíspera, yo había rechazado la invitación de una universidad lejana y poco atractiva. Al día siguiente llamé para aceptar. Decididamente, seguía siendo una marginal.

Años después, al enterarme —seguramente por mis amigos «psi»— de que hay que saber escribir en contra de sí mismo, abordar eso y a esos que representan lo incomprensible, decidí sumergirme en Drieu La Rochelle, escritor prolífico, dandi donjuanesco, unido a Malraux y a Aragon, ardiente combatiente de la Primera Guerra, que había querido declararse «nacional-socialista» durante la ocupación y se había «castigado por haberse equivocado» suicidándose. Por una indiscreción supe que el joven Jacques Lacan, amigo de ese ser huidizo y seductor, en el año en que preparaba su tesis (*De la psicosis paranoica en sus relaciones con la personalidad*), consoló a Oliesa, la encantadora y joven esposa, a quien Drieu abandonó al cabo de algunos meses. Ahora bien, Oliesa, harta de los que buscaban a Drieu, no quería recibirme. Me atreví a pedir al «Doctor» que le hiciera cambiar de idea. Él exclamó que ¡no la veía desde hacía cuarenta años o más! «¿Vive todavía en el sexto sin ascensor de la calle Garancière?» Pero la idea le divirtió, y lo hizo: «Sabe, no tenemos nada más que decirnos. Ella ha dado vuelta la página del hombre». Acto seguido, Lacan me habló de Drieu, amigo perdido en todos los sentidos del término... y —¿significante o significado?— vi a mi antihéroe de otra manera.

Las palabras del analista, cargadas de un largo saber sobre su efecto, operan a veces por ese giro. Jacques Sédat escribió en 1981: «Si el análisis toma el relevo de las instituciones que fallan, Iglesia, partidos políticos, familia, Universidad, entonces se convierte en una empresa más de reciclaje, en lugar de afirmar su posición de campo extraterritorial de enunciación para los sujetos. Precisamente por ese motivo introducir en psicoanálisis la categoría del maestro me parece profundamente ambiguo».[1] Un amigo cercano —muy desconfiado de la búsqueda en las profundidades— me envió, por una de esas extrañas coincidencias que conforman mi vida, y cuando estaba escribiendo este texto, un apólogo que empieza así: «Maestro, ¿para qué sirve un maestro?», preguntó en todo su candor un monaguillo al padre. «Para nada y para todo... es él quien te enseña lo que ya sabes, quien te muestra lo que ya has visto». Después, el padre evoca un cuadro que había entusiasmado al adolescente: «¿Nunca habías visto una puesta de sol ante ti?». «Sí —dijo el monaguillo—, pero menos real».

Es eso, creo, lo que el marginal encuentra en el psicoanálisis y que nada lo reemplaza para conocerse. El arte de hacerse sentir más real, y en otra realidad.

MICHÈLE DESBORDES
Escritora

LAS PALABRAS

Yo no sé si en esta historia, este mal proceso, lo mejor que se puede hacer es una llamada a dar testimonio, como si de repente desprovisto, impotente, el psicoanálisis necesitara que vayamos en su auxilio. Pero hay cosas, gentes, que terminan por calentarnos las orejas y, sin saber cómo, esto baja a la garganta, y uno se dice que hay que prestar ayuda, dar su voto, que, después de todo, un poco de humor de vez en cuando no le hace daño a nadie.

No tengo nada en contra de la psiquiatría, evidentemente, pero si hubiese tenido que recurrir a ella, hubiera hecho lo necesario para elegirla «lúcida», es decir, que además de la clínica, el psiquiatra solicitado tuviera algún conocimiento de su persona, como mínimo, y que se hubiera tomado

1. Jacques Sédat *et al.*, *Retour à Lacan?*, Fayard, París, 1981. [Trad. cast. cit.]

el tiempo y el esfuerzo de acostarse durante algún tiempo para saber con quién, de sí mismo, tenía que vérselas en esta empresa, en lugar de tener que afrontar uno de esos tristes oscurantismos que se han puesto en práctica en estos últimos tiempos, y que provocan este odioso y más bien miserable jaleo.

No me gusta el jaleo, no me gusta el odio, ni que se designe en la plaza pública eso de lo que no se soporta su existencia. No me gustan las rabietas que fomentan los celos, y todos esos *pathos* del Territorio, ni menos que traten de hacer pagar el precio (del oscurantismo, del territorio, del odio...), a ustedes que en un momento u otro de vuestra vida se han vuelto hacia el análisis, y más aún a aquellos que, honestamente, pacientemente, les han ayudado lo mejor que podían, y sin demasiados inconvenientes, a seguir el camino que debían.

Mi camino es un camino de escritura, tiene que ver con las palabras. Se buscó, se encontró por, en y con las palabras. Se hizo y dibujó con todo lo que, palabras o silencios, lo irrigaron (niñez, heridas, encuentros, epifanías), y yo no podría dejar de decirlo a cualesquiera de los que reivindican de manera tan malvada saber y verdad, a los que dicen que el psicoanálisis, porque de él se trata, es sólo quimera y asunto de bribones. ¿Será acaso porque tienen algo en contra de la palabra que dice, la palabra descubridora?, ¿algo en contra de los comienzos de la libertad, cuando se hace la luz, allí tan cerca de ellos? Sí, ¿será que quieren ahogar la voz, todas las voces, y reinar ellos en este mundo del malestar, de lo difícil, del quién-tiene-tanto-dolor-para-confesarse?

Durante algunos años cerca de la Bastilla, por la necesidad de saber, la necesidad de comprender, me acosté en un diván de terciopelo verde, en la penumbra delicada de un despacho plagado de libros y de estampas. Tres veces por semana para saber y comprender fui hacia el ángel dorado (y lo veía de lejos), el ángel dispuesto a volar hacia el cielo desde lo alto de su columna, esa maravillosa y tan onírica imagen de la libertad que reemplaza la de las prisiones profundas que en otro tiempo había en ese lugar. Yo veía en eso una señal. Desde allí arriba, desde el último piso, casi a la altura del ángel, me hundí en profundidades, en abismos que ni imaginaba, volviendo a subir agotada, dolorida y jurando que otra vez no me cogerían, hundiéndome de nuevo, sin embargo, sin pedir explicaciones, sin ni siquiera retomar el aliento, volviendo a salir con algunos pedazos, nadas, un maná al que a veces, en ese instante, no necesariamente prestaba atención. Hablé y hablé. Agradecida. La otra detrás de mí sólo callaba. También yo callé y decía, hay que creer a pesar de todo. Yo estaba allí, callando las palabras y después esperándolas de nuevo. Ellas, y atrás de ellas otras a las que parecían llamar. Dejando que la frase se haga, se busque. Descubriendo las virtudes de la enunciación, palabras que se agarraban, se apareaban unas a otras. Como pronto en la escritura minada de nada, poco a poco se organizaba, se elaboraba, bautizaba su *corpus*, sus frases, sus tiempos buscadores.

Si sentí, si todavía siento el parentesco entre dos pasos, entre dos palabras, la palabra que analiza y la palabra de la escritura, no es por casualidad. Es porque me parece haber aprendido una en el momento en que aprendía la otra. Aquí hablo no tanto de una elaboración del conocimiento como del poder cuasi «orgánico» de las palabras, y de ese momento sin igual en que se enfrenta lo impensado, en que se sabe, se sabe que avanzando un paso, una palabra, uno se encuentra ante lo desconocido, lo desconocido de sí, lo desconocido del mundo. Hablo de ese lugar, ese momento en que cada vez todo está en juego, todo se juega en el proferimiento o el silencio. De lo que crear, tanto o más que con lo que se sabe, se hace con todo eso que se ignora y de lo que se sabe que se ignora, esa parte de sombra que funda toda escritura verdadera, y que permanece, y que gracias a Dios, el análisis preserva. Esa parte de ignorancia que, al renovarse, constituyéndose en su renovación, se reconstituye un humus, una capa freática, mantiene su lugar, su razón de ser.

Piedra a piedra yo he tenido la impresión de deconstruir un edificio, y con las mismas piedras, los mismos materiales, reedificar otro, mejor dispuesto, más cómodo. El edificio, la casa, hoy está bastante bien. No tengo en ella ni demasiado calor, ni demasiado frío, y queda lo suficiente de penumbra y de desconocido como para ser una verdadera casa. Es sobre todo una casa de escritura.

Todos los personajes de la infancia están allí, tutelares, inolvidables, inolvidados. Superados. Ellos encontraron su silencio. Yo encontré el hablar.

He escrito mucho sobre el silencio, hay mucho silencio trabajado en lo que escribo, y si escribir sigue siendo para mí una cuestión de transgresión, que sea por la transgresión.

No estoy diciendo que haga falta el análisis para escribir. Digo solamente que los años-diván favorecieron la escritura, y la liberaron de miasmas y de escorias pesadas. Quizá también digo, a algunos escritores, que terminen con esa idea de que el análisis sería su peor enemigo, que los normalizaría, los volvería asépticos. Tal como si un lavativo los purgara de su sustancia más preciosa, dilapidando su capital —creativo—, disolviendo sus providenciales concreciones cuya única presencia garantizaría los flujos de oro puro, de pura materia literaria. Y que por eso mismo (los escritores) dejarían de escribir para curar y *pan(pen)ser** las pupas, o para enseñarles quiénes son. Eso sería hacer muy poco caso a la escritura, olvidar que ante todo es creación y muy particularmente creación de universo, que es ese cuerpo a cuerpo exultando con las palabras, con la lengua que utilizan, y que todo eso, la obra, el universo a construir, el cuerpo a cuerpo, nunca ha sido roto ni impedido, del modo que sea, por el acto analítico, sino todo lo contrario.

Lo que digo no es que todo el mundo deba buscarse un diván, y que el análisis sea bueno para todos, hay análisis que fracasan igual que hay libros que fracasan, o lastimosas y asoladoras curas psiquiátricas. Pero que yo sepa, los analistas que se respetan no faltan el respeto a la fragilidad y al malestar de sus pacientes al punto de querer disparar contra la competencia (como ese librero de una isla de América que conozco bien y que un día, enfermo de rabia y de esa territorialidad que yo evocaba, amenazaba con su fusil —un fusil de verdad, un librero de verdad— al dueño y a los clientes de la librería de enfrente, porque no debía estar allí enfrente, ni al lado, ni en los alrededores, ni en ninguna otra parte del mundo). (Perdónenme esta anécdota que había olvidado, me viene a la mente cuando pienso en nuestros agitadores.)

Tampoco creo que los psiquiatras que se respeten tengan esas intenciones ridículas y sin dignidad. En contra de eso hoy, justamente en nombre del respeto, se debe reaccionar. Ni que digan, como uno al que escuché con mis propios oídos, sí, con mis propios oídos, escuchado, que nada le entretenía y le divertía tanto como los locos. Que esos locos que atendía le servirían para escribir. Le servirían, él quería escribir. Él deshonraba al análisis y a quienes lo ejercían, ¿hace falta que lo aclare?

* *Panser*, «vendar», homófono de *penser*, «pensar». *(N. de la t.)*

CAROLE DEWAMBRECHIES-LA SAGNA

Psiquiatra, psicoanalista

1979-1981

Seguramente fueron mis primeros pasos atravesando los jardines del hospital psiquiátrico, la anciana que se tomó de mi brazo y no quería soltarlo, esas cuestiones sobre la locura y la libertad que hicieron que, siendo aún estudiante de medicina y de filosofía, me asomara mucho antes a los textos de Lacan, mucho antes incluso de ir a verlo. No olvido los *Cahiers pour l'analyse* que se podían encontrar en Burdeos, en la librería de los Pontevia, en la calle de Grassi. Estábamos a mediados de los años setenta y ya se veía que la psiquiatría se derrumbaba desde sus bases y que solamente los conceptos del psicoanálisis lacaniano permitían reencontrarla, localizarla en la estructura, en tanto se llevan a cabo las entrevistas con los pacientes y, más tarde, crear un lugar de cuidados a medida para ese tipo de cuestiones. Sócrates y Alcibíades, que habían hecho las delicias de mis noches estudiosas, que me habían alimentado con la verdad, con lo bello y lo bueno, aquí no eran suficientes: otro principio se gestaba en la vida de esos pacientes que me hablaban. Un principio que demostraba que no necesariamente cada uno quería su propio bien y muchas veces reclamaban la peor solución para ellos.

Y, por otra parte, ¿no podía, de alguna manera, volver a preguntarme: qué es lo que precede a nuestras elecciones? ¿La de medicina, por ejemplo, desde los siete años, la de filosofía diez años después y la del psicoanálisis, que me parecía que anudaba las dos?

Fue entonces cuando la cuestión del amor, del deseo y del nombre, el que tenemos porque nos lo han dado, el que tendremos cuando se es una mujer, porque dijimos sí, aparece en primer plano.

Primero intenté encontrar la solución por la vía estética, que aprecio mucho, durante una estancia en Venecia, el verano siguiente al año de mi lectura pasmada del *Seminario —La transferencia—* prestado por un amigo. El chapoteo del agua, el deslizamiento de las embarcaciones fueron el fondo sonoro de mi decisión de ir a ver a Lacan. «Quisiera hacer un análisis pero no sé con quién», había dicho a este amigo. «Pregúntale a Lacan», me había contestado. Recuerdo el esfuerzo para descolgar el teléfono, a mi regreso en septiembre, a Gloria que acordaba las citas y que no tenía un tono muy entusiasta, hasta que pronuncié el nombre del amigo que me había aconsejado llamar, «¡Ah!, ¡ lo conoce!», y que enseguida me encontró un lugar para el jueves siguiente por la mañana...

Tomar el tren, el TEE* en ese tiempo, un tren formidable del que hoy no se tiene idea, después el metro, bajar en Saint-Germain, subir por la calle de Saints-Pères, donde sopla un viento fortísimo, girar a la izquierda en la calle de Lille. Detenerse en el número cinco, pasar el portal, atravesar el patio, subir una planta, dar los buenos días a Gloria, que abre la puerta...

Tuvo lugar el primer encuentro y terminó con un: «Ésta es una entrevista preliminar», después de que al entrar en el despacho no encontré mejor sillón para sentarme que el que pronto me pareció que era el del mismo Lacan. Un sueño: estoy en el despacho del doctor Lacan y suena el teléfono. Lacan sale y no regresa. Después de dejarlo sonar un momento decido atender. Una voz masculina dice: «Quisiera hablar con el doctor Kaplan». Yo respondo: «No hay nadie con ese nombre aquí».

Kaplan es el héroe de *Con la muerte en los talones*, el filme de Alfred Hitchcock interpretado por Cary Grant y Eva Marie Saint enfrentados con los nombres del padre de América, en las laderas del monte Rushmore.

En ese sueño está todo: mis dificultades con los nombres del padre, mis preguntas y mi duda sobre el nombre escuchado en el sueño: Kaplan o Kaltan. Tenía la intuición de que había que dejar de lado esos nombres «con la condición de servirse de ellos», como dice Lacan. Lacan, en 1979, no podía ser Kaltan, el que «tiene tiempo», él, que no tenía tiempo para nada, ni tiempo de ocuparse de mí el tiempo necesario, sino que tuvo bastante más de dos años para poner en mis manos los hilos que me permitieron después, por medio de una segunda cura, tejer mi vida, ligada desde entonces a la causa analítica.

Tenía la idea de haber sido la última persona que Lacan tomara en análisis. Me habían dicho que ya no aceptaba nuevas citas y yo había ido, pensaba, para pedirle que me aconsejara alguien, para que me diera un nombre, como se dice. No me dio otro nombre, me dio el suyo.

Afortunadamente.

* Tren Regional de Ferrocarriles Suizos. *(N. de la t.)*

ANTONIO DI CIACCIA
Psicoanalista

LO QUE EL PSICOANÁLISIS ME ENSEÑÓ

La madre superiora de una orden de clausura me llama por teléfono. Desea que vea a una nueva «vocación» para su monasterio. Antes de la admisión, en el transcurso de la reunión capitular, las monjas se habían hecho algunas preguntas en relación con este pedido. La madre superiora había entonces apelado a monseñor, esperando de su parte una aclaración que pudiera orientarla sobre cómo seguir. Éste había propuesto que la joven candidata realizara unos tests psicológicos. Las religiosas pensaron en presentarme el «caso», confiadas en los buenos resultados «personales y sociales» que ya habían constatado en otra situación difícil en que una joven monja había armado alguna gresca en el monasterio «porque el Cristo le hablaba y le decía qué hacer».

Hice notar a la madre superiora que mi intervención había consistido en un trabajo clínico que atañía a la religiosa misma y al discurso que me había remitido. Si a eso había seguido un resultado positivo para la comunidad monástica, me alegraba, pero la cura había tenido otro objetivo: concernía solamente a ese sujeto, a esa hermana precisamente. Mi trabajo no fue ni evaluarla ni juzgarla apta para tal o cual vocación. Eso había permitido que pudiera encontrarse en su propio discurso. Haciéndolo, el Cristo había empezado a hablarle menos; después terminó callando. Y esto había tranquilizado a la comunidad entera. «Querida madre superiora —le dije—, en relación con el caso de la candidata que usted me propone ver, no podría seguir un camino distinto. De todos los caminos que propone la psicología no conozco otro que el freudiano. Por otra parte, usted sabe muy bien cómo arreglárselas para evaluar una vocación sin utilizar tests psicológicos. No pierda su saber trocándolo por otros bienes, aun cuando éstos muestren aspectos científicos. ¿Qué puntuación habrían obtenido en un test de personalidad un san Agustín o un san Jerónimo, tan pesadamente afligidos en su carne? ¿Y santa Hildegarda de Bingen o santa Teresa de Ávila, tan presas en un mundo fuera de lo común? ¿Y el papa Inocencio III no tuvo razón al confiar en su sueño para detectar en san Francisco de Asís al polarizador de un movimiento de hermanitos medio espirituales y medio locos?» La madre superiora, dama de una gran inteligencia, asintió, y dejó los tests para monseñor.

Esta breve historia que me sucedió hace poco no podía no recordarme una situación más antigua, la mía. Como he contado en otra parte,[1] mi encuentro con el psicoanálisis se produjo también sobre el fondo de una cuestión religiosa. Frente a un sufrimiento agudo ligado a la elección que había hecho (hacerme religioso y sacerdote), había conseguido encontrar en el psicoanálisis no sólo un alivio a mi tormento, sino una verdadera salida por un agujero inesperado. Y eso sin compromiso alguno.

Para decir las cosas de la manera más justa, hablar de un encuentro con el psicoanálisis no es nunca exacto, porque, si hay encuentro, es con un psicoanalista, ese del que un sujeto puede llegar a decir: es el mío. Es el mío, exclusivamente el mío, aunque muchas veces sea, el pobre o la pobre, el analista de algunos otros. Ese a quien vamos a investir con las insignias de nuestro inconsciente se convierte rápidamente, poco tiempo después de los primeros encuentros, en alguien privado. Privado porque es el nuestro. Tan nuestro que parece que estuviera allí desde siempre. Pero privado también, porque está, si es verdaderamente un analista, siempre en otra parte. De hecho, todo eso no tiene ninguna importancia sino para subrayar que el psicoanálisis, para que funcione, debe estar encarnado. Pero esta encarnación debe escapar como la peste a todo abuso de poder, so pena de rebajar el psicoanálisis al nivel de cualquier práctica de sugestión.

En lo que a mí respecta, resumiría la cuestión en estos términos: ¿cómo permanecer fiel a mi pasión, a pesar de los cambios que, por la cura analítica, se habían operado en mi existencia?

Para eso sirvió mi análisis. *Primo*, aceptarme por lo que yo era, sin adornarme ni precaverme con ilusiones, las mías o las de alguien cercano. *Secundo*, advertir que el objeto de mi deseo —que era también eminentemente el deseo de los otros, principalmente el de mi madre— no tenía nada que ver con lo que le causaba ese deseo. *Tertio*, si bien el objeto del

1. Antonio di Ciaccia, «L'homme qui voulait être pape», en *Qui sont vos psychanalystes?*, Seuil, París, 2002.

deseo podía volverse caduco, el objeto que lo causaba no había caducado en absoluto: por el contrario, la causa que alimentaba la pasión deseante se ejercía a pesar de la contingencia del objeto. *Quarto*, para alcanzar ese objeto que causaba el deseo, debía pasar por una verdadera renuncia: renunciar a todo lo que se presentaba bajo alguna marca susceptible de recubrir un agujero. Ese agujero que es el mío. Ese agujero es un lugar sin etiquetas, sin objetos fútiles, un lugar sin nombre. Sin embargo, no es simplemente un vacío. Porque un agujero es un vacío con un borde. Y el psicoanálisis —mi psicoanálisis— me sirvió para hacer el recorrido de ese agujero, para explorar sus bordes hasta el punto de poder habitar, sin ninguna angustia, ese lugar vacío: para, simplemente, estar allí.

Lo que el psicoanálisis me ha enseñado es que ese agujero, ese agujero sin nombre y que no conozco, es, sin embargo, lo más precioso que tengo. Porque allí soy extraño a mí mismo, siempre extranjero, trascendente diría, sin por ello ser de ningún modo divino, sino simplemente un ser mortal.

Desde ese lugar vacío puedo escuchar a un sujeto que me habla. Pero también desde este lugar vacío puedo amarlo como mi prójimo. «Porque en él, este lugar es el mismo», como dice Lacan.[2] Y finalmente desde ese lugar vacío puedo amarme como siendo, para mí mismo, mi propio prójimo.

RENAUD DUTREIL

Ministro de las PME, del Comercio, del Artesanado y de las Profesiones liberales

LA LIBERTAD DE LAS ALMAS Y SUS SERVIDORES SILENCIOSOS

La literatura tiene puertas de *saloon*, se entra y se sale como se quiere, la libertad de circulación es total, la libertad de consumir sin moderación las almas buenas también. Freud está en todos los *saloons*, sector alcohol fuerte. De joven he probado, después dejé el vaso. Por la literatura, para comprender a los escritores más comprometidos en la exploración del alma, empujé la puerta

2. J. Lacan, *Le triomphe de la Réligion*, precedido por *Discours aux catholiques*, Seuil, París, 2005. [Trad. cast.: *El triunfo de la religión: precedido del Discurso a los católicos*, Paidós, Buenos Aires, 2006.]

de Jung, el hijo rebelde de Freud. Me gustó esta obra que se separa de las arenas dunarias de la psicosexualidad para visitar los espacios marítimos de la espiritualidad. Me gusta que allí haya aire. «Dios no pertenece al sabio, al lógico; es de los poetas, del sueño», decía Gauguin, a propósito de los *tupapaus*, esos resucitados que frecuentan nuestros sueños y perturban nuestros juegos. El rebelde Jung me empujó a descubrir a Freud como la pintura de Gauguin me atrajo hacia las civilizaciones oceánicas. Seguidamente, hice política. La política es muy sobrecogedora. He seguido un poco de lejos las justas internas del psicoanálisis, por lo absorbido que estaba por mis propios combates. En la arena política, se quiebran las lanzas con todo el corazón y sin descanso, no se admite distracción, la pasión, la exigencia democrática, la urgencia absorben toda la energía y toda la imaginación. No hay lugar para el silencio, para el descenso al fondo de uno mismo, para la arqueología de las profundidades.

Un día, encontré a Jacques-Alain Miller. En ese otoño de 2003, se leía en los periódicos que la mayoría había declarado la guerra al psicoanálisis. Una enmienda parlamentaria sembraba el terror. Mi piel liberal, liberal en el sentido de amigo de la libertad, se erizó. El Estado, con el pretexto de la evaluación de las prácticas, ¿no quería extender su control sobre ese territorio todavía salvaje, el alma humana, ese océano agitado sin descanso cuya contemplación es mi violín de Ingres? El psicoanálisis, en Francia, gozaba hasta ese momento de una paz perfecta. Curar oculto, curar feliz. Hasta el fisco llamaba educadamente antes de atravesar el umbral de las habitaciones secretas donde se da libre curso al inconsciente. Pero sí. A Jean-François Mattei se le había enviado un informe del INSERM. El INSERM impone. Alianza de dos fuerzas muchas veces benéficas, otras abusivas, la ciencia y la administración. Señal de un cambio de régimen. El ojo de la ciencia caía sobre un nuevo objeto. Que ese objeto sea inasible entre dos pinzas de metal, imposible de fijar en una almohadilla de laboratorio, no cambiaba nada. A partir de ese momento había que evaluar, evaluar todo, debía ordenarse el fichero de los practicantes evaluados, instalar comisiones de evaluación, y después criterios científicos y evaluaciones de evaluadores. Moderna reencarnación de la censura: la evaluación.

¿Acaso el Estado evaluaría también el jazz? ¿La poesía? ¿El amor? La polémica creció. El yerno de Lacan, portavoz de una profesión alarmada, de costumbres más caseras que carniceras, apareció en el *forum*. Había trocado el calor controlado de la manta de mohair y de la tetera por la del lanzallamas. Por instinto, en este debate, adiviné el regreso del Norte. El Norte nunca está lejos, nunca muerto, cuando sale del hielo. El Norte es el Estado máquina, porque es implacable, no hay que dejarle ni la sombra de una oportunidad. La libertad es tan frágil. ¿Qué hacer?

Yo era ministro de «Comercio, Artesanado, PME, Consumo» y también de las «Profesiones liberales». Es un título muy cómodo el que contiene la palabra «libertad». Para mí, no había ninguna duda, los «psi» hacen, de una u otra manera, declarada o no, evaluada o no, comercio de la libertad de pensar, y más aún, de la de escuchar, que vale tanto o más. Ellos barnizan los rayones del alma como los luthiers reparan los violines, aguzando el oído, pertenecen a las profesiones liberales a falta de ser liberales.

Llamo a Jacques-Alain Miller. Fijamos un encuentro. Nos gustamos mutuamente. Tengo una agenda ajetreada por la oleada inagotable de esa palabra saltarina y cultivada que me recuerda que es bueno ser un intelectual en Francia. Miller me explica que no ha visto un ministro, aparte de Roland Dumas, desde Mayo del 68. Ni piensa en tirar todo por el aire. Ha conseguido desterrar de sus preocupaciones la vida política, tan ocupado está. En el fondo, este Estado que él encuentra tan poco cambiado, tan fuerte y tan débil a la vez, le recuerda su juventud, los tiempos en que De Gaulle era empujado violentamente de su pedestal por los hijos de cabellos largos de los pequeño burgueses hartos. Miller regresa a verme algunos días después acompañado de una delegación de «psi», de mujeres con voz dulce y mirada cargada de recuerdos del prójimo que parecen preocuparse, por profesión de quién sabe qué, del devenir del mundo. Siempre he sido sensible a esa preocupación educada, tímida, de las sondeadoras del alma, que anuncia un futuro sin precisión y recuerda a las adivinas de Esquilo. Acostumbradas a que no se les crea, las mujeres anuncian antes que los hombres lo que ellos profetizan con orgullo. Cojo el teléfono. Llamo a todos aquellos que pueden comprender el punto de vista de los «psi» y tener una idea objetiva sobre la famosa enmienda. ¿Cómo, dije a mis interlocutores, nosotros que representamos el campo de la libertad podríamos herirla cuando ésta se recuesta en un diván? ¿Cómo olvidar que todo hombre que ejerce el poder es liberticida en potencia? En el corazón del Estado, cuando se abre una ventana, se vuelve a cerrar siempre con más brutalidad. Ain en ese templo de la libertad que debería ser la UMP (Union pour un Mouvement Populaire) el pensamiento normalizador y evaluador podría muy bien hacerse un lecho. Pocos son los que como Alain Juppé, alertado por Miller, comprenden la puja.

Hizo falta el fracaso de los regionales para que, algunos meses después, el gobierno anunciara a través de Philippe Douste-Blazy el abandono del proyecto Mattei.

En esta peripecia política lo que le puso en la mira fue la libertad. Nuestro deber, nosotros que tenemos el poder en nuestras manos, es no alzarlo nunca contra la libertad de las almas y sus servidores silenciosos.

XAVIER ESQUÉ
Psicoanalista

UN DESEO DE OTRA COSA

El psicoanálisis vino a mi encuentro por la vía de la angustia, una angustia existencial, una angustia que se anudaba a la vida, y también a la muerte. Supe mucho más adelante, *après-coup*, que ciertas huellas indelebles de mi infancia hicieron de balizas a la hora de propiciar tan singular encuentro. Transporté desde el inicio, desde mi misma venida al mundo, el real de lo fallido bajo el brazo. Mi infancia transcurrió en la España de los grises años cincuenta, en una pequeña villa ducal, amurallada y rural. En mi casa nunca llegué a ver muchos libros: algún *best seller* de la época, unas cuantas vidas de santos y, fundamentalmente, las colecciones producto de las suscripciones al *Reader's Digest* y a la *Mecánica Popular* (precursora del *bricolage*). Estas dos últimas publicaciones eran lo más nuevo y lo que de más lejos entraba regularmente en esta casa. Esperaba con interés la llegada de estas publicaciones que de entrada sirvieron para despertar en mí el deseo de otra cosa. Fundamento primero de lo que muchos años después pude cernir como deseo del analista.

Aun cuando la primera noticia de Freud y de la interpretación de los sueños la tuve por un artículo en las páginas antes mencionadas del *Reader's Digest,* no fue hasta llegar a Barcelona y en la Universidad cuando me llegó la oportunidad de un verdadero encuentro, esta vez ya con la *indigerible* y auténtica obra de Freud, lo cual tuvo un carácter determinante y precipitó mi pasión por saber, fundamentalmente, acerca de mi propia neurosis, tratando, de este modo, de reducirla.

En efecto, este encuentro tuvo importantes consecuencias, puesto que me llevó a abandonar la carrera técnica que estaba estudiando y la profesión a la que estaba predestinado. De este modo, y por la vía de la psicología, empecé a introducirme en el campo de la clínica y de la terapéutica. Las preguntas sobre la locura y la sexualidad y, más concretamente, sobre el goce femenino marcaron desde el inicio mi interés por el psicoanálisis. El enigma venía de lejos, y se anudó a mi ser por unas palabras que mi padre me dirigió cuando yo era un niño que acabarían por determinar mi vida amorosa y sexual.

Yo, que venía de un mundo de silencio, podía empezar a celebrar los poderes de la palabra. El descubrimiento de la obra de Lacan hizo el resto, fui literalmente tomado, capturado, por su enseñanza. En efecto, fue una elección forzada y, por consiguiente, verdadera. Me marcó su determinación y su fuerza, su exigencia por restaurar el filo cortante de la verdad freudiana al lado del mayor grado de libertad para el analista y su acto, me tocó especialmente su *tú puedes saber* al lado de escritos y frases magníficas pero incomprensibles, *indigeribles.* Me tocaron inapelablemente algunos de sus terribles aforismos: *no hay relación sexual* o *la mujer no existe*, aforismos que subjetivamente uno podía intuir como verdaderos aun sin disponer de los mínimos elementos lógicos y conceptuales para explicarlos, ni tampoco por saber todavía gran cosa del inconsciente que a uno lo determina como sujeto.

En mis tiempos, la formación de un clínico no se podía concebir sin haber pasado uno mismo por la experiencia analítica. Por otra parte, nunca estuve falto de motivos o de síntomas para emprenderla. En mi primera experiencia analítica en Barcelona empecé a vislumbrar el misterio doloroso que yo era para mí mismo, es decir, empecé a descubrir la lógica implacable de mi inconsciente y la fuente de la repetición. Fue un análisis terapéutico. Inicié mi práctica como psicoanalista en el ámbito de la consulta privada y poco tiempo después también en el campo institucional público de la salud mental.

La vida empezaba a irme bastante mejor, mis progresos en el conocimiento de la enseñanza de Lacan eran indudables, aunque seguía teniendo la impresión de que no alcanzaba a entender qué era el psicoanálisis, cómo operaba. Además, pobre de mí, sentía que no terminaba de librarme de lo real, es decir, que seguía teniendo un síntoma, la angustia, lo cual me llevaría a un segundo análisis, esta vez en París.

Ahí, en la fragua del análisis, durante un período de doce años, terminaría por forjar mi nuevo destino. La llama de la transferencia —golpe a golpe, corte a corte, sesión a sesión— me sirvió para conquistar el saber inconsciente del que yo mismo era portador sin saberlo, y me llevó a descubrir también cómo se produjo todo eso, es decir, que pude percibir mi vida y mi ser como efecto de la lógica del inconsciente. Por otra parte, saber, darme cuenta de que ni el significante ni la verdad alcanzan para explicar lo que es el goce femenino tuvo efectos de gran alivio para mí, se presentaba así un renovado y auténtico atractivo por la alteridad. Todo ello, en efecto, tuvo consecuencias muy importantes en mi propio modo de gozar. Dicha apuesta continúa en pie, forma parte del horizonte de mi vida: se trata de seguir explorando los caminos y de transitar por los bordes del exilio de la relación sexual que no hay.

Llegar a desvelar el misterio del goce opaco que uno extrae de su sufrimiento no lo extingue completamente. Hay que saber hacer con lo que queda, se trata de *savoir* y *faire* con el síntoma, arreglárselas, servirse desde el punto de vista más instrumental de ese denso residuo de goce. El psicoanálisis, contrariamente a lo que durante un tiempo quise creer, fracasa en liberar al sujeto del síntoma, fracasa en liberar al sujeto de lo real. Del real uno jamás se llega a licenciar. Esto me llevó, una vez concluido mi análisis, a pedir el pase. Mi nominación como analista de la escuela fue la mejor salida que encontré para reinventar un saber cuya transmisión sea capaz de llegar a cambiar, tal vez, a quien lo recibe.

HORACIO ETCHEGOYEN

Psiquiatra, psicoanalista

EL PSICOANÁLISIS EN EL SIGLO XXI[1]

Mi entrada en el psicoanálisis se produce a partir de un encuentro con Enrique Pichón Rivière.

Era un joven estudiante de medicina en La Plata que vacilaba entre la clínica, la investigación anatomopatológica y el psicoanálisis. Luego de estudiar psiquiatría y neurología me encontré con los primeros números de la *Revista de psicoanálisis* y pedí una entrevista con quien era el director del Instituto. En ese tiempo no sabía nada y Enrique Pichón Rivière fue quien me recibió. Fue mi maestro, quien me orientó. Hay una anécdota que está publicada en un libro que se llama *Conversaciones con Horacio Etchegoyen*. Pichón es quien me dice que para ser analista había que analizarse. En ese entonces yo le dije a mi mujer: «Mirá qué loco este tipo, o sea que ¡si quiero ser partero tengo que tener un hijo!».

Esto fue a principios de los cincuenta; era un profesor de psiquiatría que orientaba la enseñanza psicoanalíticamente en la La Plata y con el acento puesto en la democracia universitaria. Me siento un hijo de la Reforma Universitaria del 18, eso me costó la cátedra porque no podían tolerar que se escuchara a los alumnos. Luego intentamos con Pichón armar un grupo en La Plata, pero no prosperó.

Me empecé a analizar con Racker; eran sus años más creativos. En esos años escribió los mejores ensayos sobre la técnica; le decía que se había aprovechado de mí para escribir sus trabajos sobre contratransferencia. Luego me nombraron profesor en Mendoza. Estuve muchos años en Mendoza, formé muchos alumnos, las primeras semillas de lo que después se constituyó en la Sociedad Psicoanalítica de Mendoza. Luz Cazenave, ahora miembro de la EOL, se analizó conmigo y aún conservamos una gran amistad. En Mendoza oí hablar por primera vez de Lacan. Avenburg, que era cola-

1. *Descartes, el valor del psicoanálisis,* publicación dirigida por Germán García, Anáfora editora, Buenos Aires, 2006. Gentileza de Germán García.

borador mío, me interesó por la lectura de Lacan. Después me fui a Londres, donde me reanalicé en 1966 con Meltzer. Estuve un año con el grupo kleiniano, mientras iba a la Clínica Tavistock, que era una institución más abierta con gente del grupo independiente de Londres. Cuando volví de Londres me instalé en Buenos Aires y me fui especializado como analista.

El psicoanálisis argentino es un psicoanálisis interesante. Desde el primer grupo fundador del año 1942 hasta el movimiento desarrollado por Oscar Masotta fueron importantes. Se dan una serie de inquietudes en nuestro medio, en nuestro país. Es un gran centro cultural, nadie lo puede negar; acá hay un desarrollo sostenido y creciente del psicoanálisis.

Cuando fui presidente de la IPA (International Psychoanalitical Association) logré que se pudieran comunicar los grupos, pues en primer lugar debemos reconocernos todos como analistas. Tenemos una pertenencia que deriva de Freud con los diferentes aportes de las escuelas, pero podemos conversar y discutir y tener acuerdos y desacuerdos. Es importante saber en qué convergemos y en qué divergemos. Hay un diálogo posible que se está dando y es importante que los diferentes grupos teóricos podamos escucharnos y discutir, y no cerrarnos en una posición pensando que la verdad nos pertenece, pues la verdad anda suelta por ahí y hay que poder atraparla.

Cuando la gente de *Vertex*, Juan Carlos Stagnaro y Dominique Wintrebert, me propusieron charlar con Jacques-Alain Miller, tenía una buena idea del movimiento lacaniano y entendía que era importante establecer una relación más formal. Yo era presidente de la IPA y Jacques-Alain Miller era presidente de la AMP (Asociación Mundial del Psicoanálisis). Ellos me dijeron que por primera vez algo de América Latina iba a repercutir en el mundo. Después tuvimos una reunión muy linda que salió como un libro y más tarde tuvimos otra charla pública en el aniversario de Jacques Lacan. En una época, Jacques-Alain Miller venía bastante a Buenos Aires y nos fuimos haciendo amigos, porque la amistad se va forjando y nos hemos hecho verdaderamente amigos. El año pasado se presentó en París la traducción francesa de mi libro *Los fundamentos de la técnica psicoanalítica*, que lleva dos prólogos, uno de Jacques-Alain Miller y otro de Daniel Widlöcher. Y ambos hicieron la presentación. Jacques-Alain Miller hizo una muy buena presentación. Antes de nuestro encuentro lo había leído y me habían gustado mucho las *Conferencias caraqueñas*, allí hace una buena introducción al complicadísimo pensamiento de Lacan, pues tiene una mayor capacidad de transmitir que Lacan mismo. La presentación del libro la organizó la Asociación Franco-Argentina de Psiquiatría y Salud Mental, quienes incluso hicieron un homenaje a Racker y también a Pichón.

Actualmente, hay un problema muy difícil de resolver respecto a las relaciones con el Estado. Jacques-Alain Miller ha luchado mucho para que el Estado no intervenga en el desarrollo del psicoanálisis, y estoy de acuerdo con mantener al psicoanálisis independiente, pero también pienso que los desarrollos se van dando y hay que ver quiénes son analistas y quiénes no. El problema es que hay una gran ramificación de escuelas y existe también el riesgo de que el psicoanálisis se diluya en pequeños grupos minúsculos. Está Freud, que es indiscutible, aunque es discutido por algunos; después hay otros, y en la segunda mitad del siglo XX están Klein, Lacan, quizá también Bion, Hartmann o Winnicott, que hoy tiene más presencia en Buenos Aires que Klein y el mismo Lacan. Delegar la responsabilidad en la universidad no soluciona el problema, la práctica del psicoanálisis es muy especial, no es la misma práctica que la de la medicina o la de la abogacía, aunque también se la puede entender así, se la puede entender como una práctica institucional.

Mi idea es que el psicoanálisis bien estudiado y bien practicado va a tener lugar en el siglo XXI, aunque en este momento el mundo no esté preparado para la reflexión y la subjetivación que exige el psicoanálisis, no estamos en un momento en que la vida interior o la realidad psíquica o el lenguaje sean fundamentales, pero como esas cosas son fundamentales se van imponer.

MANUEL FERNÁNDEZ BLANCO

Psicoanalista

EL FIN DE LA NEUROSIS

Yo sé bien que la infancia no es un paraíso. Lo supe desde siempre, desde que la neurosis hizo su temprana presencia en mi vida, a los cuatro años, bajo la forma de una fobia a las figuras de autoridad. Salí rápido de esta fobia: me convertí en un obsesivo. Así viví parasitado, durante muchos años, por un síntoma muy consistente, relacionado con el sentimiento de ilegitimidad de mi origen. Este síntoma, alimentado por un superyó feroz, me abocaba a la búsqueda compulsiva de reconocimiento, aquel que no había obtenido del padre, y me obligaba a los mayores esfuerzos en la búsqueda de garantizar mi inscripción civil.

Si del lado paterno se arrastraba el no reconocimiento como deuda-culpa, la presencia poderosa de una abuela analfabeta, y sus dichos, me permitieron tejer una ficción de gloria familiar perdida. Esto me permitió articular un deseo a la falta. La vivencia culposa de su analfabetismo hacía que mi abuela me repitiera sin cesar: «No pases nunca esta vergüenza». Al mismo tiempo mi madre, emigrante en Latinoamérica, me enviaba baúles llenos de libros. El niño, que vivía con su abuela analfabeta, leía todo lo que caía en sus manos y era un alumno destacado en el Instituto de Enseñanza Secundaria. Pero todo esto se hacía bajo la forma de la sumisión absoluta a la demanda del Otro y del sentimiento del deber en su versión más neurótica.

Con ese mismo sentimiento sacrificial del deber entregué mi juventud, y el comienzo de mi vida adulta, a la militancia política. A punto de comenzar mis estudios universitarios, un buen amigo me regaló, por mi cumpleaños, *El yo y el ello*. La lectura de esta obra de Freud supuso para mí una subversión del pensamiento. Una luz sobre lo más íntimo de mi vida-sufrimiento.

Decidí estudiar psicología buscando, en el saber académico, una solución a mi neurosis. Al terminar la carrera, inicié una práctica basada en las enseñanzas de la facultad que, enseguida, se reveló profundamente insatisfactoria. Fue entonces cuando otro amigo me habló de un grupo de estudios psicoanalíticos que se reunía para hacer cursos de formación. Al poco tiempo de integrarme en el grupo de estudios, comencé mi primer psicoanálisis personal, que duró tres años. Tuvo efectos terapéuticos: alivió mi rumiación obsesiva y me permitió salir de la procastinación. Pero mi primer psicoanalista, actualmente miembro titular de la IPA, con sus interpretaciones de sentido, no me permitía avanzar hacia el hueso de mi análisis e ir más allá del padre.

Di por terminado ese análisis para iniciar otro en París, que se prolongó durante doce años hasta su conclusión. Esta experiencia transformó mi vida. Llegué a este análisis con los libros debajo del brazo. Tenía veintiocho años, pero ya había escrito algunas cosas. El desinterés inicial del analista, cuando le mostraba mi nombre en letra impresa, permitió hacer caer la demanda de reconocimiento y me permitió vislumbrar la dimensión del goce, oculto bajo los ideales.

Una sola frase, subrayada por el analista al principio del análisis, me permitió acceder a mi verdadera filiación y aislar el auténtico deseo que me había convocado a este mundo. Esta interpretación inolvidable tuvo como consecuencia la desaparición inmediata, y para siempre, del síntoma obsesivo que me había acompañado toda la vida. Ese efecto terapéutico, por sí solo, hubiera justificado la empresa.

Pero era posible ir más allá. La construcción, en tres tiempos, del fantasma fundamental me permitió aclarar la lógica de mi vida amorosa y el goce que extraía de mi fantasma, único modo de goce a mi alcance hasta entonces. En ese momento, yo creí haber terminado mi análisis. Pero la insistencia del analista, indicándome que la zona final es una zona que hay que recorrer, me permitió acceder a una experiencia inédita de la asociación libre. Esto me permitió producir un significante nuevo, aquel que la repetición velaba, y así poner límite a la interpretación del inconsciente. Este significante es una respuesta que no ignora la castración. Supone la revelación de lo más íntimo del ser y no llama a la asociación libre, sólo permite el consentimiento a una forma de gozar y estar en el mundo. La sorpresa fue comprobar que, en esta palabra conclusiva, estaba incluido el rasgo que yo le había atribuido al analista y que me hizo posible elegirlo. El significante cualquiera de la transferencia, la causa de mi elección, se me revelaba como lo más real de mi propio ser e hizo que la separación se impusiera: ya no podía ser más analizante.

Este significante nuevo estaba ahí desde siempre, a la espera, sólo me quedaba vivirlo como lo más real de mí mismo, como mi nombre-síntoma. Síntoma, ya liberado del conflicto neurótico, que me permitía vivir la pulsión sin la hipoteca del fantasma. Así fue posible para mí pasar del deber ser al consentir ser: soy lo que hago. Éste fue el recorrido de mi análisis que me permitió una vida más digna y liberada del sufrimiento neurótico. Yo puedo decir que el psicoanálisis cura la neurosis.

Ahora, desde la posición de psicoanalista, estoy disponible para facilitar que otros puedan hacer la experiencia de su inconsciente. En el plano político, mi síntoma me permite responder bien al trabajo de extensión y puesta en valor del psicoanálisis. Para eso, debo admitirlo, mi síntoma me viene como anillo al dedo.

CLAUDE FERRÉ
Campesino

UN CIUDADANO DEL MUNDO

La arena es un sitio donde bestias salvajes hambrientas devoran hombres inocentes, la esperanza de sobrevivir es nula, pero donde otros, hombres, mujeres y niños, saborean el espectáculo. También fueron destripados gladiadores bajo la mirada divertida de los espectadores. Nobles toros, con la cabeza alta, orgullosos de su pertenencia a la especie bovina, también son asesinados por la espada sangrienta del hombre ante los aplausos de la multitud. Usted[1] ha elegido la palabra *Arène* para vuestra editorial, es vuestra elección, la respeto. ¿Es fruto de la casualidad? Lo dudo.

Hoy ustedes se ensañan para desmontar el psicoanálisis; mañana la emprenderán contra Sócrates, Pitágoras, Buda, Jesús, no menos que con las instituciones religiosas, la Iglesia católica a la cabeza, que bendijo los cañones en el campo de batalla, haciendo correr a mares la sangre de la humanidad. Habrá que hacer salir a Copérnico y a Galileo de sus tumbas para volver a ponerlos en la prisión de los muertos. La Tierra en la que usted vive, Señora, ¿quizá es cuadrada? También deberá deshacerse el sistema capitalista que mata a millares de personas cada día, ya que el sistema comunista se desmanteló por sí mismo. Los presidentes de las grandes potencias políticas y financieras también deberán pasar por vuestra editorial... La lista aún sería larga.

Qué fácil es criticar al vecino, destruirlo, no respetar lo que para él es un camino hacia el conocimiento de sí: la psicología del ser, el psicoanálisis. Torquemada os aprueba seguramente. Freud, Lacan, no son santos como José María Escrivá de Balaguer, el fundador del Opus Dei, en muy buenos términos con Franco y canonizado recientemente por Juan Pablo II. Que la vida cotidiana, sin Freud, Lacan y Dolto, no siempre esté de acuerdo con sus principios no quita nada al valor de sus trabajos sobre las causas del su-

1. Dirigiéndose a Cathérine Meyer, directora de la Editorial Arène, que publicó *Le Livre Noir de la Psychanalyse*.

frimiento del hombre y el conocimiento de sí. Usted deberá interpelar a Sócrates y cambiar el «Conócete a ti mismo» por «En especial no te conozcas a ti mismo, duerme tranquilo, otros se ocupan de ti».

El sufrimiento de la humanidad no necesita detractores que carguen la barca más de la cuenta y que hagan correr el riesgo de hacer zozobrar a todo el mundo.

Estaría muy feliz, Señora, de servirle de guía en las escuelas inspiradas por Françoise Dolto. Personalmente conozco una. Le sorprendería descubrir la felicidad de los niños, su espíritu de grupo, el respeto de cada uno de ellos por la palabra verdadera dada a otro, oída y escuchada por el otro, la disposición para el descubrimiento, el sentido de la responsabilidad por el bienestar común. Además, cuando son grandes, ya fuera de la escuela para ir a un mundo nada amable construido por sus mayores preocupados por alimentar su egoísmo, estos niños no son jóvenes perdidos. Le asombraría ver a esos seres jóvenes dar muestras de la más noble responsabilidad sobre ellos mismos, con coraje y determinación, tomando en mano este mundo, con las dos manos.

Desde hace siglos el hombre se ha construido con sus ideas, sus conceptos, sus creencias, sus imperfecciones. El psicoanálisis no es un fin en sí mismo, es cierto, sino una herramienta como muchas otras para seguir adelante. Si cada uno de nosotros debe avanzar revisando los datos que ha adquirido, ¿no es acaso una falla tirar al bebé junto con el agua de su baño como lo hace usted? Entonces habría que colgar el hábito. ¿Qué quedaría del hombre? ¿Una conchilla vacía, perdida? Debemos compartir nuestras investigaciones, mejorarlas, progresar. Usted sabe muy bien que el hombre va hacia lo más fácil y que para él es más cómodo casarse con el *prêt à penser* que estar listo para pensar por sí mismo. Al editar ese libro, usted acaricia en el sentido del pelo a todos aquellos que no esperan otra cosa que ser liberados de su existencia demasiado compleja a bajo precio, como en saldos de rebajas. Usted sabe bien que los ilusiona. Usted no aporta ningún remedio, ninguna solución a sus problemas, ningún ángulo de acercamiento digno y respetuoso del hombre.

En las rutas sinuosas de vuestras frases, no veo ningún límite, ninguna señal de humanidad, de amor. Sí, yo sé que esa palabra da miedo o está devaluada, no cotiza en Bolsa, como lo hacen los mercados maravillosos de los imperios farmacéuticos europeos y americanos (establecidos en Francia) que venden su medicina a precio fuerte, debilitando al hombre durante tanto tiempo como el que ellos necesitan para alimentar sus rentas bursátiles. Permítame, Señora, que le diga esto: tal vez usted gane dinero con ese libro, pero en ello pierde su alma... ¿Qué construye usted?

Conozco buenos psicoanalistas que son humanistas que ayudan a sus hermanos con humanidad. Yo soy campesino y conozco campesinos muy malos; no son muchos, por cierto. ¿Y por eso habría entonces que condenar al conjunto de campesinos franceses, a los campesinos de todo el mundo? Por supuesto que no. Hay buenos y malos campesinos, malos y buenos editores... Sí, lo repito: destruir, matar en masa hombres, mujeres y niños, el hombre sabe hacerlo, aun a millones de kilómetros de su casa. Pero salvar del naufragio a quien golpea a su puerta, eso parece muy complicado para él. Por lo que yo conozco, Freud, Lacan, Dolto no han organizado pogromos. Si usted piensa que fue así, entonces usted y yo hemos participado en todos los horrores cometidos sobre nuestra buena Tierra desde que ésta existe. Desde la noche de los tiempos, hombres, grupos de hombres, intentan con sus medios humanos salvar al menos a algunos de ellos.

Alexandra Tolstoi escribió un pequeño libro después de la aparición de la biografía que Henri Troyat (todavía vivo) había hecho sobre su padre. Ella dice: «Aunque sus críticas literarias no sean malas, el libro es difamatorio». A Troyat no le gusta Tolstoi, está en su derecho, pero inventa, comete errores graves, dice ella, utiliza la intimidad de Tolstoi para hacer una novela, una falsa biografía. Para ilustrar ese ultraje a su padre, ella cita a un famoso crítico de arte ruso, Vladimir Stassov, quien contesta a un joven escritor que acaba de publicar un libro sobre Tolstoi y que le pregunta qué piensa: «No crea que Tolstoi será juzgado por su libro, es usted quien lo será».

No crea que el psicoanálisis será juzgado por su libro, es usted, Señora, quien lo será.

Seamos humanos de verdad, Señora, al menos por un momento, dejemos nuestro odio del Otro a las ortigas y trabajemos juntos, antes que combatirnos.

Reciba, Señora, todo mi respeto y toda mi humanidad. Pero no puedo compartir sus ideas.

Un ciudadano del mundo.

VIVIANE FORRESTER
Escritora

LA MEMORIA DEL OLVIDO

Disponemos de muy pocas expresiones entre tantos lenguajes que nos atraviesan y que atravesamos. Nuestra lengua está allí como centinela, para imponernos la memoria del olvido, relegando al silencio los clamores esenciales que nos frustran. Sus vocabularios, sus sintaxis tienden a mantenernos en un único camino, provistos de un discurso puramente funcional, un supuesto poseer *la* realidad. La que él impone, facticia, con la finalidad de enmascarar lo real. De allí resulta que el pensador, el escritor, deben expresar por medio de la lengua que ésta está hecha para no decir.

Aquí escribo, pues, como escritora, no como analista —pero escritora por lo asfixiada por la lengua, su discurso, y sedienta por vencer sus límites, por franquearlos al menos—. Escribiendo, quién sabe hasta qué punto el psicoanálisis aporta al pensamiento la expansión de sus territorios y cuánto le permite de soltura, lo que le abre de libertad y de acercamiento a las realidades plurales. Y hasta qué punto toda libertad, toda capacidad de dilatación del pensamiento abriéndose a la conciencia, a la expresión crítica, a sus capacidades, preocupan inmediatamente a los poderes.

¿El psicoanálisis? De pronto otra escucha, un lenguaje nuevo, otras voces, o mejor en la voz de otras voces oídas, liberadas del mutismo. Un lenguaje hablado desde la noche de los tiempos, pero que se ha mantenido áfono no obstante y ahora revelado, oído. Practicado.

Percibido en primera plana de los rumores del silencio.

Lectura de palimpsesto.

Shakespeare, por boca de Lear, aconsejaba a Gloucester ciego: «Mira con tus oídos». Transgresión fenomenal y reforzada, tal vez, en el analista por el hecho de no tener vista en los ojos del paciente ni en la boca que habla.

Oír el sonido de las voces hasta ese momento yuguladas y en ese sonido el sentido, los sentidos del sentido y el sentido de los sentidos, el haz de sentidos que indica cada palabra y que no dice, sino difunde cada una de sus letras y sus intervalos, muy lejos de los diccionarios, de sus definiciones —ya no escuchar recitar el discurso, sino ir hasta los confines del conocimiento a través del aliento, la hesitación, el acento, el enigma de un cuerpo hablante.

Artaud sabía muy bien que «son los ejércitos del yo huyendo del hombre los que se atascan en la conciencia de todos». A partir de allí el psicoanálisis contribuye no a resolver, sino a contrariar el malestar inhumano de la ignorancia humana.

CARLOS GABETTA

Director de Le monde diplomatique*, edición cono sur*

DE NADA VALE ENTERRAR MATERIALES RADIACTIVOS EN LOS RECOVECOS DEL ALMA

Preguntarle a un argentino urbano, de clase media o alta, sobre todo si es un intelectual o está vinculado al medio, «cómo se ha encontrado con la disciplina freudiana» es casi innecesario. Tanto en Buenos Aires como en cualquiera de las grandes ciudades del país, uno «se encuentra» con Freud —o mejor, con la idea que la sociedad se ha hecho de él— a la vuelta de casi cualquier esquina.

En cuanto a «contar» mi experiencia psicoanalítica, se trata de algo que me excede. Cualquier síntesis estaría cargada de extrema subjetividad y, peor aún, de la pedantería de opinar sobre un tema para el que no me considero preparado.

Por eso se me ocurre ofrecer algunos párrafos extraídos de un diario personal de apuntes, en el que, por supuesto, y más de una vez a lo largo de los años, he reflejado ideas y sensaciones sobre la experiencia psicoanalítica. Se trata de trozos dispersos, en general sacados para la ocasión fuera del contexto de la historia personal, pero que en conjunto reflejan —al menos eso espero— los benéficos resultados y algunas de las dudas y contradicciones que la experiencia me ha suscitado y aún suscita.

Los ofrezco entonces no como «conclusiones», ni mucho menos teoría alguna en pro o en contra de la técnica psicoanalítica, sino sólo como apuntes de un psicoanalizado intermitente, con cinco profesionales argentinos distintos (dos mujeres y tres hombres), a lo largo de treinta años.

La única advertencia que haré, sobre todo a lectores no argentinos, es que las reflexiones sobre los «efectos sociales» del psicoanálisis se refieren a la inusual expansión, vulgarización e influencia que éste ha adquirido en la sociedad argentina, un fenómeno que, hasta donde sé, no se reproduce en ningún otro país.

Léanse, pues, estos párrafos como lo que son: algunas de las reflexiones privadas y «en caliente» de un psicoanalizado, sin ninguna pretensión filosófica, polémica, ni mucho menos de rigor intelectual. Estimo que el hecho de que se trate de algunos apuntes personales, sin objeto alguno de difusión, escritos a vuelapluma, puede aportar a este libro una versión «fresca», alejada del esfuerzo de sintetizar en pocos folios una experiencia apasionante y, en mi caso, positiva.

15 de noviembre de 1995

Es toda una experiencia para una persona cultivada y razonablemente inteligente conversar con otra que también lo es, que dispone de una «cartilla» más o menos sofisticada para escuchar y que asume una actitud despersonalizada, objetiva. Todos los «psi» disponen de las dos últimas herramientas. La clave está en no equivocarse con la primera condición.

En ese contexto, a mí me funciona. El encuadre es bueno. Uno habla y el otro escucha, sugiere, orienta el monólogo. Está obligado a prescindir de su subjetividad, de sus prejuicios e ideología, de sus emociones, y sabe cómo hacerlo. Procede como un niño que hace discurrir una barquita de papel por un canal y de vez en cuando le da un toque para que no se hunda o para que prosiga. Uno se siente libre para decir cualquier cosa —algo que incluso aquí me cuesta— y allí empieza lo bueno, porque en psicoanálisis cualquier cosa nunca es cualquier cosa.

20 de enero de 1996

Leo en *Claves de Razón Práctica* un trabajo del español José Nuño, a quien hasta ahora no conocía. Particularmente interesante es el parrafito dedicado a las consecuencias de la «teoría del inconsciente» sobre la psicología *mass*-mediática actual. Dice Nuño: «Éste ha sido el siglo de la exaltación del inconsciente al trono del conocimiento, como categoría explicativa de la conducta humana, individual y colectiva. Si es inconsciente, por fuerza no es racional, y si la conducta humana en efecto sólo obedece a instintos de gratificación y de muerte, la sociedad levantada a partir de tales supuestos difícilmente pueda ser organizada de manera racional. Cuando los instintos sustituyen a las ideas, es comprensible que las sensaciones [...] ocupen el lugar de los pensamientos».

Puede que un tanto simplista, pero *chapeau!* Las religiones enseñan que el mal (en el sentido de lo que nos hace infelices) viene *de arriba*. La psicología, que nos viene *de dentro*. Una vez más: todo es cierto y el hecho de que la irracionalidad acabe por desnaturalizar la virtud no anula los pasos adelante: la psicología, el psicoanálisis, son infinitamente más racionales que el oráculo o la idea de Dios, así como el marxismo lo es del capitalismo o éste del régimen feudal. El problema es cómo universalizar, cómo acelerar (¿o el ritmo de la conciencia humana será el de la historia del hombre?) la noción de que disponemos de un elemento para salir de la pasividad ante el dolor y la prematura muerte: la razón. No es mucho ni mucho menos infalible, pero es perfeccionable, progresiva y en última instancia lo único que tenemos, lo que nos hace distintos y nos otorga la posibilidad de luchar por el sentido de la propia vida.

(Nota del 24 de abril de 1996: cito un párrafo de Goethe, tomado de Robert Hughes en *La cultura de la queja*: «Las épocas regresivas y en proceso de disolución son siempre subjetivas, mientras que en las épocas progresivas se impulsa lo objetivo... Cada logro realmente válido sale desde dentro hacia el mundo, como puede verse en las grandes épocas que fueron sinceras en el progreso y las aspiraciones, todas las cuales fueron de naturaleza objetiva».)

12 de febrero de 1997

Por falta de inteligencia, de cultura, o simplemente de sentido crítico, la mayoría de los individuos se han visto obligados a acudir a un elemento exterior para explicar lo aún no explicado o para inquirir «dentro de sí»: el oráculo, el brujo, el confesor, el psicoanalista. Cada uno de estos recursos ha prestado su utilidad y generado sus propios daños. El psicoanálisis, un indudable progreso respecto a todo lo anterior, parece haber entrado en un *impasse*, ya que al fin y al cabo el inconsciente no ofrece una mejor explicación última de sí mismo que el alma (Félix de Azúa dice que «la ciencia psicoanalítica es un modo de crear autoridad por medio de la calificación», del mismo modo que la crítica literaria). Si la filosofía no acude tarde o temprano en ayuda del psicoanálisis para organizar todos los tesoros desenterrados, los individuos no serán más que una vitrina de llagas purulentas con patente de circulación.

En otras palabras: antes del psicoanálisis los hombres crearon una serie de convenciones morales y sociales para ocultar todo lo que desconocían y los atemorizaba de su propio ser. Ahora habrá que definir una nueva moral y nuevas pautas de conducta, porque el psicoanálisis habrá probado que de nada vale enterrar material radiactivo en los recovecos del alma. Pero allí habrá terminado su función. Si todo ese material no se incorpora a lo consciente y no es organizado por la razón, «las marcas y el poder del inconsciente» acabarán siendo la coartada de los modernos inquisidores.

4 de mayo de 1997

Frase citada por mi psicoanalista: «La gente está a tal punto loca que pretender que uno no está loco es otra forma de locura». No recuerdo si dijo que era de Lacan, o de Erasmo, pero me importa un comino. Una *boutade*, en boca de un psicoanalista. Si lo que quiere decir es que entre los seres humanos aún prima lo irracional, vale. Pero sólo para el primer enunciado, porque hay quienes «no están locos», ya que en ellos prevalece la racionalidad. Si no fuera así, no habría pactos posibles, prevalecería la desconfianza, el hombre no habría salido de la edad de piedra.

Allí está el peligro del psicoanálisis o, al menos, de cierta interpretación o uso que de él se hace: en suponer —y en dar por definitivo— que el inconsciente es el que manda. Se trata de una trampa, porque al menos debería haber un cuerdo: el que ha dicho eso. Lo que ocurre es que a los hombres les sigue asustando la idea de que no hay Dios, el único que podría haber pronunciado la frase si ésta expresara una verdad (a menos que aceptemos que Dios sea el propio Lacan o Erasmo), porque la razón sigue siendo un instrumento tan precario y precioso, tan frágil y solitario, que nos quema entre las manos.

Me enojé: le dije a mi psicoanalista que en nuestra relación «el loco» era yo; que si él también lo estaba, acabáramos allí mismo nuestro pacto y me devolviera todo mi dinero. Faltaba más.

24 de mayo de 1997

Voy comprobando que los argentinos han pasado del psicoanálisis como coartada (la explicación de cualquier falta ética o moral por la «neurosis», los «mandatos», las «marcas», etcétera) al psicoanálisis como código ético, moral y de pertenencia: si no se está decididamente a favor, si no se recomienda tratamiento psicoanalítico tanto a los maníaco-depresivos como a los que no saben freír huevos, se es «trucho» (falsa moneda) y se está aparte, fuera de las categorías nacionales. Y populares, porque a fuerza de hablar de él, los argentinos han convertido a Freud en alguien tan popular y poco leído como Cervantes.

30 de mayo de 1997

Y hablando de psicoanálisis, ayer le he dicho a mi «terapeuta» (¡que horrible expresión!: da por sentado que estamos enfermos por el sólo hecho de pisar el despacho de un psicoanalista) que se acabó. Y, como dicen los españoles, me quedé tan ancho... al menos por ahora. Porque me ha servido. He verificado casi todas las cosas buenas que esperaba del psicoanálisis y se han acentuado todas mis sospechas sobre la vulgata psicoanalítica. Consideré que ya estaba bien porque en este casi año y medio he logrado despejar en buena medida la confusión que me produjo el divorcio y el regreso al país; detectar algunas constantes de mi conducta de orden y origen irracional (para llamarlas de alguna manera y no caer en la jerga). [...] Insisto, me ha servido. Me irritó a veces (pero lo discutí y obtuve satisfacción o ninguna respuesta, en el peor de los casos) el «esquema mamá y papá», el por momentos mecánico y tedioso rasero freudiano. Sigo pensando, y esta vez a partir de una experiencia concreta, que se trata de una construcción en algunos sentidos artificiosa, un sofisticado castillo de naipes; aunque lo bastante sólido como para vivir en él un tiempo y aprender cosas sobre uno mismo.

El racionalismo occidental ha encontrado en el psicoanálisis el modo de reemplazar con ventaja al confesor y al consejero familiar, pero barrunto que los orientales han avanzado bastante más, por otros caminos, en el método introspectivo. Toda la teoría psicoanalítica está basada en la historia del sujeto, pero se trata de una historia fija, que termina justamente cuando éste adquiere «uso de razón». Todas las influencias culturales posteriores, la evolución racional del individuo y los cambios que ésta provoca son dejados de lado, como si el inconsciente fuese la estructura ósea del alma, un motor inmóvil pero todopoderoso, capaz de determinar para siempre y en casi todas las cosas decisivas, la vida de un individuo. Más de una vez, aplicando esta grilla sin ton ni son, me pareció que mi psicoanalista daba palos de ciego, se equivocaba. Pero insisto: es útil, y mucho, aunque los individuos seriamente perturbados deberán seguir esperando por mayores progresos en la química del cerebro y los simples de espíritu harán bien en seguir confiando en el confesor o el amigo.

Noticia del 2 de enero de 2007

Luego de una interrupción de siete años, llevo actualmente tres de análisis, con gran provecho. La prueba de este buen resultado es, quizá, que no he vuelto a escribir sobre el tema en mi diario de apuntes.

GERMÁN GARCÍA

Psicoanalista, escritor

TRANSFIGURACIONES

Primer amor

No había entrado en la pubertad cuando me enamoré de una mujer de más de veinte años. El amor era su presencia en mis ensoñaciones, la presencia de su imagen antes de dormir. Y, lo más importante, el despertar del deseo de escribirle un poema, al que después siguieron otros.

Un día desapareció del barrio y, años después, la reconocí en los rasgos de Katherine Hepburn actuando en *La reina de África:* el cabello levantado, que adivinaba rojizo, un cuello grácil, una figura delgada y firme, la decisión femenina de su mirada.

Escribir: en ese infinitivo donde nadie escribía encontraba una brújula; leía poesía, trataba de juntarme con poetas, me interesaba por la vida de los escritores, convertía en grotescos los dramas familiares. Cualquier cosa, hasta el dolor, podía ser escrito. Cualquier experiencia valía la pena porque sería escrita.

Pero —el adversativo se impone— la ciudad en que había nacido, a casi trescientos kilómetros de Buenos Aires, no descollaba por su amor a las letras. Y la familia que me había tocado en suerte, con excepción de mi madre que soñaba su vida como Madame Bovary, no parecía dispuesta a facilitarme las cosas. Fue por mi madre como conocí, a los quince años, el nombre de Sigmund Freud impreso en una edición popular que contenía resúmenes de sus diversas obras.

El paso decisivo

A pesar de estar enamorado de quien después sería mi mujer por mucho tiempo, decidí abandonar la familia y la ciudad natal cuando tenía dieciseis años. Empezaban los sesenta, viviría solo en Buenos Aires, trabajaría lo menos posible y me dedicaría a escribir y estudiar.

En efecto, las amistades me fueron fáciles, las pensiones baratas, el entusiasmo sin límites y la soledad soportable.

Me hice *habitué* de los bares de la avenida Corrientes, de algunas clases de lingüística de la facultad de la calle Viamonte; y alumno regular de las clases nocturnas del Instituto José Manuel Estrada.

Los lugares comunes de mi vida anterior se transfiguraban en materia de una novela de iniciación, a la vez que dejaba la poesía por los «misterios» del cuento. Escribir cuentos, cuentos perfectos como algunos que se admiraban, era un anhelo compartido por muchos.

Por mi parte, la novela en primera persona me facilitaba la descripción de situaciones desoladoras, íntimas, divertidas, líricas, etcétera.

A los veinte años terminé *Nanina*, que se publicó tres años después. Tuvo un éxito sostenido hasta que la prohibición de un gobierno militar la hizo desaparecer de las librerías. Vivía con aquella mujer, tuvimos un hijo. Algo irreversible que la muerte de mi padre terminó de sellar. En menos de dos años me había convertido en padre, había asistido a la muerte de mi padre y era a la vez un autor conocido y procesado.

Escribía *Cancha Rayada,* mi segunda novela, en un estado de creciente incertidumbre. El nombre remite a una batalla que fue una derrota. Intentaba el humor, una parábola sobre la actualidad política de 1970.

Lector de psicoanálisis, de los escritores de la *beat generation,* del budismo zen y diversos filósofos, no había seguido el ascenso del compromiso político a la militancia y de ahí a la lucha armada. Estaba con la vanguardia, pero no creía en la toma del poder según los cálculos de entonces. No tardé en conocer víctimas de esos postulados que nunca se revisaban porque eran velados por los *mártires.* La proliferación de metáforas religiosas era evidente para cualquiera que no compartiera ese lenguaje. El horizonte se oscurecía, las amistades se subordinaban a las posiciones políticas, la dimensión lúdica introducida por autores como Cortázar se redujo a un humor ideológico codificado hasta la imbecilidad.

Un encuentro

Entonces me encontré con Oscar Masotta y con la gente del psicoanálisis. Al poco tiempo estaba, como se decía entonces, en análisis. En la primera entrevista el analista calmó mi angustia por una apelación a lo universal: cualquiera puesto en mi lugar, etcétera. Hoy supongo que por la vía inversa hubiera ido más lejos. De cualquier manera, seguí ese análisis hasta un final acordado unos cinco años después. En esos años repasé la novela familiar, construí otra versión del pasado, enganché con la alegría del ambiente que facilitaba las fiestas y los amores.

Pero ya había puesto en *Nanina* un epígrafe de Sartre: «Podemos curarnos de una neurosis, pero no curarnos de nosotros mismos». El pasado que vuelve, como la lluvia, era la extraña derrota de mi padre. Había tenido la inteligencia, el humor y el gusto por la vida que le admiré en mi infancia. Pero eso había desaparecido entre fracasos laborales que convirtió en *destino,* en el creciente desamor que instalaba con sus arrebatos, sin entender que estaba con una de esas mujeres que (según Sigmund Freud) no se separan del marido porque no han terminado de vengarse. La infelicidad manifiesta de mi madre se le había convertido en una acusación viviente. Entendí, en algún momento, que no sería yo quien podría salvarlo.

Tuve la suerte de tener dos hermanas algo mayores que yo, dos hermanas con las que podía arreglar salidas (las acompañaba a los bailes) a cambio de que me facilitaran el encuentro con alguna de sus amigas que me gustara. En cambio, con mi hermano menor no tenía ninguna complicidad. Esto había vuelto con el análisis, pero algo de lo que se instalaba en mi vida pasó en silencio según el dicho de Freud, «El destino es un deseo que se ignora».

A su vez seguía con el estudio del psicoanálisis, contento de mi amistad con Oscar Masotta, orgulloso de participar en sus proyectos.

En cuatro años conocía las diversas corrientes del psicoanálisis, una lectura sistemática de Sigmund Freud y estudiaba las disciplinas necesarias para la lectura de Jacques Lacan, que había comenzado junto con mi análisis.

Mi analista no era «lacaniano», más bien tomaba distancia con su estilo ecléctico, donde resonaban Freud, Melanie Klein y la psicología social.

Era un lector políglota, distante en su práctica, con interpretaciones extrañas. Por mi parte, los recuerdos y los sueños, el retorno de dichos populares y de historias familiares, se convirtieron en un diario de viaje y en una reserva: más de un fragmento pasó a un texto literario. Incluso el proyecto de la revista *Literal* surgió de ese nudo que se había convertido en el haiku de mi vida.

Propagué el psicoanálisis de maneras diversas. Trabajaba en publicidad y lo que sabía, llegado el caso, lo usaba para difundirlo. Criado en la cultura popular, lector de la alta cultura, tenía un gusto especial por las de vanguardias. Y, en aquel momento, la lectura de Jacques Lacan era una provocación que conducía a gente como el Marqués de Sade y sus diversas lecturas relacionadas con lo que se llamaba «estructuralismo». Oscar Masotta polemizaba con el psicoanálisis oficial; yo lo acompañaba desde algunas revistas culturales. Cuando publiqué, en 1975, *Macedonio Fernández, la escritura en objeto*, sabía orientarme por el psicoanálisis y evitar lo que se llamaba «psicoanálisis aplicado».

En 1974 Oscar Masotta propone una escuela, pongo mi firma entre los fundadores. Poco antes había leído con atención *El yo y el ello*, y desconcertado por la aparición del «superyó» —que me parecía salido de una galera invisible— le comenté a Oscar Masotta que la cosa me parecía inconsistente. Me respondió que la única respuesta era practicar el psicoanálisis, sin buscar un sistema en los libros de Sigmund Freud. Y menos en los de Jacques Lacan.

La segunda muerte

Oscar Masotta tiene que irse del país poco después de la fundación de la escuela. Termino mi análisis, dejo la publicidad y me dedico a la enseñanza. Escribo *La vía regia,* una novela con un capítulo titulado «Bocas cerradas de las que salen moscas». Nadie, por suerte, se dio por enterado. Llegó el fatídico marzo de 1976, comienzo del terrorismo de Estado.

Inquieto, visito a Oscar Masotta en Barcelona, voy a un congreso de psicoanálisis en Milán, donde conozco a Daniel Sibony, escucho en París clases de Jacques Lacan, quien me concede una entrevista en su consultorio.

De vuelta en Buenos Aires, promuevo la invitación de Daniel Sibony, quien tenía la ventaja de saber castellano. Mal cálculo. Tensiones, llamadas inquietantes.

Muere Oscar Masotta (1979). Con la misma mujer y entonces dos hijos me instalo en Barcelona, donde soy bien recibido por los catalanes estudiosos del psicoanálisis y con recelo por los compatriotas instalados en la ciudad. «Allá como un ausente, aquí como una sombra», escribí, entre dos muertes.

Lo construido desde el encuentro con Oscar Masotta se había esfumado, la ciudad que tanto había deseado en la adolescencia era una Buenos Aires desolada por el terror a la que sería difícil volver por algún tiempo.

En Barcelona de día trabajaba en el psicoanálisis, de noche me refugiaba en restos de identificaciones paternas: iba a beber y disparatar con amigos, en un clima de humor masoquista que no presagiaba nada bueno. La situación familiar me resultaba asfixiante, no sabía cómo actuar con mis hijos. Gracias a la confianza y la ayuda de los que después serían nuevos amigos, logré sobreponerme a esa situación y solicitar un segundo análisis.

De historias a palabras

Acudí a una entrevista analítica en París, cerca de la Place de l'Odéon. En el mismo día y en pocas horas había pasado por una serie de encuentros relámpagos, que como fichas de dominó redujeron una historia a ciertas palabras que podía cruzar de diferentes maneras. Volví a pasar por la vergüenza, la angustia, la culpa. Volví a interesarme por los sueños, por detalles olvidados, por el retorno de lo que se suponía perimido. También, de manera extraña, alguna vez el silencio y la lluvia en la ventana fueron la serenidad de estar en un lugar presente que podría resumirse en un proverbio budista: «Preocuparte por tu suerte después de morir es tan absurdo como interrogarte por lo que será de tu puño al abrir la mano».

La elación de la sala de espera, la fraternidad cómica que se instalaba algunas veces, era el reverso de esa posición de no estar «ni solo ni acompañado» de quien habla en un análisis. Posición que explica lo que Jacques Lacan llamó «milagro del cuerpo», esas lágrimas que suelen acompañar el vacío que habla.

James Joyce se refirió a esas grandes palabras que nos hacen tanto daño pero se olvidó de las pequeñas; miserables palabras de la infancia cuyas cicatrices nunca se borran.

La historia con mi mujer terminaría en el momento en que las identificaciones que la sostenía se borraron a partir de una epifanía que no sabría explicar.

El famoso destino de mi familia era haber probado que el significante del dinero puede abolir cualquier significación —como dijo con fuerza Jacques Lacan— y que la palabra entre nosotros carecía por eso de propiedad alguna. Letras de cambio borradas, enigmas que terminaron por causar risa, pero que no fueron nada graciosos en aquel pasado.

Un día, después de una sesión donde conté que un nativo de Barcelona se refería a los argentinos como unos «buscavidas», caminaba junto a mi analista porque estábamos en el contexto de alguna Jornada de Psicoanálisis: entonces le escuché decir, sin dirigirse en particular a mí, que ese catalán también viviría de algo. Me sorprendí en ese momento. Pero más en los años siguientes, porque me separé de manera definitiva de lo que parecía un destino inexorable. Ahora me ocupo del psicoanálisis y el psicoanálisis se encarga del resto.

JEAN-LOUIS GAULT

Psiquiatra, psicoanalista

LA OPERACIÓN DEL SÍNTOMA

Freud nos ha hecho descubrir una dimensión del síntoma a la que sólo da acceso la experiencia psicoanalítica. Por mi parte, hice la experiencia de esta exigencia clínica la primera vez que encontré al doctor Lacan en persona.

Cuando iba para su consultorio, no sabía que iba a pedirle un análisis. Le había llamado por teléfono, me había propuesto una cita para el día siguiente, y he aquí que me recibía con una exquisita delicadeza. Era yo la persona a quien esperaba. Fui a verle para presentarle un trabajo que había terminado poco tiempo antes y que quería regalarle. Se trataba de mi tesis de medicina. Había tomado como tema de estudio la cuestión de la palabra y su ambigüedad, tema que había explorado a partir del descubrimiento freudiano del inconsciente y rudimentos de la enseñanza de Lacan, con los que comenzaba a familiarizarme. Yo pensaba que mis cogitaciones tenían el objetivo de retener la atención del propio Lacan.

Ahora bien, después de dejarme exponer el motivo de mi visita, se dirigió a mí para preguntarme: «Usted es médico, ¿no es cierto?». Le respondí que en efecto lo era. ¿Por qué me preguntaba eso? —pensaba yo—, ¿acaso esta tesis no lo probaba lo suficiente? Agregó: «Usted sabe lo que es un síntoma, ¿no es cierto?». Asentí. Yo creía saber en efecto lo que era un síntoma, por haberlo aprendido en la Facultad de Medicina. Prosiguió: «¿Puedo permitirme hacerle una pregunta?». Le dije que podía. Me preguntó entonces: «¿Usted tiene síntomas?».

La pregunta me sorprendió. No me esperaba para nada una interrogación personal tan directa. No estaba allí para eso. Había ido para recoger su opinión sobre mi trabajo, y quería entrevistarlo en profundidad sobre las paradojas de la palabra, cuyos principios había descubierto leyéndolo. Había tenido más suerte de la que esperaba, y lo notaba a mi pesar. Lacan, al interrogarme sobre mis síntomas, me hacía descubrir el reverso de la demanda que me había llevado hasta el 5 de la calle de Lille.

Al entrar a su despacho, antes de sentarme frente a él, había puesto en sus manos el volumen de la famosa tesis doctoral que estaba tan orgulloso de presentarle. Lacan no lo había cogido y sin siquiera dignarse a echarle una ojeada, aunque no fuera más que al título de la cubierta, me lo había devuelto sin una palabra, indicándome con la mirada el sillón que me tendía los brazos.

La larga espera que había precedido a ese momento acababa de conocer en un instante su epílogo. Yo había vuelto a coger la tesis, y de golpe todo eso me pareció lejano. Me encontraba ante el doctor Lacan que me preguntaba si tenía síntomas. Respondí sin una sombra de duda. Tenía un catálogo listo, y cuando comencé a describirle los que más me hacían sufrir en ese momento, inicié mi análisis con él.

Salí perturbado de esta primera sesión. Aferrado al ideal paterno del silencio estoico frente al sufrimiento, había aprendido a callar toda queja personal y, a la manera del filósofo que admiraba, avanzaba enmascarado sobre la escena del mundo. La audacia de Lacan había dado razón de esta postura, él había conseguido aflojar la máscara de hierro, y la verdad había abierto la boca. No podía creerlo. Desde ese momento ya no me detendría e iría a hablarle cada semana hasta el día anterior a su desaparición, en septiembre de 1981.

Repensando más tarde en lo que había sido esa primera entrevista, medí lo que Lacan quería decir cuando definió el psicoanálisis como la operación del síntoma. El psicoanálisis, como procedimiento terapéutico opera, es cierto, sobre el síntoma y pretende con eso modificarlo para aliviar al sujeto, pero hay una segunda operación, que es la que ejerce el mismo síntoma en el interior del dispositivo de palabra que constituye la experiencia analítica como tal. El síntoma despliega allí su acción y desarrolla sus efectos.

Es el análisis el que, por su acción, hace entrar al síntoma en el diálogo analítico. Lacan me había hecho una demostración ejemplar interrogándome, contra toda previsión, sobre mis síntomas. Por esa razón también el analista soporta la operación del síntoma, dado que para analizarlo e interpretarlo es necesario que el mismo analista participe en su constitución.

En el psicoanálisis, el síntoma no es una realidad objetiva que el analista podría observar del exterior, como puede hacerlo el médico frente a los síntomas de la medicina. Hay, pues, una dificultad en la medicina para reconocer, abordar y tratar cierta categoría de síntomas que no responden a los criterios de la observación científica objetiva. Esos síntomas los encontramos en el psicoanálisis.

Debemos a Freud el haber aislado cierta categoría de síntomas que se desarrollan únicamente en esta realidad transindividual —la realidad del discurso— que él llamó «transferencia». Le ha dado su dignidad a ciertos síntomas que no pueden ser vistos en una imagen del cerebro, pero que, sin embargo, hacen sufrir y son susceptibles de desarrollar un poder de acción considerable en la relación con el otro. Basta pensar en los fenómenos de identificación que pueden desencadenar sorprendentes epidemias de síntomas y hacer temblar el cuerpo social. Tomando la iniciativa de interrogarme sobre mis eventuales síntomas, Lacan actualizaba al mismo tiempo una realidad hasta ese momento obstinadamente callada y que permanecía para mí mismo desconocida, y de la que él aceptaba asumir por una parte la carga. El enunciado de mis síntomas había respondido a la pregunta que Lacan me había hecho. Dando curso a su pregunta, yo había dado mi acuerdo para tomar por cuenta mía lo que saldría a la luz. El síntoma del que se queja en análisis se inscribe en esa realidad de discurso que se despliega en el lazo del sujeto al otro. Ese síntoma del sujeto no puede ser revelado por un equipo técnico, como puede hacerse en medicina cuando se trata de un síntoma del organismo. Se expresa en la palabra y sólo puede abordarse por la palabra.

Al someterse a la operación del síntoma, que él mismo ha desencadenado, el analista complementa el síntoma del sujeto, se convierte en una parte de ese síntoma y termina siendo el *partenaire*-síntoma del sujeto. Lacan dio el primer paso en esa dirección invitándome a hablar de mis síntomas. A partir de ese momento dejaba de ser el famoso Jacques Lacan, director de l'École Freudienne de París, personaje idealizado hacia el que me llevaba una transferencia masiva y al que iba a ver para que reconociera el valor de mi trabajo. Se despojaba de esos trastos para convertirse en un personaje enigmático que hundía su mirada en mí. Perdía su identidad para transformarse en algo que yo no conocía. Penetraba en el interior de preciosos síntomas hasta entonces celosamente protegidos, los molestaba, y se metamorfoseaba en una parte de mi ser. Por su pregunta, por responderle, me llevaba a alzar el velo que cubría la parte íntima de mi persona para encarnar ese trozo rechazado de mí mismo. Alojado en lo más íntimo de ese núcleo del ser más inaccesible a él mismo, sin embargo, sentado allí, frente a mí, preguntándome, se me hacía extrañamente *éxtimo*.

Arrancándome de la satisfacción silenciosa de mis síntomas, Lacan hacía saltar un primer cerrojo, volvía a poner el deseo sobre sus rieles, la vida encontraba sus derechos, la aventura podía comenzar.

NATHALIE GEORGES

Psicoanalista

A LIBRO ABIERTO

Me convertí en miembro de la Escuela de la Causa Freudiana al final de mi segundo análisis. Desde entonces escribo para reducir la ignorancia feroz de la que fui presa. Las secuencias que he ordenado y puesto en forma de notas son una decantación de mi primer análisis, que empecé el día que mi hija menor festejaba sus veintiún años y que finalizó algunas semanas antes de la muerte de Lacan. La defensa y la ilustración del psicoanálisis hacen necesario hoy la *p'oublication* de esos fragmentos, extraños e inútiles en su persistencia. ¡Qué suerte!

«Las palabras que definen los sentimientos son muy vagas; es mejor evitar su uso y atenerse a la descripción de los objetos, de los seres humanos y de uno mismo; es decir, a la descripción fiel de los hechos», escribe Agota Kristof, en *El gran cuaderno*.

Libros

«Escribir», dicen ellos. Y leer. Libros por todas partes, revistas amontonadas, cajas, columnas. Una instalación, una acumulación movediza y permanente. ¿Qué secta es ésta donde nací? Leer, unir. La cuestión principal en esta casa. Hay que hay que hay que leer, leer, leer. Sin tregua ni descanso. Fuera de los libros, ninguna otra cosa sirve. «Ve a tu cuarto y lee. Aquí tienes todo lo que necesitas, lee. Cállate y lee».

¿Han dicho «superyó»? ¿Qué es un niño? Algo que impide leer, trabajar, escribir. Leer, dicen ellos. Yo sé todo lo que leer no es. Aprenderé, más adelante, que tal vez curiosamente (¿o furiosamente?) es para mi padre algo así como... ¿oler?, ¿inhalar?, ¿rastrear?, ¿aspirar?,¿husmear? Retrato de mi padre como muestra de perro. A Freud le gustaba buscar hongos silvestres...

Tengo catorce años. «Basta de leer esas tonterías —dice mi padre—. Ya es tiempo de pasar a cosas serias». Yo ya sé que eso no puede ser otra cosa que un libro. «Tú no sabes la suerte que tienes —dice mi madre—, yo, que no tenía libros en mi casa». Recibí la llave del mundo con dos libros. Las mujeres están condenadas a gozar por sus impropios medios. Está escrito, allí, en *El muro*, de Sartre, que me da mi padre un día que estará marcado a fuego. Yo leo, no devoro tanto como soy devorada. Leo con la espalda contra la pared, en la inminencia de la salva, en la habitación donde vuelan las estatuas, en la letrina donde Eróstrato acaricia amorosamente su revólver, leo en esa cama donde una mujer goza en soledad y en el cuerpo de esa puta donde el jefe en ciernes descarga la infancia que nunca tuvo. Hubo que descontaminar esas palabras letra por letra, y a pesar de todo lo recuerdo como si fuera ayer... «¿Le gusta Sartre?» «Nunca vuelvo a leerme», dijo él.

Quedan *Las palabras*, no escrito en aquella época. Cuando llegue el momento, trataré de ganar en velocidad a esos bólidos sembrados en el infierno donde el otro, el eterno intruso, vale por todos y vale por cualquiera. El otro libro es *Tess d'Urberville*.

1961. Una mujer publica, en gran secreto, su primer libro de novelas: *Une Mauvaise lecture*. Tengo catorce años. Es mi madre.

Delibro

Un día, vi que mi cuerpo temblaba como una hoja entre dos libros —el diván estaba frente a la biblioteca de mi analista—, giraba y caía a mis pies: una carta. Otro día, señalé que *La interpretación de los sueños* estaba al revés en la biblioteca. Ella se levantó, tomó el libro en silencio y lo abrió ante mis ojos. ¡El ejemplar estaba armado al revés! Ella prefirió poner el texto en su sitio y entonces, en la cubierta, el nombre de Freud y el título quedaban... cabeza abajo. Otro día es un sueño, la declinación de tres palabras: *écru, écuit, écrits*.*

Final de mi primer análisis: «Mi padre me sostuvo la mano, digo a la analista en el umbral de la puerta, perdida por un amor fugado y recuperado, es gracias a él que..., y que, y que, y que...». Sí, dice ella, suavemente pero con palabra firme, y marca una larga pausa donde el abismo del tiempo se estira, yo estoy en apnea, suspendida a sus labios que han dicho tan poco, sí, vuelve a decir y sí, sí, coma, su padre le ha faltado. Salgo titubeando.

Palabras

Otra vez, es una palabra: *néanmoins* (sin embargo), y resulta que una excavadora pasa por mi boca. *Nez en moins* (nariz de menos), y la cuestión judía sale del ataúd donde estaba acostada con ella. La cuestión no es el problema (así abre el libro de Jean-Claude Milner, *Les Penchants criminels de l'Europe démocratique*). *Née en moins* (nacida de menos): las sesiones siguientes cercan ese colmo del sentido gozado en varias ocasiones, en torno a la otra nacida de más, mi hermana de la que no soy más que el boceto o la tachadura. El psicoanálisis me permitió apelar a la respuesta malvada que ese yo feroz hizo existir (*néonmois*), e instruir ese proceso más allá de la punta de mi nariz. ¿Y la seguridad social? ¡Nada!

¿Hay algo antes que nada? La angustia surgió en el lugar en que las llamadas palabras de amor matan las cosas en silencio, para cargarlas mejor de monstruosos poderes que hacen el lecho de su política (Jean-Claude Milner, *La política de las cosas*). Esto que anticipaba *L'Amour du censeur* al que Lacan rendía los honores del «Campo freudiano», en 1974. La urgencia era porque siempre existen intersticios, intervalos, donde se oye lo gozado de las palabras y de la letra, para que se separe un yo, presto, sin lastre. Lacan dijo muchas veces que el psicoanálisis lleva hasta la mitad del camino.

* Palabras con sonoridad parecida en francés. *(N. de la t.)*

Embriagado

Yo escuché a Lacan construir sus discursos en la facultad donde estudiaba derecho. Encantada, literalmente, sin pescar nada de lo que allí se elaboraba. ¿Por qué esa embriaguez de la lengua? Me falta el concepto por excelencia: la garra del semblante, y también un saber hacer con «el mar cada vez reiniciado» que me dará la cura. No sin hacerme oír siempre de manera distinta lo precario de ese don.

Almuerzo. La conversación gira en torno a los sueños, acaba de aparecer *Matière de rêves* de Michel Butor. ¿Freud? *Finished*. Basta. *Hahaha*. Mi padre quiere como prueba su sueño de la noche: «Yo recibía un manuscrito, lo abría, y bien, créame si quiere, en lugar de letras, clavos, había clavos». En sus labios flota una sonrisa incierta. Cruzo su mirada. Recuerdo las risas molestas que hubo antes de que la risa de Butor las envolviera a todas. Hay manía en el aire literario que respiramos. Es el lado pájaro de la pluma. Huir... donde los pájaros son libros, creía... Cada libro, un batimiento de alas y, no menos, *un abrigo*, esa palabra que parasita en silencio mi patronímico, arena donde hundir mi cabeza de avestruz mientras que...

Pantalla

Tengo dos recuerdos, decantados en el transcurso de siete años de mi primer análisis.

Camino de la mano de mi padre. Tengo tres años. De golpe, levanta la cabeza, lo veo hacer señas, ¿qué pasa? Desatornillo mi cuello para ver. «Mira —me dice—, allá, ¿ves a mamá?» «No». «Allá». «No». «Alláááá». «No». Sólo veo su índice apuntando hacia un agujero negro en lugar de la ventana... Se nubla todo, ya no sé qué ven mis ojos o no quieren ver, no quiero saber nada de esa fuerza que hace de mí lo que quiere. ¿Una mujer, mi madre? ¿Y yo, otra? Ya me contarán.

Arriba de la lámpara del salón, entre pilas de libros desiguales, hay un libro, solo, marcado con esa daga que mi padre utilizaba como cortapapeles, y que sobresale. *Still Life*. Estoy allí, plantada, *Héautontimoroumenos*... Les fastidio. Luego existo.

La letra

El niño de letras busca alojarse entre el bastón de la «i» y el punto o el sombrero. La vida no es menos furor. «Y ahora que te arranqué los dientes, víbora, muerde si puedes. Pero antes, mira con los ojos bien abiertos, mira». Así lee el niño de elefante, librado a la jungla que lo habita y que él contiene con mucho pesar: *Impère, hâtivemente*...*

El proverbio

Jugamos en familia (mujeres e hijas) a un viejo juego. Yo debo salir. Ellas elegirán un proverbio. Yo les haré una pregunta a cada una y, en la respuesta, estará oculta una palabra del proverbio. Cuando no hayan más preguntas, el proverbio habrá sido dicho. Lo habré identificado o habré perdido. Pero resulta que en lugar de responder a mi pregunta mi madre me tiende un libro. «Tiens» (toma), me dice. Y las dos estallan de risa. Yo repito, ella también y las risas se amplifican. Yo no entiendo nada. Se terminó. Perdí. El proverbio era: «Un tiens vaut mieux que deux tu auras» (equivalente a «Más vale pájaro en mano que ciento volando»). *Tiens*, pero el *un*, ¿donde está?

Pas de deux

«No, tú no harás danza, es muy caro —dice mi madre—. Y además vuelve muy gruesas las pantorrillas, después me lo reprocharías. Y, además, querrás ser una bailarina estrella, lo que es imposible, tan pocas lo logran, piensa. Y aun cuando lo consigas, a los treinta años, se terminó la danza, y como todas serías acompañante en los salones de baile. Tal como las he visto bailar, en los cafés chics donde encontraba a mi padre, bien acompañado».

* Homófono de *un père*, «un padre» y *hâtivemente*, «de manera apremiante». En conjunto resulta imperativamente. *(N. de la t.)*

Prehistoria

«Tú has nacido —dice mi madre—, porque tu padre no aguantaba más; su hermano gemelo ya era padre, comprendes, yo, finalmente, a mí no me apetecía tanto...». Cuando mi padre murió, dice mi madre —tengo alrededor de ocho años cuando me cuenta esto—, poco a poco empezó a expandirse un olor en toda la casa, después aumentó y se filtró por todas partes. Era un olor desconocido, insistente, indescriptible, innombrable, dulzón y tenaz; infestó la atmósfera durante tres días, dijo ella. Yo no podía respirar, no puedes imaginar lo que era. Y las bañeras, las mucamas con los mangos de las escobas hundiendo nuestra ropa en el negro, toda nuestra ropa, pero no era el olor de la tintura lo que se sentía que no tapaba el olor, el otro, y mi madre toda de negro, dice mi madre, que no paraba de llorar, era mi cumpleaños, y ese día, la multitud, y el féretro en una carroza, y los cuatro caballos con arnés negro, con frenos de plata, y yo, detrás, a pie, en el estiércol, el estiércol, el estiércol, yo no veía otra cosa, dice mi madre, tenía ocho años, dice mi madre, y yo, yo juro que hasta hoy, hasta que esta escritura me libere, juro que estaba allí, dice ese yo que huye.

En la plaza, donde te llevaba a jugar, dice mi madre —yo tenía tres años—, había en el cubo de arena una niña alta trisómica que aterrorizaba a los niños y a los padres que se encontraban allí. «Nyaktoi, que no tenía miedo, contigo ella no le pegaba a nadie, era extraordinario», dice mi madre. No creo haber causado jamás a mi madre ninguna otra sorpresa de ese calibre.

Mis exacciones

A los veinte años curé por casualidad a alguien que se creía áfono. Después tuve motivos para lamentar que mi práctica salvaje de aquellos tiempos no haya sido más clara.

Durante mucho tiempo habré flotado, yo también, sosteniéndome por Dios sabe qué, no por mí, identificada a la joven muerta amada por mi padre en otra vida. Hundida en el espejo, conmemoraba la muerte del hermano muerto que mi hermana matara naciendo mujer. Ésa era la matriz del sueño donde se encarnaría, llegado el momento, mi segundo analista. Es triste y tonta la neurosis. Y qué orgullosa parecía mi madre, contando cómo había dicho severamente sus cosas al doctor C., quien quería que ella me llevara a consultar un psicoanalista. Cuando mi hermana volvió a encontrarlo veinte años después, releímos nuestros informes. «¿A quién quería usted llevarme a ver?» «¡Oh!, seguramente a René Diatkine, con quien yo trabajaba en esa época». René Diatkine. Como estaba en cura con una lacaniana, tuve dificultades para convencerlo de que me aceptara en su seminario de control en el centro Alfred Binet. Y, cuando en ese lugar, presentaron a un joven paciente de los que llaman débil, me atreví a decir que se trataba tal vez de un caso de «cerebro lento», confirmó su desconfianza. Por otra parte, debo agregar que él estaba totalmente equivocado.

Libro de carne

Eva me ha confiado su gran secreto. Su apellido no es su apellido. Su verdadero nombre es Lévy. «Pero si tú lo dices, vendrán a buscarnos para llevarnos muy lejos y no volveremos nunca más. Porque somos judíos». «¿Qué es judío?» Mi madre: «Tú también lo eres».

Dieciséis años. En clase de historia, *Nacht und Nebel*. Me hará falta mucho tiempo para darme cuenta de que esta mujer títere encaramada en esas olas de cuerpo rechazadas por el *bulldozer* era yo, y que yo sepa también, querida Anne-Lise, no era la única. Sigue habiendo, en filigrana, las hogueras de libros, y en esos libros, *schöne Götterfunken*... el nombre de Freud.

Veintiún años. Mayo del 68. Lo colectivo es muy el sujeto de lo individual: en la comisaría del Panteón, unas mujeres jóvenes en cuero negro, armadas con varas, azotan a unos jóvenes mientras de un coro de Fuerzas del Orden monta una letanía: «Qué brutalidad, Dios mío, qué brutalidad». Me despierto. La «Cosa» que me sostiene y fija mi libido a ese cuerpo muerto que me ahoga, la ignoro con todas mis fuerzas. Todavía no tiene el nombre de *Shoa*. Después de Auschwitz, solos Lacan y el psicoanálisis, dice Anne-Lise Stern. El significante «judío» tiene ese poder, dice Philippe Sollers (¿no es en *Femmes*?): cuando se pronuncia, siglos y siglos nos caen en la cabeza. Después de Auschwitz, ya no hay más después. Hay textos. El *Kaddish...* de Kertész, donde el sí y el no miden su estatura, donde se arremolinan la vergüenza y el honor. «Encontrar la frase de antes del lenguaje», dice Fabrice Luchini citando a Jouvet.

Envío

1981. Me encuentro con un amigo novelista, hijo de un psicoanalista de la IPA. Él: «Ya no escribo, sabes, voy a hacerme psicoanalista». Yo: «Bueno, yo también, ¿tú dónde te formas?». Él: «Sabes, entre los locos y los idiotas, elegí los idiotas». Yo: «...».

Posdata: Resulta que hablo con mi hermana de *El libro negro*, pienso en ese dicho de Claudel que Lacan cita y me escucho decir que lo peor no es siempre... hermana... Divino lapsus. ¿Un nuevo amor? *Es ist vollbracht.* Henos aquí, treinta años después, como escribió Gennie Lemoine, «en el tiempo». Fuertes por la experiencia del *La Gloïre de L'Arrache-Coeur,* nos mantenemos en las líneas entre las cuales nos deslizamos y ésa es decididamente nuestra alegría: reducir lo peor a su expresión más digna. Dedico entonces estas líneas a «mi hermana».

PIERRE-GILLES GUÉGUEN
Psicoanalista

RETORNO SOBRE UN RETORNO

La dimensión del después, o sea del tiempo reversivo, es esencial al psicoanálisis. Recién hoy puedo nombrar lo que me ocurrió en otro tiempo e, igual que el narrador de *El tiempo recobrado*, sentir un alivio.

Yo no estaba hecho para ser psicoanalista, en eso seguramente igual que todo aquel que lo es. Yo había tomado un camino poco ortodoxo, en todo caso muy alejado de la cura o de la psicología: estudios de derecho, después de gestión, después un puesto universitario que me llevaría a dejarme tentar por una oferta. Esta oferta, que provenía del gobierno de Valery

Giscard d'Estaing, proponía a muchos jóvenes universitarios que se conviertan en los introductores del *management* a la americana en la Francia pos-68. La apuesta era darle un amplio anclaje universitario, porque hasta ese momento lo estudiábamos como subproducto del derecho o de la economía. Mirándolo bien, el injerto prendió y quizá prendió muy bien, porque vemos, para sorpresa nuestra, que la doctrina de la evaluación se propaga en campos que hasta hoy estaban reservados al acto, tales como la política o el campo llamado de «la salud mental».

Las contingencias de los brillantes jóvenes enviados a las universidades del continente norteamericano con gastos a cuenta del Estado, apoyándose en las tecnologías informáticas, colmaron el «retraso» de Francia en materia de gestión. Es probable que también hayan contribuido a obturar otra dimensión vital, la del sujeto del inconsciente por el que el mundo americano ya casi no tiene sensibilidad.

Yo no sabía realmente por qué no me había quedado en Estados Unidos, como había previsto entonces y como habían decidido algunos de mis condiscípulos. Ignoraba qué llamada había escuchado para regresar a Europa. Me gustaba ese país y su estilo de vida, en donde progresaba a buen ritmo, disfrutaba también de la universidad opulenta, el gusto y el respeto por el saber, que me parecía mucho más vivo que en la universidad francesa. Allá, el saber tenía su precio, hasta me gustaba la idea de que se ahorra para adquirirlo. Por otra parte, se podía entrar a un curso a cualquier edad, lo que sorprendía al joven francés que yo era.

Sin embargo, a pesar de esos atractivos, me taladraba un malestar en los estudios de gestión a los que me había aplicado y para los que debía encontrar un tema para la tesis. Según mis directores, toda búsqueda no podía ser otra cosa que una búsqueda estadística. El «calificativo» tenía mala prensa. Solamente el tratamiento cuantitativo de los cuestionarios más o menos mal hilados podía tener prestigio y reconocimiento. En cuanto a los numerosos cursos de psicología que había seguido, daban de la especie humana sólo un cuadro fragmentado de diversas «teorías» empíricas dispersas. Se contaba con los progresos de la ciencia y la unificación que ésta no dejaría de aportar para dar cuenta de lo humano, de sus dilemas, de sus dificultades para ser, de los cuales mis síntomas atestiguaban la realidad tangible. El saber dispensado por la universidad sólo podía ser progresivo y acumulativo y, sin embargo, la única unidad que había allí era de compilación.

Me intrigó el hecho de que el psicoanálisis, del que había tenido conocimiento vagamente en el último año de bachiller, estaba sistemáticamente eliminado del cuadro: también pasaba muchas tardes en una cómoda biblioteca que ya estaba completamente informatizada, leyendo lo que se me negaba —en la Standard Edition—. El tiempo pasaba, y como me parecía cada vez más vano un tema de tesis sobre «la teoría de la atribución», empecé a lamentar no tener mi lugar en el fenómeno de la transferencia colectiva del que Lacan era objeto en Francia. Yo había leído a Foucault, me había apasionado particularmente *Vigilar y castigar* y *La arqueología del saber*, pero Lacan se me resistía. En eso me intrigaba porque se decía que era el continuador de Freud.

También a partir de ese momento tuve la intuición de que la extensión del psicologismo que había rechazado (el que impone la correspondencia de la inteligencia y de lo inteligible, como dice Lacan en su lección sobre los nombres del padre) ya estaba en marcha en la sociedad francesa, y particularmente entre los cuadros dirigentes y la alta función pública. Ese mismo psicologismo es el que nos proporciona hoy el imperio de la evaluación. Para intentar despegarme, estudiaba con esperanza una nueva disciplina que se llamaba «desarrollo de las organizaciones».

Ese campo de estudios naciente proponía proceder en las empresas pero también en las administraciones en la operación del «cambio planificado», por técnicas desprendidas de la psicología de grupos y de la sociología. En una sociedad en la que se consideraba que los objetivos de eficacia y de maximización del aprovechamiento debían ser compartidos por todos, la dinámica del cambio podía —se pensaba— ser manejada de manera no conflictiva para una autoevaluación en pequeños grupos de los mejores medios para alcanzar esos objetivos. Los «consejeros» —todavía no se les decía «expertos»— encargados de poner en práctica el proceso, estaban presentes nada más que para facilitar la puesta en práctica y asegurar la buena comunicación hacia los elementos superiores, inferiores y laterales de la cadena jerárquica. Se pensaba que así toda la empresa habría adherido de antemano a los objetivos de la jerarquía superior y se reconocería en las órdenes dadas y las opciones estratégicas elegidas. Se trata, en suma, de un método «participativo», como les gustaba decir, y que efectivamente, en el interior de un cuadro determinado, supone allanar negociaciones y conflictos, taponar los choques y regular la motivación. Sin efectos de escisiones, sin costos de huelgas, etcétera, sin «quinta columna»: la jerarquía da un cuadro general dentro del cual cada uno se supone que encuentra su propia propuesta y, por tanto, que está «motivado» para cumplir... ¡Qué bonito sería recibir del Otro su mensaje de forma directa y no de una forma invertida!

Me preguntaba cómo podía ser tratado un recalcitrante en ese proceso tan aceitado... Ninguno de los libros disponibles daba cuenta de eso: no hay lugar en un dispositivo tal para lo que allí hace síntoma...

El auge increíble de esos métodos ha sido ampliamente favorecido y ampliado por la llegada de la informática y su aplicación en las «teorías de la decisión». En efecto, los datos recogidos por los procedimientos de grupos de palabra podían ser tratados, analizados, cuantificados y sintetizados cómodamente. Asistíamos entonces a la puesta a punto de métodos estadísticos que permitían analizar los datos —también cualitativos— y presentarlos en gráficos agradables a la lectura que tenían como efecto, hacer desaparecer, detrás de una fachada «objetiva», la interpretación, la parte subjetiva del estadista. Por otra parte esas mismas técnicas de análisis estadísticos multidimensionales son los que el sociólogo Pierre Bourdieu utilizó en su libro tan popular *La distinción* sobre los gustos de los franceses. Los recientes informes del INSERM (Institut National de la Santé et de la Recherche Médicale) sobre la salud mental los denominan metaanálisis. Éstos constituyen también el fondo del DSM. Ese desarrollo fulgurante de las tecnologías de la informática permitía mejorar también las técnicas de sondeo y regular las decisiones políticas sobre sus resultados creyendo así satisfacer al supuesto deber de escucha.

Yo decidí cambiar el tema de la tesis e inspirarme en Foucault para empezar un análisis crítico de esa disciplina.

Un día de septiembre, en 1974, me embarqué en el paquebote *France*, en el último viaje que realizó a París. Quedó atravesado en el puerto del Havre, inmovilizado por una huelga del personal. Me reencontré con Francia y sus embrollos, pero también con su vigor en oposición al mundo intelectual aséptico ya tan expandido en la sociedad estadounidense.

En junio de 1978 yo debía sostener una tesis universitaria, esbozada en Estados Unidos y luego finalmente repatriada a la universidad francesa, en la que intentaba mostrar que la operación efectuada por los métodos de cambio planificado era del mismo orden que la que había acompañado el auge del capitalismo burgués en el siglo XIX desde la Revolución francesa, sustituida en el siglo XX por el taylorismo. La novedad era la propagación de un taylorismo con rostro dulce, destinado más particularmente al sector terciario y a los empleos de escritorio y de encuadre: el mismo moralismo puritano, la misma idea de un tiempo social orientado y acumulativo, la misma moral de la satisfacción consumista al precio de la renuncia al deseo y a la singularidad, la misma promoción de un régimen de lo infinitamente útil y de lo impecablemente reglamentado, el mismo dominio sobre el cuerpo, ya no por las máquinas, sino por los protocolos.

Más tarde me di cuenta de que, en esos cursos en el Collège de France, Foucault había extendido sus trabajos, en el mismo tiempo en que yo redactaba esa tesis, en el espacio social contemporáneo. Con la amplia visión que lo caracteriza, él señalaba que el nacimiento de los biopoderes es correlativo al desarrollo del pensamiento neoliberal en Estados Unidos. Efectivamente ésa es la época en que ese movimiento de pensamiento, muy distinto del liberalismo europeo anterior, abría una primera calle en Francia con la llegada de los discípulos franceses de la Escuela de Economía de Chicago, muchos de ellos, mis cobecarios.

Contacté, apenas puse el pie en París, con un analista lacaniano, después con la Escuela de Lacan, después, mucho más tarde, decidí arriesgarme yo mismo a practicar para otros el análisis. Lo que me había sido negado en la universidad norteamericana hacía retorno para dedicarme a la tarea de desenredar los embrollos con lo real.

AMANDA GOYA

Psicoanalista

Y AL COMIENZO ERA LA ANGUSTIA...

¿Cómo me encontré con la disciplina freudiana? Estaba cerca de mí, en mi entorno sociocultural, sólo había que estirar la mano. Argentina de nacimiento, perteneciente a una familia de muchas generaciones en el país

—el primer Goya que emigró de Guipúzcoa se radicó en Argentina en el año 1800—, mi amor al saber me condujo rápidamente, al salir a mis dieciocho años de un escuela religiosa con el título de maestra, a la Facultad de Filosofía y Letras para matricularme en la carrera de filosofía.

Pero entrar en la Facultad de Filosofía y Letras de la Universidad de Buenos Aires en 1968, año del impacto de la revuelta parisina cuyos ecos se dejarían fuertemente sentir, fue para mí un revulsivo.

Para una joven en rebeldía con los ideales familiares, deseosa de participar en el movimiento del mundo, ese hervidero sería el caldo necesario donde se cocerían dos elecciones cruciales en mi vida, elecciones que trazaron las vías por donde habría de transitar en el futuro: la militancia política, una; el psicoanálisis, la otra.

El nivel de politización de los estudiantes era tal —basta recordar que al año siguiente ocurrió el *Cordobazo*— que no se podía permanecer indiferente ante esa ebullición de ideas, de luchas, de amores y desamores, de encuentros y desencuentros.

Convertirme en militante de izquierdas hizo que franqueara algunas barreras, y esto me llevó a desplazar mi interés desde la recién comenzada carrera de filosofía, hacia la de sociología, carrera en la que la militancia política estudiantil encontraba las fuentes doctrinales de sus posiciones ideológicas: el marxismo y los nacionalismos al uso de la izquierda latinoamericana. Gunar Olson, Alcira Argumedo, Juan Carlos Portantiero, Mauricio Malamud... son algunos de los nombres de los que intentaban transmitir estas fuentes doctrinales, sirviéndose incluso a veces de nociones importadas del psicoanálisis. Fue en ese contexto precisamente, en una clase de Alcira Argumedo, cuando por vez primera escuché hablar del «estadio del espejo», según un psicoanalista francés de nombre Jacques Lacan.

Ya conocía a Freud para entonces, pero aún no se había producido el gran encuentro, algo que ocurriría tiempo después, con su obra *El malestar en la cultura*, cuya lectura tocó mi cuerpo. Pero esto sucedió cuando ya había comenzado mi primer análisis. Tenía veinte años.

¿Qué me llevó a ese primer análisis? La angustia, pura y dura, la señal en el cuerpo de algo imposible de soportar que no hallaba exutorio alguno. Ocurrió en el cine, viendo una película del director brasileño Glauber Rocha. Se titulaba *Antonio das Mortes.* Era una durísima historia sobre un mercenario al que llamaban *matador dos Cangaceiros*, porque su oficio era perseguir y exterminar a los rebeldes, los que se levantaban contra los señores feudales dueños de la tierra. Pero, después de liquidar con una hacha en un duelo infernal a su mayor adversario, *Antonio das Mortes* da un giro y se vuelve él mismo *Cangaceiro,* es decir, líder de los rebeldes, y ataca a su antiguo patrón.

La horrible visión de esta figura de un *padre terrible*, reverso sanguinario y cruel del *padre idealizado*, hizo zozobrar la estabilidad que procura el fantasma, y la brutal angustia se apoderó de mí. Así llegué a mi primer análisis, donde poco a poco comencé a descargar el enorme fardo familiar que pesaba sobre mí. Entonces, descubrí el lugar que deseaba ocupar en esa trama. Se trataba de sostener, ¡y a qué precio!, el deseo del padre idealizado.

Completamente alienada a la fórmula el deseo es el deseo del Otro, fue una interpretación que muchos años después recibí de mi psicoanalista parisino, a partir de la cual los estragos del amor comenzaron a tomar la forma de un *síntoma analítico*. Esta cura me condujo, a través de un largo itinerario, al horror despertado por el padre del goce, como en su día lo hiciera *Antonio das Mortes*, reverso del padre idealizado del amor y del saber, como ya he dicho, experimentado esta vez en la transferencia.

Pero fue en el curso de mi primer análisis, muchos años antes, cuando tomé la decisión de matricularme por tercera vez en otra carrera, esta vez psicología, con el objetivo de obtener un título que me permitiera en el futuro dedicarme al psicoanálisis. La decisión fue contundente. ¿Acaso provenía de una identificación con mi analista de entonces? ¿O se trataba de un deseo causado por un verdadero hallazgo, el de los efectos de verdad de mi inconsciente? Lo cierto es que me aboqué a la tarea. Con las asignaturas que se me reconocían de las carreras anteriores pude licenciarme en psicología en apenas tres años más.

Mientras tanto, mi análisis proseguía. Había dejado la militancia, me había casado, había tenido un niño, trabajaba algunas horas y acudía regularmente a los grupos de estudio sobre psicoanálisis y disciplinas afines. Mi formación en psicoanálisis estaba en marcha. Al tiempo, tomé algunos pacientes y comencé con la práctica regular de la supervisión, mientras acudía como asistente voluntaria al hospital Moyano, un psiquiátrico de mujeres.

El deseo por investigar la psicosis cobró una fuerza repentina al descubrirla abruptamente en el seno mismo de lo familiar. Lo más cercano y extraño se dieron cita a la vez, poniendo a prueba lo que soportaba a la estructura subjetiva en su anudamiento.

El recurso al psicoanálisis, el mío, y el que me proponía practicar, resultaba ser un buen tejido para remendar un agujero que me precedía en la genealogía, una *forclusión* entrevista en el filo cortante de la locura. Sería necesario un largo peregrinaje a París a realizar un psicoanálisis orientado a lo real, para que este síntoma (*sinthome*), tomara la forma que hoy tiene.

Una vez atravesado el *furor sanandis* —al que parecía abocada, en tanto histérica, por identificación con el deseo del Otro según el libreto de mi tragicomedia *edípica*—, el discurso analítico, incluidos los lapsus del acto del analista, no cesa de enseñarme.

En el año 1977 tuve que salir bruscamente de mi país, como tantos otros, huyendo de la dictadura militar, y me radiqué en Madrid, donde establecí un fuerte lazo con el Campo freudiano desde su fundación, a principios de los ochenta, lazo que aún perdura.

Mi deuda con el discurso analítico, con Freud, con Lacan, con Miller, con mis interlocutores, con mis amigas psicoanalistas, con mi hijo y con mi marido, por soportar el escaso tiempo que les dedico, creo que sólo puedo devolverla, en parte, con mi relación a la «causa analítica». Al menos, no sé hacerlo de otro modo. ¿Acaso esta relación con la «causa analítica» corrige los fallos del nudo de tres, «Real-Simbólico-Imaginario»?

Tener una causa, es decir, advenir como sujeto activado por la causa del deseo, en una época de la civilización mordida por la banalidad y la obsolescencia creciente de los deseos o por la apatía no es poca cosa. Me cuento así, respondiendo a la última de las preguntas, entre aquellos a los que les importa el devenir de la disciplina freudiana, en un tiempo en el que la alianza entre la ciencia, el poder político y el mercado globalizado, animados por un deseo de dominio y de expoliación de la plusvalía, atentan sistemáticamente contra el sujeto individual, contra lo más propio de cada uno, eso que ninguna evaluación podrá reducir jamás a cero.

En los años setenta decía Lacan que la Escuela de Psicoanálisis podía constituirse en un cierto refugio contra el malestar en la cultura. Hoy estamos allí donde anidan los síntomas contemporáneos, en la ciudad, con la práctica del psicoanálisis aplicado a los sujetos que aún quieren ser escuchados en su exclusiva singularidad. Pero esto exige de nosotros una puesta a prueba permanente del psicoanálisis puro, el que tiene al pase como horizonte lógico de la cura, el que concierne a los psicoanalistas en formación, una formación que —a diferencia de la cura— sólo se concibe como infinita.

«Mejor, pues, que renuncie quien no pueda unir a su horizonte la subjetividad de su época», concluía Lacan en «Función y campo de la palabra y el lenguaje». Cincuenta años después, esta apuesta sigue en pie.

ROLAND JACCARD

Periodista, escritor

VEINTE GOTAS DE NARCISISMO

Tenía veinte años. Vivía con el terror de encontrarme con mi doble: me habría tratado de impostor y devuelto a mi nada. También temía ser emasculado y metamorfoseado en mujer. Sufría de eyaculación precoz y de hiperacusia... Me jactaba de mandar al hospital psiquiátrico a las chicas que me amaban, pero presintiendo que el verdadero enfermo era ese pequeño cabrón que veía en el espejo.

Para sondear a fondo, me lanzaba febrilmente en la lectura de obras de psiquiatría y psicoanálisis. Tres de ellas provocaron una deflagración interna: *El libro del ello*, de Georg Groddeck, *El autoanálisis*, de Didier Anzieu y *La Névrose de base*, de Edmund Bergler.

Decidí que ya era tiempo de empezar un análisis. En una decena de sesiones, mis modestos delirios se disiparon como por encanto. Me quebré, pero consciente de que el verdadero trabajo por fin comenzaba. Hacer el duelo de nuestros síntomas es menos fácil de lo que parece, porque son constitutivos de nuestro ser. Andaba mejor de lo que me imaginaba, pero era menos interesante de lo que creía. Mi narcisismo sufrió un duro golpe. No sorprende que algunos años después haya estado unido a Béla Grunberger, gran maestra en la materia que clamaba con gusto que había tres contraindicaciones fundamentales para el psicoanálisis: el cartesianismo, el cristianismo y el izquierdismo.

Tenía en mente hacerme psicoanalista —síntoma de una afligente banalidad—, y tuve que pasar algunos años en el diván de Serge Viderman —que compartía con Sarah Kofman— para aceptar que mi doble tenía razón: mi camino era el de la frivolidad y la impostura, del nihilismo terapéutico y de los pequeños escritos en honor a las chicas.

Le debía a Freud el haberme permitido integrar mis síntomas antes que ser desintegrado por ellos. Por lo demás, veinte gotas de narcisismo por día bastarían. También le debía el haber puesto el acento sobre un punto central en nuestras vidas (en la mía por lo menos): la ambivalencia. La adhesión a una causa, por muy amada que ésta sea, todavía me angustia: además de revelar cierta estrechez de espíritu, deja presagiar lo peor. Por eso, en defensa del psicoanálisis, que, por otra parte, no lo necesita, siempre he preferido el sarcasmo de Karl Kraus, de Schnitzler o de Wittgenstein. En cambio, cada vez más me ocurre preguntarme si el tipo de hombre al que se dirigían los primeros psicoanalistas todavía existe. Karl Kraus consideraba a Viena como la estación meteorológica ideal del espíritu humano. Entonces, los meteorólogos del alma, suponiendo que quede alguno, ¿adónde emigraron?

BENOÎT JACQUOT

Cineasta

LA VERDAD DEL PSICOANÁLISIS

Tenía dieciséis años cuando leí *La interpretación de los sueños*, y cuarenta años después hice una película donde Freud es uno de los personajes principales. Todo lo que importa, en lo que se ve, en lo que se oye, en lo que se lee, está marcado o aclarado por la «disciplina freudiana». La verdad del psicoanálisis es tal que los estafadores no pueden dejar de llamarla estafa. Y además sé de lo que hablo, he encontrado demasiados hombres y mujeres que han sido realmente salvados por el psicoanálisis como para dejar que se diga.

LAURENT JOFFRIN

Director de redacción del Nouvel Observateur

EL PERIODISTA Y LOS «PSI»

¿Qué mosca le picó? En el pasado todo impedía a *L'Obs* tener en cuenta un libro como *El libro negro del psicoanálisis*; *a fortiori* publicar buenos artículos. Con el humanismo camusiano o las «filosofías de la sospecha», el psicoanálisis era una de las hadas que envolvían la cuna del periódico. Su espíritu impregnaba a la redacción, su vocabulario irrigaba sus artículos, psicoanalistas famosos gravitaban en torno a él. *L'Obs*, por naturaleza, era «psi». Entonces ¿por qué este desvío, por qué esta incongruencia, por qué este crimen?

Porque, piensen lo que piensen los sociólogos, la vida de los medios escapa al determinismo cultural. Situado en un «campo» particular, como hubiera dicho Bourdieu, *L'Obs* no sigue forzosamente las reglas. Tal vez es más libre de lo que se cree... En todo caso el maléfico azar desempeñó su papel. Nosotros ya habíamos trabajado con la editorial Arènes sobre un excelente libro sobre el recuerdo del Desembarco. Ecléctica, la casa me propuso a principios del verano su opus antifreudiano. Pedí consejo. Enseguida cayó el diagnóstico: ¡con el índice! ¿Había que publicar? La pregunta en sí misma era escandalosa y no debía de ser planteada. Me hablaron como los buenos curas de mi primera juventud evocaban Gide o Zola: con un tono incómodo y reprobatorio, lleno de conmiseración por el pecador inconsciente que no mide la gravedad de su caída. Dicho de otro modo, el asunto era tentador...

De esa manera, una noche de verano, con esas novecientas páginas llevadas de vacaciones, alejé a los míos, cerré las persianas y ventanas, puse dos vueltas de llave a las cerraduras y, en una penumbra protectora, a la luz de una lámpara única y discreta, abrí *El libro negro*. Decepción. Ningún demonio destructor se apoderaba del lector, ninguna fascinación del Mal, ninguna erección adolescente. Un grueso libro disparatado, a menudo polémico más que de sentido común, hábil en algunas partes, gracioso en otras, agresivo muchas veces, grosero otras, pero argumentado. Leo hoy en la amable circular enviada por *La Règle du jeu* que *El libro negro* es «imbécil». Es completamente falso. A menos, por supuesto, que se tome a Aldous Huxley, del que se puede leer un texto clásico, a Isabelle Stengers y su maestro Karl Popper, a Tobie Nathan, psiquiatra y etnólogo, sin hablar de un montón de universitarios titulados, jefes de servicios hospitalarios y profesores de psicología por una pandilla de simples de espíritu, lo que sería de todos modos llevar un poco lejos la arrogancia. ¿Erróneo, ese libro? Se podría pensar. ¿Partidario? ¿Falso? Quizá. Imbécil, no.

Después de todo, me di cuenta enseguida de que los argumentos de autoridad ocuparían lo esencial de la polémica que inmediatamente se desató contra esas páginas heréticas. La primera, a principios de agosto: esta prosa, me dicen, era antisemita. ¡Diablos! El asunto tomaba un giro extraño. De modo que una lectura atenta no me había permitido detectar en esa literatura la marca horrorosa de la Bestia. Verificaciones, relecturas, búsqueda en los intersticios del texto: el antisemitismo denunciado era invisible al ojo desnudo. A lo mejor era todavía más peligroso. ¿Yo iba a garantizar un texto perverso, un panfleto vergonzoso, un Protocolo de Sabios de Freud? Se planteó la cuestión a Catherine Lévy, coordinadora de la obra. En una variante del hombre que ha visto al hombre que ha visto el oso (marrón), se comprobó que un autor presente en el libro, un día, había hablado bien de otra obra (sobre el psicoanálisis) publicado por un autor ligado a la extrema derecha. Pero que había dado marcha atrás en cuanto constató el error... Sobre todo aparecía que numerosos autores del libro pertenecían a la izquierda más clásica y que su posición racionalista y antifreudiana no reflejaba evidentemente ningún prejuicio étnico o racial. El proceso era nulo y sin valor. Descarté, pues, la acusación de antisemitismo, que por otra parte después desapareció... Pero ¡cómo reaccionó París! Llegó a mis oídos ¡que se tachaba también de antisemitismo a la periodista de *L'Obs* encargada del *dossier*! Acusación ultrajante y ridícula que fue muy felizmente rechazada de plano.

La segunda acusación era un poco más seria. Esos autores, me vuelven a decir, son miembros de una facción nociva, llamada «TCC», por «terapias cognitivo-comportamentales» (con semejante nombre, uno se pregunta cómo pueden seducir...). Estos dignos sucesores del doctor Coué, que niegan la eficacia de la cura psicoanalítica, preconizan sin razón que el sujeto se haga cargo de sí mismo, desdeñan los fascinantes meandros del inconsciente, descuidan la función fundamental de lo reprimido, relativizan el rol de las pulsiones sexuales en la formación del psiquismo, de hecho no son más que agentes de estipendio de los *trust* farmacéuticos y ellos mismos son la emanación de las fuerzas oscuras del imperialismo *yankee*. Después del fascismo, el ultraliberalismo. Decididamente el hábito es muy amplio... Después de investigar, se descubrió que esas TCC, si bien tienen numerosos apoyos en Estados Unidos, son internacionales y que sus padres fundadores están lejos de ser todos norteamericanos. Se descubrió también que su sumisión a los laboratorios farmacéuticos no está demostrada en absoluto, no más, en todo caso, que la de cualquier médico que prescribe cualquier medicamento. Y que en el ámbito hospitalario muchos psiquiatras de formación freudiana también administran, sin hacer de ello un problema, medicamentos psicotrópicos, con los que esperan con razón, por reducción de los síntomas, un alivio para el paciente y una posibilidad de acción para el terapeuta. ¿Ellos también serían agentes de los *trusts*?

Una vez dejadas de lado las presunciones, *L'Obs* publicó extractos del horrorífico libro cuya negrura diabólica se desprendía en especial por un puro y simple proceso de brujas. Siguió a eso por supuesto un diluvio de cartas en las que los argumentos de razón eran como pepitas perdidas en una espesa ganga anatemizada pero donde, a la inversa, un gran número de pacientes que recurrían a las TCC nos agradecían por haber, por una vez, dado la palabra a sus terapeutas.

Yo no sé quién tiene razón o quién se equivoca. Los psicoanalistas serenos —que los hay— se cuidan bien de ponerse a tono con la denuncia. Ellos matizan, refutan, argumentan, explican y ponen en perspectiva. Para ellos, las terapias deben coexistir y, en todo caso, completarse. Simétricamente, a los partidarios de las TCC no les cuesta reconocer que ateniéndose sólo a los síntomas, ellos se mantienen en los lindes del alma humana y que a menudo desean fervientemente penetrar en ella, a la aventura, a la manera de los freudianos. Los de ambos campos son convincentes.

Abordando el fondo de las cosas, por medio de razonamientos construidos expresados en una lengua clara, los psicoanalistas pueden defender su causa. Y no por la publicación frenética de requisitorias tan virulentas como oscuras, fundadas en sofismas encajados unos dentro de otros, adornados con juegos de palabras asestadas con un tono solemne y cuya debilidad lógica apenas está camuflada por una jerga autoparódica. Dos discursos, repetidos al infinito, perjudican especialmente al psicoanálisis. El primero quiere refutar de antemano cualquier intento de evaluación racional de la cura psicoanalítica. Sin embargo, Freud edificó su éxito, en un comienzo, sobre una presunción de eficacia. Reclutó pacientes y discípulos porque prometía la atenuación de los síntomas por el descubrimiento de traumatismos ocultos... Él creía en la ciencia. ¿Por qué no sus herederos? Si las evaluaciones que se proponen son insuficientes o tergiversadas, ¿por qué no elaborar otras, antes que recurrir sin cesar a pruebas inverificables o a afirmaciones infalsificables y remitir para todo lo demás, como un creyente, a los escritos del profeta? Esta actitud tiene un nombre: el dogmatismo. ¿Quién puede creer en eso?

De la misma manera, ni bien se habla de terapia, el «psi» enfurecido esgrime el argumento definitivo: ¡alto allí, pobre cándido, el psicoanálisis no busca curar! Es exploración incierta, retorno de sí, inmersión introspectiva y búsqueda de los fundamentos del yo. ¿Curar? ¡Es bueno para los patanes! Argumento posible, después de todo: la cura sería un ejercicio de autoanálisis y no una terapia. ¿Por qué no? Pero entonces, de una u otra forma, debe escribirse en la placa que se atornilla a la entrada del consultorio: «Aquí no se cura». ¿Y por qué, en los documentos que resumen los objetivos fijados en los centros psiquiátricos de infancia y adolescencia, completamente impregnados de psicoanálisis, se lee una clara referencia a la eficacia de las terapias propuestas, si precisamente la búsqueda de la eficacia es un deslizamiento «ultraliberal» o una «normalización de las almas», «un formateo de las conciencias»? Si el psicoanálisis no es una terapia, que se diga, que se proclame. Pero si lo es, que se acepten sus consecuencias: el paciente tiene derecho a interrogarlo sobre sus resultados.

Al escribir esto, sabemos que muchos psicoanalistas juzgarán de «imbéciles» estos propósitos. Pero absteniéndose de responderlos, se inducirá inevitablemente al lector a considerar que, a fuerza de condescendencia, a quien se toma por un cretino es al analizante.

PHILIPPE JULIEN
Psicoanalista

ACOGER EL SÍNTOMA

Las críticas contra el psicoanálisis han existido siempre, desde que Freud lo inventó, hace un siglo. Yo hice la experiencia de un análisis a partir de los problemas que me planteaba la sexualidad. Acudí a él como consecuencia de la incapacidad y de la ineficacia de los consejos y de los imperativos de varios discursos: el médico, el educativo, el psicológico, el paternal y el religioso. En cada caso se me decía que mis síntomas debían ser curados identificándome con un modelo ideal y jerárquico para las autoridades de esos discursos. En efecto, para ellos el síntoma es una enfermedad y debe curarse encontrando el estado anterior supuesto normal, y de este modo integrarse a las normas sociales.

Es en ese punto donde el invento del psicoanálisis hace ruptura: el síntoma no es una enfermedad que debe ser curada, sino un signo que viene del inconsciente personal y que abre una falla en la norma anterior con miras a la creación de un nuevo porvenir. Es así como la verdad habla. La experiencia analítica, posible por la regla de la asociación libre, mediada por el diván, me permitió apropiarme de mi deseo inconsciente con la ayuda de mi analista, siempre atento a los testimonios de las formaciones de mi inconsciente: sueños, síntomas, actos fallidos, bromas.

La eficacia del psicoanálisis es la de la conquista progresiva de un saber sobre la alteridad entre lo masculino y lo femenino, alteridad irreductible que la práctica analítica nos enseña a reconocer, so pena de caer o bien en la depresión, o bien en el odio contra la notoriedad pública del psicoanálisis. Este odio mundial es la señal de que el psicoanálisis está todavía vivo y activo por su método, su arte de bien decir y su ética de la ley del deseo, que se opone a los otros discursos fundados sobre una ética del bien y del bien-estar como para ser recompensado a cualquier precio, por deber y por sumisión, con las sugerencias de los llamados expertos.

La hostilidad pública contra el psicoanálisis se manifiesta hoy en el progreso norteamericano y europeo de las diferentes psicoterapias. Es inevitable en la medida en que la ley del deseo pueda llevarnos al cuestionamiento de los poderes establecidos y a una singularidad marginal. ¿No ha sido ése el destino de Antígona frente a Creonte? Los artistas y los místicos lo saben desde siempre, ¡mucho antes que los psicoanalistas!

JEAN-PIERRE KLOTZ
Psiquiatra, psicoanalista

DESIDENTIFICAR AL PSICOANÁLISIS PARA QUE PUEDA HABERLO

¿Qué es, o quién es (*quod est, aut quid est*) el psicoanalista? He aquí una cuestión que deja suponer una respuesta, bajo la forma de «El psicoanalista es...», que permitiría identificarlo, designarlo por sus atributos, con un concepto o rasgos que marcarían un resultado. Pareciera que esos términos podrían dar una palabra sobre la que el psicoanalista pudiera apoyarse para obrar. El conjunto tendría las apariencias de un problema que hay que resolver con medios convenientes: bastaría aplicar la técnica.

Pero ésas no son más que apariencias. En el lugar de la respuesta esperada no deja de surgir una nueva pregunta. El psicoanalista, como resultado de la cura llevada a su término, deja al analizante sin respuesta automática, sin que pueda evitar poner su deseo. Para un analizante, es crucial encontrarse en ese cruce, y darse cuenta de que el psicoanalista no puede apoderarse de una identificación que lo haga un ejemplar conforme a un modelo cualquiera. La ausencia de tal respuesta desemboca en el único recurso de una formación infinita sobre el fundamento de un análisis llevado a término. Porque la producción y la emergencia del psicoanalista se distinguen por su formación y su preparación. La conjunción de la no conformidad y de la infinitud de la formación abre al menos la posibilidad de un abordaje de la práctica menos falaz que otras. Lacan cuestionó la definición del psicoanalista como identificada al «yo de analista», un yo reforzado, civilizado, armonizado, alisado de sus asperezas incongruentes por su paso por el análisis calificado de didáctico. El yo estaría entonces «mejorado», distinto del síntoma, que no sería otra cosa que un «de sobra» del que convendría deshacerse con medidas técnicas idóneas. Para Lacan, el analista está más bien fuera de sí mismo, fuera del yo, y aun, fuera del sujeto, ese que debe ser supuesto al saber para poner en marcha la experiencia analítica.

El correlato de esto es una desidentificación, con la desidealización que de ello resulta, con un desplazamiento de la apuesta a la formación por el lado de la elección, de una dimensión ética y no técnica. La práctica en los puestos de comando no puede ser posible sin una definición ética del psicoanalista. Debe elegir para ser. Eso es lo que deja al menos escuchar que el analista no es un sujeto en tanto funciona. Para decirlo con mayor precisión, está separado del sujeto, lo que hace que sea su *partenaire*, sin ser otro sujeto. ¿Cómo identificar, sin embargo, a este analista, no identificado con el analista, que tendría de buen grado la reputación del sujeto por excelencia? ¿Cómo un sujeto puede no ser sujeto cuando funciona como analista? ¿Cómo se forma entonces este analista que no es sujeto?

El analista como no sujeto, fuera de identificación, es una apuesta mayor, en tanto condensa lo que no puede definirse por Lacan por ningún recorrido tipo, por ningún automatismo resultante de la operación de una regla técnica, sino solamente por una nueva relación obtenida del sujeto con el síntoma después de su paso por la cura. El analizante-síntoma, desubjetivizado por la operación del acto analítico, aparece como separado del sujeto, en el corazón de lo que causa su división. La apuesta a la formación está en el vacío que no cesa de encontrarse en lo que el analista instaura, corte que permite no perder la posibilidad del abordaje de lo real, por el lado de lo no-domesticado.

Recorrido singular

La llamada a dar testimonio resulta ahora tentadora. Sin considerar que es posible responder de una manera plenamente satisfactoria, los elementos de recorrido pueden ayudar a establecer temas. De esta manera, haré referencia a algunas particularidades de la mía, no como un modelo, sino simplemente porque eso me es posible.

Por empezar en mi caso, hubo el encuentro con un destino médico. Se trataba de asociar la ayuda al otro con el saber, lo más científico posible, en una conjunción que apuntaba a hacer el bien. Las referencias eran múltiples, tanto en el entorno familiar como en el social. La vía aparecía ya como bien trazada, por no decir regia: de carrera y universitario. Pero lo sorprendente fue encontrar en ello una imposibilidad, más allá de las incapacidades relativas, y que éstas estuvieran relacionadas con lo que había de impuesto en esa identidad. El psicoanálisis, por aparecer como una suerte de subversión, paralela a esa vía regia, se dejaba entrever como un aflojamiento posible de esa identificación, con la ayuda de lo que llamaré una forma de causa histérica. Lo que se indicaba era la insuficiencia de fórmulas aplicables universalmente, y la apertura a modos singulares de hacerse cargo.

Lo más asombroso, pero también lo más precioso, de entrada, era el acento puesto en el hacerse cargo de lo que falla, y además, de eso que no deja de fallar, repetitivamente. Siempre había algo que faltaba, una incompletud recurrente. Esto terminó siendo una intriga; aun así, llevó cierto tiempo, mucho tiempo.

Nunca se insistirá lo suficiente sobre el «hacer con» el tiempo en el psicoanálisis. Esto se encuentra en todos los planos de la experiencia. No se puede evitar chocar con eso. No se trata en absoluto del tiempo que se cronometra, de la duración, que es una tentativa de neutralización que hace que ese choque se pierda, y con eso que impida la puesta en acto. Se trata del tiempo bruto que no se borra, sensible en el instante, separando un «antes» y un «después». Es el tiempo límite, no limitado en sí mismo por una medida instrumental. Para el tiempo, abordado de este modo, el instante no se distingue de la eternidad, envuelve, insinúa, resulta imposible de domesticar (lo que está muy bien, después de todo, para la vida). No veo cómo puede haber psicoanálisis sin ese encuentro.

También se encuentra lo que no se comprende, y que no cesa de resistir a la comprensión. El psicoanálisis no es una práctica de explicación unívoca, que no es en absoluto la interpretación y que lleva a cuestionar las supuestas virtudes del sentido, que es a lo que se quieren reducir de buena gana los descubrimientos de Freud. Llegar a tocar lo que no se comprende, balizarlo, incluso manejarlo, ésa es la puesta en juego sorprendente que se descubre. Se consigue captar, por ejemplo, que los síntomas no necesariamente son perturbaciones y que simplemente el paciente no podría evitarlos. No podría no darle importancia. Porque se sirve de ellos, les da múltiples usos.

Ésa fue, pues, una primera migración, junto con la medicina, un punto de partida práctico que permitió modificaciones de perspectivas. Pero ¿no era sólo el reemplazo de una identificación por otra? Para mí valió la pena dejar el escenario de esos primeros pasos, en primer lugar para analizarme, y a continuación para iniciar una práctica, en lugares menos familiares, al contacto de algo mucho más inédito. Y la migración prosiguió, se multiplicó.

El encuentro con la Escuela (la de Lacan, por tanto, la Escuela freudiana de París) encontró rápidamente una suerte de colmo de efecto de formación por su disolución, productora de quiebras mayores y de una experiencia única de encuentro con la ausencia de caución: durante un tiempo, no hubo otro recurso que la relación que mantenía con la experiencia analítica y la enseñanza de Lacan, sin la mediación de ningún Otro encarnado que venga a decir qué hacer. La función del apremio, la responsabilidad en múltiples direcciones del sujeto, las decisiones que zanjan y que comprometen sin escapatoria posible a quien rechaza ceder todo a la confusión, ésas fueron algunas de las enseñanzas de la época en el recorrido del todavía joven psicoanalista. Las consecuencias de la disolución permitieron el encuentro (paradójico, y no fue menos un encuentro con la utilidad de las paradojas) de la función fundamental de la Escuela, como un lugar donde se puede decir lo que es el psicoanalista fuera de la identificación de cualquier sujeto que sea con él. Hay sólo uno, ninguno es el único, sino a merced de la contingencia. La Escuela dio la oportunidad de formarse para no poder confiscar al psicoanalista, y para soportar el tiempo necesario el engaño del sujeto supuesto saber.

¿Cómo hacer con el psicoanálisis?

Uno de los usos del recorrido es el del encuentro repetido con un imposible, que puede llevar a deducir una modalidad de presencia de lo que Lacan llama lo real y a apoyarse sobre este imposible para funcionar. La demostración de lo imposible de la identificación del psicoanalista permite no cesar de interrogar su lugar y su función. Que no sea sujeto radicaliza la responsabilidad de este último, según Lacan «siempre responsable» de su posición, fuera de lo que podría identificarlo. No apoyarse en el padre, sino servirse de él, es la descripción de una aproximación a la posición del analista, no deteniéndose en el sentido. Se exige ciertamente pasar por él, pero sin detenerse y sin omitir lo que no cesa de fallar.

Los *impasses* no pueden evitarse, ocurre que se consiguen para apoyarse en ellos cambiando de parecer («punto de desandamiento», dice Lacan). Allí donde se pone el analista, llegan a alojarse las más diversas suposiciones, y se trata de dejar decepcionar esas identificaciones. El analista es una suerte de vehículo del que no es el conductor. El sujeto analizante tiene que hacerse con lo que puede conducir, sin autoescuela, con su singularidad, y si lo consiente, dado que es un punto en el cual no se lo puede forzar a nada.

En la actualidad, se ataca al psicoanálisis a causa de lo que tiene de no automático, cuando es justamente eso lo más precioso que tiene. Es el único que puede favorecer sin renegar de la racionalidad fuera de la universalización del «todos iguales». Se ofrece a todos, pero no es para todos, solamente es para quienes se ponen a trabajar, y sin garantía previa del resultado. El psicoanálisis abre un espacio a lo nuevo, a «eso que no se comprende», y lo toma en serio. No se lo debe sustituir a cualquier precio por lo comprensible, sino bordear las zonas que escapan a ello. Ésa podría ser una forma de situar, de dar un escenario a la formación infinita del analista, como una repetición incesante de un desplazamiento, que marca lo que se llama el deseo.

Porque la propuesta de la formación del psicoanalista no es solamente hacer trabajar la cuestión de «¿qué es el psicoanalista?», cuando deja suponer en su lugar el sujeto supuesto saber. El analista se diferencia del analizante, en tanto que para éste, el analista no es equivalente al sujeto supuesto saber. De allí la pregunta del «¿cómo hacer con el analista? para el analista mismo. Jamás existirá para eso un libro de recetas.

Esta cuestión es cercana a la del «¿cómo hacer con la mujer que no existe?» para una mujer. Se trata de hacer existir en la práctica a un analista por un analizante, fuera de toda cuestión de cura tipo.

Para concluir, diré que la formación del psicoanalista es también una suerte de deformación. La creencia en el inconsciente que sostiene el recorrido analizante desemboca en una caída de la creencia, a la que se sustituye una certeza, no del inconsciente, sino de un vacío en su lugar que debe ser real, un real cuya presencia esté atestiguada por la certeza. Si se alcanza eso, no podemos cesar de formarnos para (re)producirlo.

LOUISE L. LAMBRICHS
Escritora

¿ALGO NUEVO BAJO EL SOL NEGRO DEL PSICOANÁLISIS?

¿Cómo encontré el psicoanálisis? Digamos brevemente las etapas, cuando estaba en primera superior, en Condorcet. Jean Beaufret, amigo de Heidegger, declara: «¿Freud? No es un filósofo, ¡es un *galeno*!». Lectura de *La interpretación de los sueños*. Como una novela. Apabullante. Para mí, saber imaginario todavía, desconectado del real que me ocupa. 1972. Partida al desierto con el futuro padre de mi hijo y Spinoza. 1973. «Nathalie fue a ver a una psicoanalista.» Mi hermana mayor. Es todo un acontecimiento, pero lo insólito se reabsorbe rápidamente. Sé que ella «anda mal». Yo, yo «ando bien». No necesito a nadie. (Creo eso.) 1977. Nacimiento de un hijo. Sus llantos desgarradores, en cuanto lo dejo, cuando tiene un año. No hay palabra que lo calme. Mi desasosiego absoluto frente a lo que me dice ese bebé, que no comprendo pero que me afecta profundamente. Mi madre, con incidencia: «A ti, al año, te puse en un hogar de niños para ocuparme de Nathalie». «¿Cuánto tiempo?» «Cuatro meses». Silencio aplastante. Ella agrega: «Yo no tenía tiempo de ir a buscarte». La novela de mi infancia feliz estalla en mil pedazos. Yo no existo más. Desamparo sin nombre. Sentimiento de *impasse* del que nadie a mi alrededor puede sacarme. Único recurso: el análisis. Lo sé, sin saber qué voy a hacer allí. Ese paso es un salto de gigante. Soportar admitir, cuando siempre me las he arreglado «completamente sola» (uno cree), ya no lo consigo. (A partir del momento en que concreto la entrevista, el niño deja de llorar cuando lo dejo. Como si la transmisión inconsciente de lo que ignoro y lo que sus llantos me decían hubieran estado ya conjurados.)

¿Qué me enseña esta primera cura con un analista lacaniano? Más allá del descubrimiento de mi realidad psíquica (muy distinta de lo que yo imaginaba y que tampoco se convierte en saber externo sino en *experiencia subjetiva*), más allá de la elaboración de ese abandono materno, que esta lengua materna —que me une también al padre y a la literatura— me pertenece como propia. (A los diez años, mi padre me regala *La comedia hu-*

mana: «Lee». «¿Todo?» «Todo». Y *Louis Lambert*. Mis dos nombres, con una *e* de diferencia.) Que el sentido de las palabras no es sólo dado, heredado. Que también me corresponde usarla de la mejor manera, sin abusar. *Cercle des Sorcières*, mi primera novela, concluye ese primer trabajo analítico, en referencia a la novela magistral de Fréderic Rolfe, *El deseo y la búsqueda del todo*. El puzzle se reconstruyó, a través de la cuestión de la transmisión de la locura en la familia. (Mi padre, ciego por entonces. Yo le leo las treinta primeras páginas. Y él: «Es literatura». ¡Uf!)

Hombre de *Lettres*,* mi padre. Hombre de *l'Être*.** Para mí, es todo uno. *No hay letra que no esté articulada al ser.*

Más allá de la literatura, en sus márgenes, yo me descubro un gusto por el saber, por todo tipo de saberes. Veinticinco años muy completos. Mientras restrinjo la literatura durante un tiempo, presto mi pluma a otros, sobre todo a médicos (ellos no tienen tiempo para escribir). Historia, siempre, de *transmitir*... Estupefacción frente a la dificultad de los médicos para pensar su disciplina y sus límites. *Las fracturas del alma*. Todavía muy balbuceante. Pero que indica el camino que me interesa. Prosigo con ese tema, siempre procurándome «antepechos». 1989. Encuentro con Mirko D. Grmek. Con un hombre excepcional. Trabajo en común, múltiples descubrimientos. Espanto de ver hasta qué punto cada «especialista», cada «experto», es capaz de hablar de los otros oponiendo verdades lastimosas. A gran saber, gran ignorancia. Nuestro patrimonio común. Y esta ilusión que tienen muchos, en su campo, de saberlo todo. *La verdad médica*. *Claude Bernard, Pasteur, Freud*. Muy embrionario todavía, pero también muy actual, esta cuestión que yo elaboro en esa época, de *medicina compartida* (en el doble sentido del término). 1991. El ejército serbio-federal ataca y sitia Vukovar. *Le Journal d'Hannah*, experiencia sublime de la *inspiración*. El surgimiento *subjetivo* de la cuestión de mi origen judío. Grmek (ex resistente) se moviliza. Gracias a él, yo sigo descubriendo. La historia de esta ex Yugoeslavia de la que los franceses nunca entendieron nada.

¿Cómo no responder a la llamada de BHL y de JAM cuando, efectivamente, la experiencia analítica y *La carta robada* me permitieron aclarar

* Letras. *(N. de la t.)*

** El Ser. *(N. de la t.)*

el sentido de esta historia? (Sentido que no es mi «fantasma», porque es escuchado como *justo* en su lugar, en Croacia y en Bosnia, y aquí por algunas personas que saben de lo que hablo). Tanto para decir si el psicoanálisis cuenta, y no sólo para mí. (Para mí, el psicoanálisis —cuando es efectivo y permite volver a poner en juego los lazos que para el sujeto fueron fundadores de su ser, y removerlos, lo que quizá no siempre es posible— lleva a cada uno a rechazar sus propios límites. Hasta llega a producir un *plus* de vida psíquica. Una especie de expansión interna formidable, una creatividad centuplicada.)

Paralelamente: encuentro con Myriam Szejer. Más tarde con Caroline Eliacheff. La filiación Dolto. *Aquellos nueve meses*. Fundación con ellas y otras de la Causa de los bebés, asociación de profesionales de la perinatalidad animada por psicoanalistas. Participación en los grupos de trabajo. Todavía más tarde, encuentro con Pierre Cazenave y Françoise Bessis. Vuelvo a encontrar mi tema sobre «medicina compartida». *Le livre de Pierre. Psychisme et cancer*. Compromiso con psicoanalistas para la creación del Centro Pierre Cazenave, lugar de acogimiento terapéutico para los enfermos de cáncer. Trabajo sobre la clínica analítica del traumatismo, su especificidad. Una clínica diferente de la clínica puramente lacaniana aún cuando tenga, evidentemente, puntos de encuentro.

2000. Muerte de Grmek. Sócrates. Experiencia sin precedentes de una muerte desenmascarada, asumida, endosada. «Tu turno llegará». Gracias por haber dicho eso, que me servirá de viático. Y su «testamento»: «La tercera revolución científica» (publicado como nota final de *A ton image*).

Segunda cura. Porque a pesar de las charlas hasta el final, no estoy segura de poder sobrevivir a esta pérdida; y porque encuentro por casualidad a MM, en el momento justo, y porque lo leí, y él me leyó, va a convertirse en mi segundo analista.

Esta segunda cura con un freudiano que hizo un trabajo original duró tres años. Juntos, hacíamos un trabajo inaudito. Y mi vida cambia. *Literalmente*. Me transformo, de pies a cabeza —un verdadero sacudón. Y reviso *físicamente* las edades más precoces de mi vida. Tan incontable como inolvidable. Esta experiencia subjetiva de un cuerpo-memoria-lenguaje de antes-de-la-lengua, un cuerpo habitado por una historia y trabajado por ella, eso, para mí, es la experiencia del psicoanálisis. De una cosa a otra, las «ideas» que yo tenía todavía sobre el psicoanálisis, esas «ideas» que a veces funcionaban como resistencias, caen ante la experiencia misma— esa experiencia subjetiva de desdoblamiento que también permite integrar en sí al analista, o mejor lo que éste representa, que se superpone a la persona que es, de quien no se sabe nada o casi nada. Poco importa entonces verlo una vez, dos veces o tres veces por semana. El trabajo no se detiene y todo lo alimenta (la experiencia es bastante comparable a la de un libro que nos habita y pide nacer y nos empuja día y noche a nuestra mesa de trabajo). Yo iba a dar cuenta de ello, decir algo, lo que se decía o no, relanzaba el trabajo, ampliando el mundo, haciendo estallar las viejas representaciones, creando nuevos puentes, abriendo paso a nuevos sentidos. Y por supuesto, continuaba escribiendo. Nunca dejé de hacerlo.

Frente a las fuerzas contrarias actuales, esas fuerzas que quieren la muerte del psicoanálisis, el «uno por uno» no basta. Para oponerse a los ataques políticos, cientificistas, y mediáticos de los que recientemente ha sido objeto el psicoanálisis, hace falta ir más lejos. Para ganar, hay que *sobresalir*. La intuición de que hoy es posible, porque hay algo nuevo. ¿Cómo hacer que se escuche? Tratemos, por medio de piedrecillas yuxtapuestas.

El psicoanálisis surge en el *impasse* en que se hallaba el psicoanálisis clásico (véase *Lire le délire*, de Juan Rigoli), fundado en el paradigma reduccionista de la ciencia del siglo XIX, que por otra parte produjo tantos avances sorprendentes. Esos avances han podido llevarse a cabo por la exclusión del sujeto como hablante. Esta exclusión funda la llamada ciencia objetiva. Como a Freud le interesaba lo humano en tanto ser hablante (y sueña, y no dice lo que quiere, etcétera), abre ese campo freudiano excluido de aquella ciencia. Haciéndolo, da un salto a lo desconocido. Muestra cómo el individuo hablante no sabe lo que dice (experiencia que hace todo analizante), y establece un dispositivo que le permite saber algo de eso. Inventa así una clínica nueva. Nada que ver con la introspección que solamente da acceso a recuerdos conscientes. El individuo sólo puede tener acceso a sus materiales inconscientes gracias a otro capaz de escucharlo, que a su vez haya hecho esa experiencia él mismo con otro, que a su vez él también, etcétera. Esta práctica revolucionaria permite así a cada uno reapropiarse progresivamente de su propia palabra, subjetivando tramos enteros de su propia historia, olvidados, y que determinaban su modo de hablar, de vivir, de situarse en la sociedad y en el mundo. Ese trabajo —largo, incómodo, pero mucho más humano y responsable— puede culminar, según la capacidad del analista para oír y acoger lo que se dice y no se dice, así como todo el material que surge en el marco de la cura, en transformaciones subjetivas fundamentales, incluso en verdaderas metamorfosis.

La apuesta del psicoanálisis es entonces curar, uno por uno (y no siguiendo protocolos idénticos para todos, que es el caso de las terapias llamadas comportamentales, más superficiales y adaptativas), el malestar en la civilización cuyos efectos cada uno es susceptible de comprobar, en resonancia con su historia. La idea de que uno podría reemplazar al otro es entonces sin objeto (sino de poder o de ideología), ya que el cognitivismo no cambiará nada el hecho de que el humano tiene un inconsciente del que no sabe nada, que funciona según su propia lógica, que tiene efectos constantes en su existencia y en sus relaciones con los otros, y del que se puede saber algo. Y que saber algo de eso, por medio de la puesta en juego con otro de los lazos con los que se ha construido, es susceptible de cambiar su vida, de darle sentido (mientras que hasta ese momento, no lo tenía o tenía poco) y de abrirle a partir de allí toda forma de perspectivas nuevas, desarrollando su creatividad.

Después de Freud, el campo freudiano se amplió considerablemente, diversificándose y subdividiéndose. A mediados del siglo XX sobreviene una «revolución». Como siempre en la historia de las ciencias y del pensamiento, los contemporáneos no miden ni su sentido ni su alcance. Quizá ni siquiera lo vean, porque razonan según los paradigmas con los que han sido educados. Entonces los viejos debates prosiguen. ¿El psicoanálisis es una ciencia? (Mucha tinta sobre este tema.) Entre cientificistas objetivantes y detentadores de un respeto absoluto por el sujeto hablante en pos de no sabe qué que lo habita, escapa a él y lo determina, se ahondan los malos entendidos, los cuchillos se aguzan. Mientras que unos cuantos profesionales prefieren trabajar juntos, tratando de comprender cada especificidad que los acerque, otros se hacen la guerra. Contra el psicoanálisis, se habla de «charlatanería», de «estafa». «¿Objetivamente?» Va de suyo. Aparecen cientos de libros explicando cómo arreglárselas *sin el psicoanálisis*.

Cuando se construye un mundo en el que se ha decidido tener todo el poder decidiendo excluir de él a los sujetos porque sufren y hablan y se viven, a menudo, como «víctimas» de la Historia, no sorprende que nuestras sociedades vayan mal. Construir una sociedad sin el psicoanálisis es simplemente construir una sociedad en la que se prohíbe a los ciudadanos convertirse en lo que pueden y desean ser, una sociedad que no respeta ni la libertad de palabra verdadera (de allí la inflación de palabras totalmente desvalorizadas) ni la libertad de pensamiento (porque el psicoanálisis es capaz de acrecentar, justamente, la capacidad de pensar; leer a Bion y a los clínicos de lo arcaico).

Pasemos a la «revolución». ¿Algo nuevo bajo el cielo del psicoanálisis? Resumirlo en pocas líneas parece imposible por tratarse, en mi opinión, de una revolución en el pensamiento occidental del que ni los científicos, ni los filósofos, ni los psicoanalistas, ni *a fortiori* los políticos han podido medir todavía. Una revolución que, precisamente, debería situar al psicoanálisis en el corazón de una nueva definición de lo humano en Occidente, y poder responder a la pregunta de Christophe André: «¿Qué es lo que da a los psicoanalistas esa certeza, tan palpable en sus declaraciones, de ser depositarios de la única buena visión del hombre?» (*Le Monde*, 9-10 de octubre de 2005). Pero una revolución que podría muy bien relanzar también los debates internos en la disciplina freudiana (que es el destino de toda disciplina científica viva) incluido el de la articulación con lo médico.

En pocas palabras, he aquí de lo que se trata. ¿Qué nos enseña Mirko Grmek? Que a mediados del siglo XX sobrevino una revolución inaugurada —lo cito— por el descubrimiento de que «en los procesos biológicos hay algo irreductible a las leyes de la materia y de la energía. Ese algo está determinado históricamente y estructurado como el lenguaje. La noción de información da una dimensión nueva a la relación entre el cuerpo y el espíritu. En el acercamiento a ese problema, se debe tener en cuenta la historia de la humanidad y sus improntas en el lenguaje y en el aparato que lo crea y que lo descifra».

Me parece que esta formulación debería tener algún eco en los psicoanalistas. Debe leerse el conjunto del texto para medir las consecuencias en cuanto a la nueva representación de lo humano que emerge de allí. Porque si todo ser viviente está compuesto de ese «algo de no reductible a las leyes de la materia y de la energía, [...] determinado históricamente y estructurado como el lenguaje», entonces es la emergencia misma del lenguaje en nuestra especie lo que está aquí en cuestión (y que parece confirmarlo *científicamente, por un efecto del lenguaje* —¿cómo podría ser de otro modo?— la existencia del inconsciente freudiano como *real* y su propio funcionamiento lógico): ésa es toda la cuestión de la salud psicosomática que se encuentra planteada en nuevos términos (digamos, la relación oscura entre lo *orgánico* y el *pensamiento* —¿lo orgánico diría a veces lo que el sujeto, uno por uno, no puede pensar?—; el trabajo analítico, convenientemente articulado en el abordaje médico, ¿contribuiría a restaurar la salud en tanto equilibrio dinámico del sujeto hablante en interacción con su medio?), y es también la antigua división entre naturaleza y cultura lo que se halla quebrado y desplazado. Es además toda la cuestión (que elaboro en *Nous ne verrons jamais Vukovar*) de la articulación entre historia individual e historia colectiva lo que aquí está en juego, en cada uno, y del *sentido que uno es capaz de darle* (y cuando digo *sentido*, entiendo aquí, como Grmek en su texto, una *significación* y no una finalidad —pero lo entiendo, por supuesto, de manera desplazada a la esfera *subjetiva*, lo que supone interrogarse sobre la facultad de *juzgar* y el «aparato» que nos sirve para juzgar, sobre su funcionamiento —consciente o inconsciente— y sobre las herramientas que se utilizan para ejercer ese *juicio*. Cuestión crucial, allí también, y tan actual, en particular para la justicia internacional en plena expansión, ya que la eficacia de esos *juicios* dependerá de los *significantes* que se tengan en cuenta para juzgar, que *harán o no sentido* (y por lo tanto *interpretación* para los pueblos).

Por consiguiente, no es sólo «el hombre que está en el lenguaje», como decía Heidegger, sino el lenguaje que está en el hombre (como lo interpretaba Lacan, que en *Mi enseñanza* invierte la fórmula), y también en el cuerpo (bajo forma de esta «información» no sólo analógica, sino *numérica*), un lenguaje heredado que se trata de decriptar, para lo cual es preciso, en la medida de lo posible, que advenga a la conciencia, para darle todo su sentido. Porque ese lenguaje heredado del que cada humano es portador está modificado también por la historia individual que se le ha superpuesto, por experiencias subjetivas que han sido reprimidas, denegadas, forcluídas, y es ese lenguaje el que se puede aprender a descifrar, con otros, para convertirse plenamente en el sujeto de su propia palabra y así dar, por el trabajo y de manera responsable, todo su sentido al discurso que profiere en la sociedad de los hombres.

Para decirlo de otra manera, nadie es «objetivo», nadie es «neutro», pero una subjetividad elaborada puede permitir sobrepasar la pequeña subjetividad estrecha, individual y narcisista que reina todavía en todas partes. Desgraciadamente la historia no es absurda, como creía Camus —y mi trabajo permite poder entenderlo a quien quiera saber algo de eso—. La historia tiene un *sentido* (no solamente una dirección, sino una significación), y descubrirlo exige tanto trabajo como *juicio*. En cuanto al eterno retorno, no hay otra cosa que la incapacidad del hombre por saber algo de sus propias denegaciones, lo que al mismo tiempo lo hace incapaz de transmitir una historia que tenga sentido y de conjurar los efectos de repetición.

En mi opinión, lo que dice Lacan de la ciencia —o mejor del discurso de la ciencia— se articula precisamente en ese paradigma reduccionista (que sirve también al pensamiento totalitario) que en la historia del siglo XX ha tenido tantos efectos perversos catastróficos —paradigma que tenía como fundamento la evacuación del sujeto en tanto hablante y permitía reducirlo a su dimensión biológica mecanicista—. Y el salto que Freud llevó a cabo, en el momento en que lo hace, es efectivamente un paso de gigante hacia lo desconocido, que hoy esta «revolución informacional» funda de un modo tal que trastoca todas nuestras representaciones, *porque, de hecho, en una buena cantidad de campos al menos, el sujeto en tanto habla (y no siempre sabe lo que dice) no es evacuable*. (Lo que Lacan dice de *Mi enseñanza*, solamente se aplica a una historia del pensamiento y de la filosofía *escolar*, porque los trabajos recientes de los epistemólogos ponen muy en evidencia que la historia del pensamiento no es ni continuidad ni revolución permanente, pero que de todas maneras hay avances, por efectos de «cortocircuitos», obligando en cada brecha a volver a mirar de otra manera lo que precede y a no retener de ello más que una parte, ya que toda «teoría», en el campo que sea, es provisoria y susceptible de ser modificada por los descubrimientos que siempre nos toman desprevenidos.) En una palabra, me parece que esta tercera revolución científica, tal como la formula Grmek, arrastra en su estela una revolución epistemológica. (¿Una ciencia «humana» puede ser al mismo tiempo «objetiva»? ¿Para qué es útil una ciencia «humana» para la colectividad si se priva ella misma de juicio? ¿Y sobre qué fundar ese juicio?) Si desde el origen de los tiempos el hombre está habitado por un lenguaje (que impregna también a cualquier viviente), entonces el psicoanálisis me parece bien, en tanto que es *la única práctica clínica* que da acceso al inconsciente, la «ciencia» más humana que puede haber porque es la única que, «uno por uno», a través de la relación de transferencia, puede dar acceso a cada uno —al menos en parte— a ese lenguaje olvidado que, fundando su ser individual, lo supera y lo inscribe en la sociedad humana igual que en su entorno. En el contexto de este nuevo paradigma científico, el psicoanálisis vuelve a estar en el corazón no sólo de un nuevo humanismo que debería originar el cambio de los antiguos sistemas materialistas, sino además de una nueva ontología, articulada a la historia de la humanidad.

Evidentemente aquí hay algo vertiginoso para la vieja conciencia racionalista formateada en el paradigma reduccionista del siglo XX. Imposible aquí enumerar todas las cuestiones que este nuevo paradigma científico, infinitamente más abierto que el reduccionista precedente, nos llevará a plantear y a elaborar. Por el momento, veo algunos. En el campos del psicoanálisis y de la medicina, la cuestión de la articulación de la clínica médica y de la clínica psicoanalítica (para elaborar entre profesionales), así como la cuestión de lo psicosomático (para intentar aproximar en términos de cuestionamientos nuevos, por supuesto, y no de causalidades simplistas —ya que cualquier revolución en el pensamiento lleva implícito un *desplazamiento de las preguntas* que invalida en parte las respuestas precedentes, inscritas en un paradigma obsoleto—. Si evidentemente hay un corte epistemológico radical entre estas dos aproximaciones clínicas, no quita que esa articulación se opere en el sujeto enfermo y hablante, «uno por uno». En el campo de la historia, la cuestión de la *repetición en tanto mecanismo* —y en particular las repeticiones genocidas en Europa— con una actualización de las *retóricas* que condujeron a esas exterminaciones en masa, y de las *ideologías cientificistas*, *reductoras*, que apuntalan esas políticas (digo algo al respecto en «Demain, quelle civilisation», que aparecerá en *Cahiers du symbolisme*). En el campo ético, la cuestión de la definición de la persona humana que debemos retener, en el momento de construir Europa (aquí también digo algo en el artículo publicado por *Inventaire/Invention* a propósito de la Constitución europea y también algo en los *Cahiers du Symbolisme*). Todo esto no es todavía más que un *work in progress*, como dicen nuestros amigos anglosajones. Trabajo en curso... Continuará, pues.

MARC LAMBRON
Escritor, asesor de Estado

YO FUI HABLADO POR OTRO

¿Mis relaciones con el psicoanálisis? Son grises, hablan de mi adolescencia, en la estela de la era de la sospecha: explosión del sujeto clásico en un juego de fuerzas en Nietzche, por el trabajo del inconsciente en Freud.

Utilizo mis lecturas como un instrumento de autoevaluación, sabiendo que soy hablado por otro. De lo que resulta cierto tipo de relación polifónica consigo mismo.

Al llegar a París en 1976, asisto durante varios meses al seminario de Jacques Lacan en el Panteón. Es una misa racional dicha por un amigo de Malraux, frente a la cúpula de Soufflot. Vi a Lacan como un Bossuet tallado: me interesa en él una forma de arte oratorio, de articulación derviche.

Mientras tanto, nunca entré en cura, y por el contrario, ironizaba a los psicoanalistas. Con toda mala fe, comprendo la objeción que hacía Vladimir Nabokov a los psicoanalistas: «No quisiera contarle mi vida a alguien menos cultivado que yo».

PIERRE LARTIGUE
Escritor

UNA CAMPAÑA DE DENIGRACIÓN

A lo que asistimos desde hace algo más de un año no es a un debate de ideas sobre el psicoanálisis, sino a una campaña de denigración. El título de *Libro negro* marca el tono de la polémica. Con la misma soltura que algunos mostraron para dejar de lado a Marx de un guantazo, otros juzgan y condenan sin ningún matiz a Freud y a Lacan. En momentos en que el pensamiento libre escasea, mientras el mundo se vuelve cada vez más oscuramente violento y en todas partes se constata el agravamiento del sufrimiento, uno se pregunta qué objetivo persiguen quienes intentan desacreditar una idea que desde hace un siglo contribuye al enriquecimiento del pensamiento y también a que nos comportemos mejor con nosotros mismos y con los otros.

Quiero entonces decir cuánto me ha beneficiado personalmente esta cura. Resulta que enseñé en Sceaux, en un anexo del liceo Lakanal agregado a la clínica Dupré. Nuestros alumnos sufrían trastornos mentales, a veces, muy graves. Ahora bien, en un gran número de casos, pude constatar mejoras en su estado de salud y alivio, debidos al trabajo de los médicos que se apoyaban en la investigación psicoanálitica. Siento por esos «sanadores» la mayor estima y no puedo imaginar que a esos adolescentes que sufren se los prive de los cuidados que les devuelven vida y libertad. Es como yo lo he visto.

PHILIPPE LA SAGNA

Psiquiatra, psicoanalista

¿ASOCIACIONES?

Mi encuentro con el psicoanálisis ha sido en primer lugar con los *Escritos*, de Jacques Lacan, a finales de los años sesenta, en el liceo. No había podido procurarme el libro cuando apareció y un año después una joven me prestaba su ejemplar que tomaría su lugar en medio de otros libros: Marx, Hegel, Foucault. Los autores que acabo de citar representaban para nuestra generación lo posible, cambiar el mundo, la vida de cada uno, también el sentido de esa vida. Ahora Lacan, él, la dimensión de lo imposible o sea para él, la de lo real. La dificultad de su lectura servía como indicio de ese real.

Para emprender una cura psicoanalítica hay que confrontarse, de una u otra manera con lo imposible. Ese encuentro de lo imposible llegó a mi vida algunos años después. Siendo un joven médico, me di cuenta de que la medicina no podría curar a un miembro de mi familia cuya enfermedad no entraba en absoluto en mi vocación. La psiquiatría era en ese momento la medicina que más ocupaba el centro las contradicciones sociales. También en ese momento comprendí que nosotros, médicos jóvenes, no cambiaríamos el mundo, pero que podíamos transformar con actos simples la vida de los pacientes que sufren de patología mental. Con algunos compañeros, contribuimos así a la creación de la psiquiatría como especialidad médica de pleno derecho.

Mi existencia cotidiana, que me parecía tan fácil y tan poco «seria», cambió por la irrupción sonriente de la vida frágil y seria de mi hija mayor. Qué mundo, qué existencia queremos para los que amamos es una cuestión más grave que la cuestión de saber simplemente qué vida queremos nosotros para nosotros mismos. Me hizo falta ese triple choque con lo real para ir a golpear a la puerta de un psicoanalista. El primero ya me conocía, los otros dos me parecieron demasiado etiquetados en lo que hoy se designa por el término de «psi».

Como último recurso —¿quién puede decir que eso nos lleva a lo peor?— fui a ver a Lacan, pensando que me lo agradecería. Yo le hablaba de la verdad y de la justicia, que eran las grandes pasiones de mi madre, olvidando que eran sobre todo los velos púdicos de su dolor.

Lacan siempre me ha sorprendido, seguramente porque sabía dejarse sorprender. Esa sorpresa es lo que se pone en juego en lo que el psicoanálisis llama la asociación libre. No se trata de hacer conocido lo desconocido, sino hacer surgir lo desconocido en lo más familiar. Darse cuenta de que es una puerta abierta a lo extraño y lo extranjero, que es una verdadera fuente.

Deje a la deriva sus pensamientos, piense «sin estar en ellos», y descubrirá otro mundo, otra lógica, lazos insospechados entre las palabras y las imágenes, y la fragilidad de quienes le parecen más seguros. Es un placer y una ascesis a la vez. También un esfuerzo. En efecto, rápidamente queda develado que usted evita zonas que son el corazón de su existencia y la clave de su destino.

En este mismo momento, escuchando tocar a Oscar Peterson *Bye Bye Blackbird*, pienso en un niño que se frota los ojos. ¿Está asombrado, sorprendido, al borde de las lágrimas, despertándose? ¿Soy yo niño, o es «el niño» mismo? Con sus ojos, me deslizo hasta la herida, cosechada en Verdun, que marcaba el arco superciliar de mi abuelo. Mi padre tiene la misma pero más pequeña, reducida al símbolo, marca de justas deportivas que entusiasmaban a su generación. Esta delgada línea hecha de diversas «miradas», subrayadas por las marcas del tiempo, me vino en mente por la música, por lo que es oído. Esta música me recuerda los acentos de

La Bohème, que servía de obertura lírica a las comidas familiares cuyo aburrimiento me provocaba migrañas que me nublaban la vista. Música y mirada se cruzan. Mirada de la que todavía no era mi esposa, joven médica externa que amaba a Sócrates, y a quien yo confiaba algunos capítulos del *Seminario* de Lacan sobre la transferencia sin saber que éstos se volvían para mí citación en una carta de amor no escrita todavía. De ese modo, eso que parece un juego nos lleva sin ninguna duda a las marcas de una vida singular, marcas que se encuentran con las de las convulsiones de la historia y las mordeduras de —y en— la carne.

El psicoanálisis, por la asociación libre, nos enseña a circundar, con el tiempo, ese nudo más allá del principio del placer, principio que en 1975 Lacan hilvana como «el gusto de lo educado y de la norma macho». Ese principio del placer es el credo contemporáneo de los ingenieros del alma. Una vida sin historia, que implica todos los sentidos del término «olvido», y sin sorpresas, que reemplazarían los choques y las singularidades del lazo social por el ideal de una muchedumbre solitaria de sujetos *ready-made*, aislados en la soledad de sus matrices.

Hacer el esfuerzo de ir más allá del placer permite a veces a alguien esa loca audacia: intervenir en la vida y el destino de quienes acuden a vernos como psicoanalistas. Esta intervención del analista, que debe a la fortuna, permite a veces que la vida se vuelva una amiga para esos analizantes. No se trata de amar la vida, sino de permitirle que nos ame, porque sabremos, a través de un esfuerzo de bien decir, que uno vale la pena. Tampoco se trata de dejar un lugar a lo real, sino de ocupar un lugar con él. Es menos y mucho más que «curar», que es el eslogan contemporáneo. Pero, realmente, ¿de qué quieren curarnos? De lo real seguramente ¡para reemplazarlo por imágenes! Reducir una vida a un comportamiento, a una capacidad cognitiva programada, ¡no es una perspectiva que permita hacerse amar por seres humanos y menos aún por la vida! Por esa razón, algunos quieren imponer reglamentariamente esos métodos, ya que no se impondrán de forma espontánea. Ese funesto proyecto implica la necesidad de la exigencia de lo privado por una moral social y legislativa invisible y también una condición previa: la devaluación vergonzosa del sujeto freudiano, de su ética, de su memoria y, en el fondo, de su política, que es un pedacito de nuestra cultura y de la democracia.

ÉRIC LAURENT
Psicoanalista

EL SURFISTA DE LA HIPERLETRA Y LOS SUBURBIOS DEL SIGNIFICANTE

El psicoanálisis es un espacio de libertad. Lo comprobé de entrada. Era adolescente cuando la pequeña biblioteca Payot puso al alcance de todos los textos de Freud, mal traducidos, pero que podían llevarse en el bolsillo a todas partes. La lectura de Freud me apasionaba tanto como la ciencia-ficción que leía asiduamente. No diferenciaba claramente el oráculo de Isaac Asimov en la *Fundación*, la filosofía divagante de Van Vogt que introducía al no aristotélico, los perros de Clifford Simak, tan cercanos a los clones de Houellebecq, de la interpretación de los sueños y de la histeria. Todo conspiraba para interpretar la vida cotidiana. El conjunto heteróclito era heterodoxo, no se enseñaba en el liceo y me permitía improvisar una lectura del mundo y las dificultades de la pareja parental.

Esa mezcla gaseosa volátil explotó con la chispa de la clase de filosofía. Freud llegó a apasionarme tanto que con él entretenía a cada paso a parientes y amigos. Hacia finales del liceo, apareció como una influencia perniciosa de la que debía protegerme para liberar las energías necesarias, en el sistema francés, para las clases del preparatorio. Me privaron de Freud. Con gran pompa retiraron de mi biblioteca la totalidad de sus escritos. En mi mundo faltaba un libro.

Me prometí empezar un día un psicoanálisis. Una de las huellas que dejó la contingencia del cruce entre psicoanálisis y ciencia ficción fue que desconfiara del psicoanálisis francés. Hubiera querido emprender la aventura en Estados Unidos cuando se presentara la oportunidad.

El libro y la letra

Algunos años después había cumplido el trayecto indicado por la orientación familiar. La categoría de egresado de una de nuestras importantes escuelas no era suficiente para colmar la falta simbolizada por el rapto del libro. ¡Desperfecto del deseo! Allí donde estaba con el pensamiento, en un lugar híbrido entre Althusser y sus cursos de filosofía para científicos, la economía política y el sindicalismo estudiantil sin orientación, me encontraba perdido, inmovilizado. Era el momento de retomar el camino que había percibido en el encuentro con Freud. Althusser había escrito sobre Lacan y había comentado la reanudación del proyecto freudiano por el psicoanalista francés, con tinta fresca. Compré entonces mi primer ejemplar de los *Escritos* en 1966. Pero ese libro permanecía lejano, cerrado. Un amigo de entonces y de hoy, camarada de fortuna y de infortunios varios, me confirmó que, aunque pareciera mentira, Lacan existía, y que practicaba el psicoanálisis en París. El problema era que, por lo numerosas que eran las demandas, había que esperar largos meses para obtener una cita. Le pedí a mi padre que utilizara la confraternidad para conseguir una cita rápida. Las cosas no funcionaron. Obtuve una cita para la vuelta de vacaciones, el 12 de septiembre de 1967 a las 15.30 horas. Lo sé porque todavía conservo la carta de respuesta de Jacques Lacan. Después de largos años, lector del seminario sobre «la carta robada», la he colgado en la pared, carta fuera de sentido, llegada a destino después de un largo recorrido en el cual todo se ha dicho.

Durante la semana que siguió a ese martes 12 de septiembre, vi a Lacan todos los días para entrevistas preliminares. En otro trabajo, he relatado las indicaciones que Lacan me había hecho, en el curso de esas entrevistas, sobre las relaciones de la letra y del tiempo en la experiencia psicoanalítica.[1] Durante los primeros años, nunca vi a mi analista menos de cuatro veces por semana. No era fácil en 1968, pero no me perdía ni una sesión ni una manifestación. La relación con el inconsciente que se había inscrito desde hacia muchos años se cristalizó en los años siguientes. El camino trazado por la importante Escuela había sido borrado por el inconsciente. Entonces fue necesario formarse y seguir los caminos de la clínica tal como se enseñaba y se practicaba. La práctica siempre revela sorpresas. Éstas comienzan por la necesidad de acordar el tiempo del inconsciente, el de las sesiones, el de los cursos clínicos. El curso estaba muy

1. É. Laurent, «Quatre remarques sur le souci scientifique de Jacques Lacan», en *Connaissez-vous Lacan?*, Seuil, París, 1992.

lejos de París. Las rutas del Norte a partir del otoño se cubren de niebla. Me he encontrado siguiendo mi ruta, como podía, sin tener otra visibilidad que la línea amarilla del borde, que podía verse abriendo la puerta del coche del lado del acompañante. Varios hacíamos juntos ese trayecto, pioneros del auto psicoanalítico compartido. Después de todo, la niebla era una buena metáfora del recorrido de la cura. No veíamos nada, pero tomando algunas precauciones seguíamos adelante. La banda amarilla era la cuerda roja bajo la cual nos alineábamos. Después la autopista nos llevaba a buen puerto.

El psicoanálisis es un espacio de verdad sorprendente. El analizante se convierte en el Sherlock Holmes de las palabras y de los dichos que formaron el baño del lenguaje en el cual se ha bañado. Holmes, atento a los detalles, cuidadoso de los mínimos dichos que le provienen, con una lógica implacable, campeón de las causas individuales, es un héroe nominalista muy conveniente para designar una vertiente de la caza del Snark psicoanalítico. Pero ésa es nada más que la primera lectura. La novela continúa. Como en Conan Doyle, los recursos del significante sirven muy rápido para designar los horrores que cada uno descubre en su inconsciente. De hecho se trata de descubrir que en la novela negra del *hard-boiled dick*, como se llama ese género en Estados Unidos, se vive alimentado por un fantasma fundamental. Quizá es el equívoco sobre el *dick*, «falo» en argot, lo que ha provocado un deslizamiento de lengua. Ahora se habla del género «negro» en la lengua inglesa pasando por el francés.

El analizante se convierte en el investigador de su asunto hundiéndose en las profundidades de un inconsciente tan sulfuroso como el Los Ángeles de Philip Marlowe o el Nueva York de Ned Beaumont (Hammett). Por otra parte, Raymond Chandler tenía estilo para encontrar títulos con resonancias psicoanalíticas: *El sueño eterno, El largo adiós*... *El sueño eterno*, estructurado como un sueño, es tan paradójico que ni Howard Hawks comprendió el guión. *El largo adiós*, separación imposible, hace pensar en temibles pasajes al acto. Dashiel Hammett, con *La llave de cristal*, da el nombre de un falo que abre las puertas escondidas de los cuentos de hadas de hoy y de siempre. Los cuentos y las novelas percibieron el inconsciente, lo dijo Freud, y un psicoanalista inglés, Edward Glover, encontró una fórmula sorprendente según la cual hay «la combinación de una carnicería, de *toilettes* públicos en un bombardeo, y de un laboratorio de autopsia».[1] Glover pasa por alto que en cada una de las piezas del edificio compuesto que describe, hay mensajes dirigidos, enigmas en las paredes. El inconsciente, si es que es un texto, está hecho con una escritura extraña. La memoria se deposita sobre una superficie rara. No es una superficie que tiene las características del corte nervioso. El obstáculo para reducir el inconsciente sobre las bases de las neurociencias se apoya en gran parte en ese punto decisivo. La memoria ha implicado siempre una topología específica.

En la Antigüedad, las artes de la memoria combinaban las imágenes chocantes y el texto de manera patética, para que se recuerde mejor. «En principio se trata de un arte destinado a los oradores de la Antigüedad para recordar un discurso. La argumentación consistía en imaginar una construcción tal vez conocida para usted, como su inmueble o su apartamento, el palacio de justicia si usted es abogado, o bien imaginado a su fantasía, pero que estará organizada con mucha precisión. En esa construcción y en lugares muy precisos del recorrido, usted coloca *imagines agentes*, es decir, imágenes muy chocantes, que usted mismo inventa de manera tal que ellas le recuerden lo que usted quiere decir.»[2] Esas *imagines agentes* se convirtieron en el recuerdo-pantalla del fantasma.

Adaptando la inspiración de las *Ars Memoriae*, Freud alojó de forma natural el inconsciente en el espacio compuesto por una arquitectura fantástica. Para él, el edificio es múltiple a primera vista. Es una ciudad. Freud sostuvo esta metáfora desde su *Traumdeutung* hasta *El malestar en la cultura*. Freud describe el inconsciente como la posibilidad de una ciudad que sería verdaderamente eterna. La vista de Roma resucitada es para él el paradigma de una vista sincrónica de toda la historia. El ojo que inventa no es del mismo orden que el *panopticon* de Bentham. Es un órgano panhistórico que yuxtapone todos los edificios, las ruinas existentes y las perdidas. El tiempo está abolido, el punto de vista es divino. Se entiende entonces por qué Lacan pudo enunciar que «Dios es inconsciente». De esta eternidad es de la que deberemos desprendernos.

1. Edward Glover, «The Therapeutic Effect of Inexact Interpretation: A contribution to the Theory of Sugggestion», *Int. Journal of Psychoanalysis*, 12, 1931.

2. Daniel Arasse, *Histoire des peintures*, Éditions Denoël, París, 2004.

En el paso entre el inconsciente «eternidad» ligado a la muerte y el inconsciente instante propio del viviente, la presentación, por Lacan, del inconsciente como una ciudad que funciona hace historia. Lejos de elegir una ciudad eterna, elige una ciudad del Nuevo Mundo, Baltimore, en donde se encontraba para un congreso en 1969. Trabajaba al alba y dijo esto: «Podía ver Baltimore por la ventana y era un instante muy interesante, todavía no había amanecido. Un letrero de neón me indicaba a cada minuto el cambio de hora; naturalmente había mucho tránsito y yo observaba que todo lo que podía ver, excepto algunos árboles lejanos, era el resultado de pensamientos, de pensamientos activamente pensantes, de allí que el rol que interpretan los sujetos no era completamente claro. [...] La mejor imagen para resumir el inconsciente, es Baltimore al alba. ¿Dónde está el sujeto? Es necesario colocar al sujeto como objeto perdido».[1]

La ciudad, igual que el inconsciente, es el lugar de una ausencia de la naturaleza. No hay más árboles que instinto. Solamente hay pensamientos actuantes. El lugar de la mirada del sujeto freudiano ha desaparecido, el ojo interior divino, ha desaparecido. Con esta perspectiva, el sujeto es como la casilla vacía que permite circular en la ciudad que se propone como un vasto cuadriculado del juego del asno rojo. El sujeto resbala, invisible y perdido, entre los significantes que, ellos sí, actúan.

En ese sentido, la carta que está en la pared de mi consultorio de analista, semblante de significante amo, es en realidad la casilla vacía que permite que los significantes se deslicen en los diversos universos de discursos de cada uno de los que vienen a dirigirse a su inconsciente como Otro. Pero no solamente la casilla vacía permite circular. Ella atraviesa cuerpos que de ese modo son actuados. Los accidentes que los atraviesan forman disposiciones del aparejamiento del inconsciente con el viviente. Ellos intentan desespe-

1. Comunicación hecha por Lacan en el Simposio Internacional del John Hopkins Humanities Center, en Baltimore (Estados Unidos), «Of Structure as an Inmixing of an Otherness Pre-requisite to Any Subject Whatever», aparecido en *The languages of Criticism and the Sciences of Man*: *The Structuralist Controversy*, dirigido por R. Macksey y E. Donato, Baltimore y Londres, The John Hopkins Press, 1970. Las intervenciones de Lacan fueron hechas en inglés y en francés. La transcripción y la traducción son anónimas, en Éric Laurent, «Cités psychanalitiques», *La Cause freudienne*, n.° 54, junio de 2003.

radamente recuperar algo, un *plus* de vida, un «*plus* de goce», según el sintagma que Lacan ha forjado sobre el modelo de la «plusvalía» marxista.

La hiperletra y el chat

La letra quiebra los usos estandarizados del significante en la lengua común. Ella muestra cómo la lengua privada se anuda en torno a los bordes y a los agujeros del cuerpo. Ella se convierte en instrumento de goce de eso.

La trama del hipertexto nos da un modelo del vacío operado por la letra en la red significante. Cuando hacemos clic sobre una palabra, pasamos a la lectura de esa misma palabra en otro contexto, en otra página, en otro mundo. En el texto de la tela, la letra hace agujero. A través del agujero del hipertexto gravita el conjunto de los significantes del discurso universal. La puesta a disposición de ese saber que está disponible por el *stockage* infinito de la web no hace más que desvelar el lugar del significante que falta en el Otro. Si el proyecto de biblioteca universal de Google se cumple, podemos imaginarnos un tiempo en que nunca más faltará un libro en la biblioteca del Otro. Sin embargo, la función de la letra no cesará de ceñir el lugar del agujero. Ese lazo sirve de llamada al desarrollo del *chat*, otro infinito de la interlocución. Esas dos facetas del uso de la tela se anudan como el campo del lenguaje y la función de la palabra. La *world wide web* es el desarrollo de la tela de araña del texto articulado al viviente. Lacan pudo notar un día que el hombre habla tal como la araña hace su tela, como una función del viviente. Jacques-Alain Miller designa a esta extensión del campo del viviente como «corporización del significante».[1] Es el reverso de la sublimación.

De este modo, por la extensión misma de esa ciudad universal, soñada, babeliana que es la tela universal, estamos llevados a confrontarnos de manera más radical aún con el agujero en el Otro. La «*world wide* ciudad» nos hace descubrir su reverso, los suburbios del texto donde rondan los fantasmas de una pulsión separada del significante. El fantasma de una pulsión

1. J.-A. Miller, «Biologie lacanienne et événement de corps», en *La Cause freudienne*, n.° 44, febrero de 2000.

sin significante, es Nueva York y sus suburbios descriptos en *La hoguera de las vanidades* de Tom Wolfe. Francia también ha descubierto que existe: es el lugar donde ningún discurso puede mantenerse. Llama al fantasma de un amo de las palabras y de los cuerpos también. El que podría nombrar lo innombrable y reinar por su misma acción sobre cuerpos sosegados.

La experiencia del psicoanálisis es la de un surfista sobre la tela tejida por la hiperletra, la que comporta una punta de carne. Ésta confronta a cada uno con los suburbios de su hipertexto. Ella lo libera ciertamente del fantasma de un amo que llevaría a cabo la falta en el Otro. Ella no lo libera del respeto de lo poco de semblantes que permiten todavía anudar el plus-de-goce a la lengua común. El anudamiento pasa por la puntuación operada por la letra que reenvía a cada uno a la verdad de su propia historia y al saber que ha extraído de ello.

La carta en la pared es entonces como un *graffiti* que habría sido leído y habría llegado a destino.

CATHERINE LAZARUS-MATET
Psiquiatra, psicoanalista

TAMBIÉN ME HA GUSTADO NO ENTENDER

Desde el inenarrable Peter Sellers deslizándose en el diván en lugar de su paciente en *¿Qué tal Pussycat?* nos hemos olvidado de divertirnos con la figura del analista, así como hemos olvidado de divertirnos con bastantes otras cosas. Los analistas se han convertido en los portadores, no sanos por supuesto, de lo que debe desaparecer: pasiones imposibles, pesadillas, sueños, repliegues, males, *spleen*, tics, trastorno obsesivo-compulsivo, y sigo. Yo he estado largo tiempo en análisis, era impensable entonces. Ahora puedo reírme de lo serio de esta parte esencial de mi vida.

De niña, por mi historia familiar, tenía una viva conciencia de las cosas del mundo y había centrado muy pronto mi atención en la manera en que cada uno se las arreglaba, cómo se las arreglaba cada uno con la vida. Se reía, se estaba serio, incluso desgraciado, se hablaba, se seguía adelante sin asomarse al pasado, pero cada uno llevaba en sí su marca particular donde las cosas vividas se mezclaban con la historia individual. Había lugar para la fealdad del mundo y para su grandeza, la barbarie y la poesía, lo irrisorio y la risa. También era sensible a la fuerza de los procesos psíquicos y lo que escapa, separado entre el enunciado y la enunciación, al sufrimiento de unos, a la brillantez de otros, a las bromas, al estilo de cada uno. Educada en el amor por los idiomas y por el lenguaje, la lengua me apareció muy pronto como portadora de verdades y yo adivinaba lo que más tarde aprendería, y que la «linguistería» lacaniana deplorará. La evidencia del inconsciente se imponía y, más allá del misterio que cada uno, por más cercano que sea, sigue siendo para el otro, el enigma de los pequeños o grandes *malestares*. Por eso, el encuentro con Freud y Lacan debía causar en mí alguna resonancia.

Según seamos de una manera o de otra, tal discurso dará en el blanco. En el momento en que redacto estas líneas, recibo un correo que invita a descubrir «la existencia de un procedimiento innovador que permite acceder al conocimiento profundo de las personas, sin pasar por la vía declarativa: el sistema Quantic Potential Measurement (QPM). Se trataría de «un metamodelo global de medida y de comprensión del ser humano». «Este procedimiento único en su género está destinado a aportar una ayuda al conocimiento de los individuos. Para conseguirlo, utiliza las técnicas de la biofísica asociada a los descubrimientos realizados por las neurociencias y la electrónica de punta». Porque todo ser humano posee, puede leerse en el sitio QPM, «una cartografía bioelectrónica». Seguramente. ¿Por qué no? Pero qué triste y aguafiestas es. Sin embargo, seguramente habrá compradores, porque es, se dice, junto con el DSM, con la semiología clínica, una nueva herramienta para el practicante de las enfermedades psíquicas. Pero, en este período, donde se percibe, como una novedad, la necesidad del lazo social, esos adelantos biofísicos dejarán más y más de lado al sujeto, un poco más aislado, pero armado quizá de un conocimiento bioelectrónico de sí mismo que servirá para su clasificación en algún fichero.

Encontré a Freud y Lacan siendo muy joven y no me han abandonado, aunque a veces estuve tentada de escaparles. De manera que yo quise «ser» psicoanalista ya por mi adolescencia... ¡A quién se le ocurre! Yo adivinaba que no se «es» analista y percibía sin saberlo el valor sintomático de esta inclinación. Solamente el propio psicoanálisis podía esclarecer el sufrimiento escondido en esa elección, bajo una precoz disposición para poner en sombras mi subjetividad, para ocupar el lugar de objeto para el otro, favorable, es cierto, para ocupar la posición de analista, pero que merecía ser desprendida de sus entornos imaginarios, de su particular folclore de significantes para encerrar el punto de real que ha hecho el secreto de un síntoma.

Yo no he visto pasar esos años de análisis. He sufrido, he protestado, he adorado, he reído, he llorado, he callado, he dado un portazo, a veces he evitado una sesión, he comprado algo después de tal sesión, me he preguntado por qué iba, he pospuesto sesiones, no soportaba oírme, he sido burlona, piadosa, luminosa, débil, he sido sorprendida, he estado enojada, he querido seducir, durante mucho tiempo estuve segura de estar aparte, el tesoro precioso, el álter ego, la inspiradora, una vez quise abrir la puerta de mi analista con mis llaves. ¡Qué aventura! Después todo eso se disipó para girar únicamente en torno a un punto cada vez más delimitado. Un tormento discreto pero tenaz me había llevado hasta allí. Llevó tiempo para que el alivio se volviera más seguro, aunque era ligero al mismo tiempo. A veces alegre, a menudo raro cuando surgía una palabra que patinaba, una interpretación, un sueño divertido, la buena frase, la verdad alojada en la transferencia, un sentido que se arranca. Sólo después del final pude medir realmente la justeza de la posición que había tomado mi analista, habiendo permitido a la transferencia llevarme hasta la reducción cómica de mi pequeña singularidad esclarecida en sus dificultades. Tan poca cosa, pero un alivio innegable. Entonces ¿todo eso para esto? Sí. Mi práctica diaria del psicoanálisis está animada, como lo ha hecho sentir mi propio recorrido analítico, por un entusiasmo que no tiene que ver solamente con el interés renovado continuamente por la clínica y los casos, sino también por eso que hace operativo cada encuentro particular en donde es necesaria una soltura orientada para el anudamiento de lo imprevisible y del cálculo.

El psicoanálisis ha sido un recurso, como para muchos otros de mi generación, porque me ofrecía en primer lugar la lectura más justa de la humanidad. Respondía también de la diversidad infinita de los individuos y de los destinos. El descubrimiento, en el liceo, de *La introducción al psicoanálisis* de Freud, fuera de programa, durante un intercambio con un profesor, signó el encuentro feliz con una formulación elaborada, no petrificada, donde la simplicidad de las palabras conseguía traducir la dificultad de la declaración. Por medio de las múltiples referencias a la pintura, la literatura, al teatro, al arte, a otras disciplinas, encontré con Freud un lugar de apertura al mundo, regocijándome de su sola existencia. Sin comprender por qué, los *Escritos*, de Lacan, se presentaron para mí cuando tenía quince años, como «el» libro, al cual un día ¡podría tener acceso! Quizá porque me lo había traído mi hermano, acompañado de un: «¡E. dice que es genial!», y porque E., decía mi hermano, era genial y le gustaba el psicoanálisis. El título en sí mismo contenía un estilo de congruencia con el objeto que me gustó inmediatamente. Me gustaba la prueba de cubierta, su evidente sobriedad. Con el correr del tiempo, algunas formulaciones recogidas de Lacan tuvieron esa extraña virtud de decir algo absolutamente cierto que no leía en ningún otro lugar y, al mismo tiempo, esas fórmulas tan justas zozobraban completamente también en una complejidad que abría al universo de las variantes clínicas y de la elaboración teórica. Muchos son los ejemplos. ¿Me atrevería a decir que me sentía cercana a Lacan? Sí, modestamente, era evidente que algo en mí se reencontraba con él, más aún que con todos aquellos cuyos escritos o creaciones me eran esenciales y de los que conocía la fuerza y el trabajo único puesto en práctica.

Cuando tuve la suerte, que había buscado, de ver al doctor Lacan en Sainte-Anne y de presentarle pacientes, acoplé una punzante perspicacia de la que ya no me separaría, encontrando en la École de la Cause Freudienne, junto a Jacques-Alain Miller y otros amigos, el lugar de una formación viva y siempre fiel a la mirada subversiva de Lacan. Esta dimensión subversiva es esencial. Y es hoy casi sinónimo de humanidad. Esta atención excepcional y no frecuente por los hechos clínicos y por lo que dice un paciente, simplemente, ha sido en mi formación como psiquiatra joven un tesoro de enseñanzas. En Lacan hay, más allá de un talento, exacerbado en él, para atrapar en el otro el rasgo más cercano a lo real, una alianza de lo muy simple y de lo muy complejo, tal como se alojan en cada uno. Ir lo más precisamente posible, que es independiente de la noción de duración, a la localización de lo que anima al sujeto, de lo que rige su relación con el otro, de lo que puede trastrocar lo que persistía, por una práctica inventiva reglada en quién habla. Y después también me gustó no entender a Lacan porque, aun cuando ese hecho haya podido enojarme, la forma compleja de sus declaraciones hace que aprese algo del objeto que busca cercar, más allá del sentido. Igual que a lo largo del análisis.

El individuo bioelectrónico que inventa la ciencia hoy es opuesto al comportamentalismo, entre otras razones por el carácter fastidioso de ¡rellenar cuestionarios! Ahora existen medios más eficaces para conocer nuestras inadecuaciones sin darnos la palabra. Viejo sueño de un cuerpo que no estaría anudado al lenguaje, vivo pero muerto. Somos muchos los que decimos que nuestra práctica cambió, porque ya no es la época del impulso intelectual que llevó a la experiencia del análisis; sin embargo, cada vez más personas se dirigen a un analista para desanudar síntomas de diversa gravedad. Lacan supo ofrecer herramientas teóricas flexibles, aplicables al siglo XXI, que se presenta tal como él lo había anticipado. Y me sigue sorprendiendo el impulso encontrado o reencontrado por quienes hallan el lugar de un decir verdadero que ellos producen, la vida del viviente en la vida, la suya. De ellos.

GUY LE GAUFEY
Psicoanalista

CÓMO ENCONTRÉ EL PSICOANÁLISIS

Yo encontré el psicoanálisis en dos tiempos y tres movimientos.

1966. Tengo veinte años. Estoy en la Facultad de Letras, en la provincia. Angustias diversas y variadas. Caigo, no sé cómo, en *La Interpretación de los sueños*. Maravilla. Con tres amigos igualmente impresionados, decidimos analizar nuestros sueños juntos. Manos a la obra. Tres meses después: uno está hospitalizado, el otro deprimido, el tercero tiene una inversión de la fórmula sanguínea, y yo pesqué una mononucleosis infecciosa. La «enfermedad del follar». Ironía de la suerte, porque el follar, entonces, no es mi fuerte. Yo quiero ser psicoanalista. El único nombre que conozco —Freud— me lleva, durante una breve estancia en París, a la Sociedad Psicoanalítica de París (SPP), en su local de la calle Saint-Jacques. Entonces comprendo que para aventurarse al sillón hay que pensar primero en seguir medicina. Ahora bien, por más sediento de saberes que estuviera por entonces, consideré totalmente descartado hacer medicina, o derecho o psicología. Por tanto, *bye, bye* al psicoanálisis. Empiezo estudios de historia que me apasionan, mientras picoteo entre letras modernas, filosofía y etnología.

Un día, un alma bien intencionada me pone entre las manos un grueso libro: *Escritos*, de un tal Jacques Lacan. Me encuentro con ese nombre por primera vez. Mi hambre de lectura le da sólo algunos bocados. No entiendo nada, pero en esa época hay muchos libros en los que no comprendo nada; eso no me detiene. Por el contrario, huelo —¿cómo? No lo sé— el mismo perfume que en *La interpretación de los sueños*. Se convierte en libro de cabecera que acompaña otras lecturas de entonces, de todo tipo.

Los estudios de historia terminan, y sólo sé una cosa: no seré profesor. De nada. Entonces: ¿cómo me voy a ganar la vida? ¿Archivista? ¿En el Centro Nacional de Investigaciones Científicas de Francia? ¿Florista? Pasa el tiempo. La historia es demasiado concreta, la filosofía demasiado fútil, me sumerjo en la moda del momento, la semiótica, y empiezo una tesis con Greimas sobre «Las estructuras narrativas en El Siglo de Luis XIV, de Voltaire». François Furet es mi codirector. Ya está, soy un parisino. Todos los jueves a las 14 horas, seminario de Greimas en la calle Varenne, después de Barthes (el único que escribió sobre «el discurso de la historia»). Pero la semiótica no alimenta a su hombre, y los trabajos alimentarios son muy deprimentes: ¿qué hacer?

El ejército me llama. El viejo prorroguista que soy (ya tengo veinticinco años) se asusta de tanta juventud y se hace reformar. Haciéndolo, encuentra en esa galera a un interno en psiquiatría (él mismo tiene la tarea de hacerse reformar), quien le hace saber que existe un hospital psiquiátrico donde, sobre diez puestos de psicólogos, han sido cubiertos sólo dos. Apenas desmovilizado, llama a la puerta del director de dicho hospital, quien lo recibe.

Aquí, debo prevenir al joven psicólogo, porque lo que sigue corre el riesgo de provocar en él reacciones violentas y de anclarlo en la detestable idea de que los sesentayochistas han tenido decididamente mucha suerte. Cuando ese director viene a preguntarme si «tengo diplomas», le respondo que tengo un diploma. Es cierto. Tiene la exquisita delicadeza de no preguntarme de qué. Yo no veo la necesidad de precisárselo y me voy con su recomendación a lo del intendente para que éste me inscriba en sus ficheros. Heme aquí psicólogo en el Hospital de París con una maestría de historia-geografía.

La misma semana concierto una cita con un psicoanalista. Un «lacaniano», François Lebovits. Forma parte de la Escuela Freudiana de París, donde tiene el modesto título de AP (analista practicante). Es perfectamente conveniente para mí, y arranco a toda velocidad. Cuando llamo por teléfono a una amiga y le pregunto: «¿Sabes lo que me ha ocurrido?», ella me larga: «Has comenzado un análisis». Me quedé helado. No se lo había dicho a nadie. Ella agrega: «Hace un año que no hablas más que de eso». ¿Ah, sí?

Empieza el segundo tiempo. Principio de semana: psicólogo en un hospital psiquiátrico «duro», que apenas está empezando a abrirse a las nuevas leyes sobre el sector, con servicios abandónicos, crónicas que acechan los pabellones, en algunos casos, desde el final de la guerra, una miseria, nunca imaginada, en un lugar de una belleza externa que me perturba y me ata. Me desvivo tanto en los servicios en los que estoy que nadie se da cuenta de mi ignorancia en psicología. Aprendo a tejer, enseño *baby-football*, hablo, hablo, hablo. La inercia es prodigiosa. Descubro lo que quiere decir la palabra «institución»: cuanto más me agito, más quieto está todo.

Pero vinieron otros a hacer de psicólogos improvisados: filósofos, etnólogos, literatos, muy pronto todos los puestos están cubiertos. De allí se desprende una curiosa fraternidad ya que todos somos parisinos, en análisis, embargados de la muy joven antipsiquiatría, el curso de Deleuze en Vincennes, por supuesto Lacan...

La experiencia se acaba al cabo de un año. No es que se descubrió la superchería del diploma (aun cuando tuve que prometer que sería «psicólogo clínico», lo que haría algunos años después por un juego de equivalencias y algunos esfuerzos suplementarios), sino porque los cambios regulares de médicos jefes hicieron desaparecer a aquel que, por fortuna, me ha investido y permitido plenamente ser otra cosa que una sombra en el decorado. Después llega otro que me propone hacer tests. Uso el pretexto de la falta de calificación (es cierto), y me voy «al sector», donde soy admitido como «psicoterapeuta» (Accoyer está todavía en los bancos de la facultad).

Término medio semanal: École Pratique de Hautes Études. Seminarios. Greimas. Besançon. Barthes. Poliakov. Grupo de trabajo con Nef, Petitot, Bordron, Lamizet, Morazé. Los viernes me desinhibo de las matemáticas con Petitot, en su despacho del boulevard Raspail. Leemos a Lacan y Riemann, Freud y Gödel, Husserl y Frege, desordenadamente.

El análisis sigue adelante. Tres sesiones por semana. Mi lacaniano me da sesiones muy poco lacanianas de tres cuarto de hora. No me molesta. Charlatán como soy, tengo para decir. Mi vida amorosa (ya está, tengo una) casi bastaría para alimentarlas. Redondeo fin de mes escribiendo críticas de libros «psi» en *Le Nouvel Observateur*. Eso hace que todos los miércoles me encuentre con un pequeño resumen de la vida parisina. Guy Dumur es uno de los encargados (de la sección cultural), con Jean-Francois Josselin, Danielle Boulanger, Jean Freustié, a veces Duvignaud, o Jean- Louis Bory, o Jean-Paul Aron. El provinciano que hay en mí mira con ojos desorbitados, luego se va, al cabo de un año y medio. Basta.

A todo esto, mi decisión de practicar el análisis no necesita refuerzo: ya está tomada. Simplemente espero, como buen neurótico, que mi mundo un poco esquizoide pueda unificarse al punto de que la semiótica y el psicoanálisis lacaniano, en su inteligencia del signo, no sean más que dos facetas de una misma racionalidad, ambas tomadas por una misma pasión de significar. De eso haré una prueba cruel y decisiva.

Propuse, en el marco del seminario de Greimas, una doble exposición, una doble lectura del texto de Benjamin Constant, *Adolfo*. Las tribulaciones amorosas del personaje me parecían efectivamente dignas de una aproximación semiótica («a lo Greimas»), y de una aproximación psicoanálitica («a lo Lacan»). Trabajo como un condenado, y al final de mi prestación Greimas me dice algo así como: «Eso no funciona». Yo estoy completamente de acuerdo con él. No funciona para nada. Pero ¿por qué? ¿Dónde está el fallo? Tengo que saberlo (con la idea —un poco ridícula, no se lo digo a todo el mundo— de que mi vida depende de eso).

Vuelvo a estudiar una vez más la *Semántica estructural* de mi maestro. Pronto la sabré de memoria. Pero esta última lectura me da una clave —facilitada por mi lectura conjunta de las *Ideen*, de Husserl: ¡Greimas es completamente Husserliano! No nos lo había dicho, y por supuesto es mucho más complicado. Pero no importa: el sujeto que usa no tiene nada, pero nada que ver con el que Lacan ha pulido con su definición, en apariencia tan «semiótica», según la cual el sujeto está representado por un significante para otro significante. Y esto por una simplísima razón: el primero es un agente, el segundo no lo es en absoluto. Punto.

Estoy en ese punto de mis conclusiones morosas, cuando sobreviene una especie de ordalía. En mi dispensario lejos de París, atiendo por la noche tarde, yo solo. Un día, llega un joven psicótico sin domicilio fijo. Los «polis» lo persiguen. Llegan, con furia. Yo no sé qué ha hecho, pero está claro que le van a dar una buena paliza. Lo meto en una pieza, retengo como puedo a los agentes hasta que llega la ambulancia que llamé para llevarlo al hospital psiquiátrico. El asunto se alarga. No puedo dar crédito de la violencia de una escena que más bien parece de las que se ven en el cine. Regreso a París, agotado. Al día siguiente al mediodía, estoy en el seminario de Greimas donde se trata, me parece, de Aristóteles, o tal vez de *La princesa de Clèves*. En la cabeza tengo la escena de la noche anterior. Antes de terminar, me levanto y me voy. Di un vuelco. Se terminó la semiótica. Ese día, al menos me parece —y aunque hoy todavía me persigue, no volví a poner un pie en la calle de Varenne (Greimas está un poco resentido conmigo, y cuando fue su fiesta, en Cerisy, ocho años después, estuve allí, con mis antiguos condiscípulos, para exponer sobre... el sujeto en el psicoanálisis).

A partir de allí, todo se precipita, y es el tercer movimiento. Ya me he acercado a la Escuela Freudiana de París, sita en el 69 de la calle Claude-Bernard, con un agudo recuerdo de la primera vez que estuve allí. Acaba de aparecer *El antiedipo*; lo devoré en unas horas y me entero de que en ese lugar tan impresionante hay una reunión donde «se va a hablar». Me aventuro, no sin un amigo. En la discusión, tímidamente tomo la palabra, más bien a favor de la obra, y he aquí que una señora (elegante, madura) la emprende contra las máquinas deseantes, los cuerpos sin órganos y otras pamplinas filosóficas. A la salida, la suerte hace que nos encontremos en el pasillo. Ella me pregunta: «¿Ha leído el libro?», y enseguida me doy cuenta de que ella no. Dice que a lo mejor lo compra. Me desmorona. Por el santo de los santos, ¿hay imbéciles de ese calibre? ¡Pues sí! (Durante un año, no pondré los pies en la calle Claude-Bernard. Un seminario de Claude Conté será lo único que me reconciliará con el lugar.)

Sin embargo, aprecié que esta escuela acepte como miembros a no analistas; presento mi candidatura, y me inscribo para participar en el congreso de Montpellier (estamos en 1973). El cartel que se forma con tres amigos tiene como base la psicosis maníaco-depresiva y, sobre la marcha, se nos admite a los cuatro como miembros. Se acerca la hora de la instalación ansiada/temida. Ése era el proyecto desde el principio, pero empieza a tomar forma, y heme aquí con el rompecabezas que resume muy bien la historia del joven médico que pregunta a un viejo colega cómo se hace para tener pacientes. El otro responde: «Se le enviarán cuando usted los tenga». A diferencia de hoy, entonces era el *baby boom* psicoanálitico, las clases populares de la posguerra llegaban al mercado de la neurosis; después de algunos meses de incómodo suspenso subjetivo, asoman los primeros pacientes. Compartimos un despacho y empieza la carrera entre media jornada aquí, las diligencias allá, las sesiones con los pacientes, las reuniones de los carteles, los fines de semana de trabajo, la redacción de artículos, mis sesiones de análisis (que siguen), el control con Lacan (que ha comenzado), las lecturas (que se multiplican), las participaciones activas en las reuniones importantes de la EFP. Pasamos por todo eso con buen ánimo. Es agotador, pero es eso lo que queríamos. Por otra parte la vida, lo que se llama la vida, anda bastante bien. En medio de este follón, la cosa marcha mucho mejor que en el desierto estudioso, y ansioso, de los primeros años de facultad. Dos años después, los diferentes empleos de «psi» se avinagran. Llega una nueva generación de psiquiatras que quieren «hacer lo social». Yo no tengo nada en contra, pero será sin mí. Renuncio y me repliego en la clientela «ciudadana» (me gusta mucho esta expresión, el psicoanálisis es un arte urbano).

Hace ahora treinta años que no hago más que eso. En fin... que me gano la vida sólo con eso. Es mi trabajo.

¿En qué me importa este psicoanálisis al punto de no sólo haberle sido fiel, sino que más allá de ser mi medio de sustento le haya reservado lo esencial de mis actividades intelectuales? Aquí debo cambiar el ritmo, separar la presión brusca irregular de los hechos que hacen a veces de la existencia una suerte de marcha forzada para intentar decir lo que esta práctica aporta con ella: un curioso espacio-tiempo, en el cual la más obstinada de las repeticiones hace buenas migas con una eternidad profusa, en donde la clausura del lugar se hace contrafuerte sobre otra clausura, más carnal y más etérea a la vez. Está acordado que el paciente dirá lo que le viene en mente, que viene así, sin los aprestos de las conveniencias usuales en materia de interlocución civil, y el analista se reserva el derecho de interrumpir ese raudal cuando mejor le parece, ya sea al término de un tiempo regular o no. Ahora bien, ese único dispositivo se revela de entrada con una sorprendente *firmeza*, tanto por el lado de la que o el que arriesga (más o menos) su palabra en los accidentes de su... sí, digamos «pensamiento», como del otro lado, que acepta hacerse el destinatario y el blanco de declaraciones cuya diversidad temática excede la imaginación.

En esta disposición he encontrado una situación que a menudo me ha hecho pensar en la definición que habían dado precisamente los situacionistas, a esta actividad de la que ellos hacían el alfa y la omega de su revolución de la vida cotidiana, el «derivado» en tanto que «pasaje apresurado a través de los variados ambientes». La posibilidad de estar igualmente atento a declaraciones tan diversas, de seguir a uno en su investigación policial sobre su vida y alrededores, a tal otro en su repetición salmódica de una queja fuera de tiempo, a otro en una frondosidad de sueños con una capacidad de simbolización apabullante, luego de golpe tener el oído clavado en el silencio que teje todas esas telas de araña en espera de su rocío matinal, todo eso y muchas otras posturas enunciativas hacen resonar más allá de toda razón la prolijidad de la palabra analizante. Hay algo allí de lo que no se tiene idea, que los analistas se desesperan con todo derecho por hacer oír, una música demasiado diversa como para ser calificada unívocamente: los toques más negros quedan impregnados de un júbilo por decir, mientras que en otros momentos la palabra no consigue abrirse camino y se vuelve por ella misma sufrimiento, desgarro, desolación.

La suerte de intimidad que se establece en ese lugar reglado ha constituido también una sorpresa duradera para la que mis años de analizante no me habían preparado realmente, y que conservan hasta el momento su frescura: ¿cómo concebir que tan naturalmente las declaraciones más privadas, las más secretas puedan enunciarse sin que eso lleve a la menor familiaridad? Ciertamente se podría creer en los efectos de un desequilibrio esencial, ya que se supone que el analista no cuenta su vida, sino que sobre ese punto conserva una reserva muy profesional. Y, sin embargo, ¿qué no deja ver de sí en su decorado, sus silencios oídos, su bonhomía o su compunción, su investidura o sus atavíos, su biblioteca desbordante, su manera de terminar la sesión? Algunos pacientes leen en ello como en un libro abierto, cuando otros tienen mucho cuidado de no mirar nunca, pero en todos los casos se mantiene una particularidad que no puede relacionarse con otra cosa que con la transferencia, a esta disposición que recuerda tanto las metáforas eléctricas: analizante, analista, cada uno mantiene por su lado su pequeño mundo de relaciones, y nunca se deja de lado que esos mundos se superpongan, se interpenetren más o menos, pero allí, en la situación analítica, la corriente social no pasa, o tan poco (fin de sesión, palabras en la puerta sobre los próximos encuentros) que no hay modo de abrochar en ello la familiaridad que debería esperarse de relaciones regulares.

Esta cuasi ausencia de «relaciones», allí donde sin embargo la tensión puede alcanzar muchas veces la cima, está multiplicada para mí por una dimensión lógica cuando me ha sido dado instruirme sobre la noción de «lazo no relacional» en Strawson (*Individuos*), o de «relación sin contrario» (Vuillemin, sobre Aristóteles), pero mucho más aún en mi lectura ininterrumpida a lo largo de todos estos años de los textos producidos por Jacques Lacan. Una vez pasado el largo tiempo recorriéndolos, un poco en todos los sentidos, en sus confusiones, con su aspecto de palimpsesto para algunos seminarios blanqueados en los arneses de fotocopias, la lluvia de neologismos de los últimos años, la complejidad natural de un estilo que Pichon encontraba «demasiado germánico» ya en 1939, una vez pasadas las primeras referencias, y sin buscar nunca demasiada unidad en ese permanente *work in progress* repleto de giros en horquilla. Una suerte de bajo continuo se desprende, sin embargo, del que sería muy difícil decir qué, del compositor y de su auditor/intérprete, determina más el *tempo*. En la marea de sus referencias directas e indirectas, en su pasión por unir, que es el principio del arte de analizar, Lacan no deja de salvaguardar la parte de la sombra, ya sea que haga de ella la presa inalcanzable del trabajo analítico (el objeto metonímico) o decrete el *impasse* constitutivo («no hay relación sexual»). Una vez localizado, ese abarrancamiento interno (ver la serie de los «no hay») decide cierta postura del analista, dirige su posición en el lugar de su saber cuando se pone a escuchar la palabra analizante: los meandros teóricos que despliega para llegar a las o los que operan como él quedan, pues, en suspenso, si bien es cierto que su necesaria universalidad no es más que una grosería frente a la singularidad que se intenta desplegar en ese sitio. Me gusta al menos creer que así piensan y actúan, las y los que han adquirido —de distinta manera— la reputación de ser analistas.

FRANÇOIS LEGUIL

Psiquiatra, psicoanalista

UN ENCUENTRO EN EL ENCUENTRO

Mi encuentro con el psicoanálisis tal vez ocurrió en el interior de otro encuentro, el de la medicina de lo que se llama sin muchas precauciones la patología mental. Las circunstancias, efectivamente, fueron las de querer ser psiquiatra. Como la mayoría de los adolescentes, había oído hablar de Freud en las clases de filosofía; no me había interesado para nada, y para decirlo más exactamente, me había hartado bastante. El interés por estudiar medicina tenía razones que no me destinaban a la psiquiatría. Yo quería ejercer una especialidad que me parecía que estaba ubicada en el cruce entre una preferencia por la biología, una atención por las cuestiones que plantea la «salud pública» y una preocupación por la vida cotidiana. Todavía conservo en mi memoria la huella casi borrada, así como una discreta nostalgia, por el trabajo que deseaba practicar, hecho de contactos inmediatos, de acciones multiplicadas y de variadas preocupaciones, prometido también a un reconocimiento social más halagador por ser más simple.

El poder de seducción que ejercía la psiquiatría estaba relacionado con el carácter insólito de la aventura intelectual que ésta perfilaba. Desde hacía mucho tiempo me gustaba el siglo XIX: la historia de la psiquiatría lo recorre por completo, acompaña como su sombra —como su reverso paradójico también— la epopeya del creciente cientificismo de la medicina que toma de Balzac uno de los personajes de *La casa Nucingen* (George Canguilhem lo señala en uno de sus últimos textos). La historia de la medicina de las cuestiones mentales es la otra cara que revela las pretensiones científicas, igualmente peregrinas, del resto de la medicina sobre las que se ha fundado. Me conmovía a menudo el empeño por una ambición, llevada a veces hasta lo trágico por lo irrisorio mismo de sus esperanzas. Recuerdo que algunas frases me impactaron por largo tiempo, como estas de Baillarger: «He pesado con cuidado el cerebro del hombre», eco impresionante del: «Señores, abran algunos cadáveres» de Xavier Bichat, del que Michel Foucault hacía el título de un capítulo de su *Nacimiento de la clínica*.

Vivir este modo de *impasse*, tanto como salir de él, aunque en verdad quedar en él, me parecía merecer el compromiso con un análisis que empecé la misma semana que la de mi primer *stage* como interno. En resumen, yo formé parte de esa banda de médicos jóvenes que iban a ver a un analista «para entender mejor a los enfermos». Es un malentendido considerable. Lacan lo marca en una conferencia que tuvo lugar en el hospital Henri-Rousselle a mediados de los años sesenta. Ese malentendido era el mío, y me parece que explica las primeras coordenadas de mi encuentro. La experiencia de la transferencia fue otro asunto.

La aventura psiquiátrica hizo historia; el ejercicio de una disciplina que exigía que uno se inscribiera en esa temporalidad, que en un primer momento uno se volviera responsable de la mayoría de sus opciones, me convenía. El psicoanálisis me servía de freno y de incentivo al mismo tiempo. Yo comprobaba el desfase entre la clínica de una cura y la de los médicos alienistas. Tenía la suerte de conocer a los últimos herederos, de gozar de su cultura, de las aperturas reales que ellos intentaban poner en marcha en sus trabajos y en su práctica. Mucho después, me conmovió escuchar a Judith Miller revelar que en su tesis Jacques Lacan había escrito esta dedicatoria a Freud: «Al padre de la nueva psiquiatría». Como puede verse, el malentendido ha sido largo, lento y profundo.

Con respecto a la medicina, hay en el análisis un efecto de formación vergonzoso de concebir: el que toma a contrapelo las pasiones curativas, que cuestiona la pureza de las ambiciones terapéuticas. Examinar de qué manera uno se ha enrolado en esta vieja saga de sanar es escabroso; si uno empieza a alzar el velo de ese ideal por otra parte humanamente impecable, se descubren comarcas por el lado de la pulsión, incluso del *kakon* del ser, que están lejos de ser caritativas o simpáticas. Este encuentro en el encuentro hace del psicoanálisis una «educación» paradójica, que debe toparse con una gran parte de dificultades, antes que ofrecer verdaderos consuelos a quien toma el riesgo. «Yo he aplicado mi corazón para conocer la prudencia y la doctrina, los errores y la imprudencia, y he reconocido que en eso mismo, había pena y aflicción del alma», dice el Eclesiastés.

Sin embargo, hay algo nuevo bajo el sol, porque en el final de un análisis surgen fuertes razones que permiten considerar que un encuentro ha ocultado al otro. El segundo, que permitió la cura, era ciertamente el verdadero; pero el primero, el del año del bachillerato, la corta evocación de desaliento, era sin duda el encuentro real, tan exacto es que en su corazón contenía la amenaza más temible: la de una experiencia que disipara los bellos espejismos de un ideal altruista. En la política inconsciente de un sujeto, ese ideal se parece a lo que un Leo Strauss llama «ese clínico agarrado a lo prosaico del sufrimiento». Con lo prosaico, la nobleza no sirve para nada si miente. Aunque el encuentro con el psicoanálisis sólo enseñara eso, mostraría que es un tratamiento superior a todas las farmacopeas del alma.

JACQUES LE RIDER
Historiador, director de estudios en la École Pratique de Hautes Études

UN RETORNO A LOS FUNDAMENTOS DE LA ÉTICA Y DE LA RACIONALIDAD

La invitación de *La Règle du jeu* a decir «cómo me encontré con la disciplina freudiana, lo que le debo, en qué me importa» me ha llevado a un esfuerzo de anámnesis autobiográfica: antes del preparatorio para la Escuela Normal, en Louis-le-Grand, al regreso de las vacaciones de 1971 (yo tenía diecisiete años y seis meses), por primera vez escuché hablar de Freud, visto a través de Lacan por un profesor de filosofía que en todo certificaba a la «tríada de la sospecha» de los años 68: Marx, Nietzsche y Freud, y a lo que llamaban el «estructuralismo». Para mí, que hasta entonces no había hecho más que balbucear en el último año del bachiller los rudimentos de Platón, Descartes y Kant, era una prueba temible. No entendía nada, se me pedía que me sumergiera en Freud, Nietzsche y Marx sin decirme por dónde comenzar. Había que haber leído además *Las palabras y las cosas* y otros dos o tres libros maestros. Excedido y desesperado, ya había abandonado toda esperanza de poder algún día obtener el concurso para el que se suponía que me preparaba.

Más tarde, ya en el preparatorio, un profesor de filosofía de la vieja escuela me llevó al terreno más tranquilizador de la filosofía clásica.

Completamente inconsciente de los acontecimientos intelectuales que se desarrollaban en la calle Ulm y sus alrededores, atravesé esos años de ENS (École Nationale Supérieure) entre la Sorbona, donde había decidido seguir el camino de Estudios germánicos, y la calle Saint-Guillaume (estudios de Ciencias Políticas pensados como una segunda oportunidad en el caso en que debiera escapar de la enseñanza secundaria).

El año en que me recibí (1974-1975), lo pasé en Viena para trabajar sobre el novelista Heimito von Doderer. Esta búsqueda me llevó a Freud por atajos imprevistos: Doderer había estado unido a Hermann Swoboda, un psicólogo amigo del sulfuroso Otto Weininger, que había muerto en 1903 después de haber publicado en *Sexo y carácter* una suma de metafísica post-schopenhaueriana, de antifeminismo y de antisemitismo en forma de «odio de sí judío». Trabajando sobre Doderer, descubría a Weininger. Después, dedicaba mi tesis de tercer ciclo, como se decía entonces, a Weininger. Fue mi primer libro publicado (*Le Cas Otto Weininger*).

Trabajando sobre Weininger, había necesariamente «retornado a Freud». Pero es evidente que ese retorno a Freud era el de un historiador de la literatura y de los sistemas teóricos.

Cautivado por Freud, descubría sus textos a través de la edición de Gesammelte Werke cuyo orden cronológico riguroso y el volumen del *index* se me habían vuelto familiares e indispensables —al punto que tenía la impresión de haberme perdido en ellos y de no entender nada cada vez que abría una traducción francesa—. Presenté mi trabajo de tesis de doctorado de Estado, *Modernité viennoise et crises de l'identité* bajo el signo de la antropología freudiana y de la «ciencia del hombre» desarrollada por Robert Musil en *El hombre sin atributos*.

Estos dos autores, Freud y Musil, se me presentaban como los «deconstructores» más radicales de la identidad personal. Deconstrucción que siempre estuve tentado de interpretar como una emancipación, una liberación del individuo, como una saludable superación del nihilismo de la modernidad. Entre la necesidad elemental de ese sentimiento de identidad sin el cual ninguna existencia es concebible y el corsé identitario en el que el individuo corre el riesgo de ahogarse, me parece que la recomposición freudiana de las identificaciones y el análisis irónico de las cualidades de los caracteres en Musil, abren perspectivas tanto saludables como tónicas. Freud y Musil me parecen uno y otro indisociables de Nietzsche. *El hombre sin atributos* es, por momentos, un juego de citas paródicas del eremita de Sils-Maria, pero también de reflexiones sutiles sobre Nietzsche. Y Freud, lo diré aquí con una palabra, sin temor a parecer paradójico, me aparece como un anti-Nietzsche. Sobre los grandes temas nietzscheanos, desde la interpretación de la tragedia hasta la visión prometeica de la existencia, me parece que Freud defiende muy conscientemente la opinión contraria de Nietzsche.

Nietzsche y Freud tienen en común haber sido formados en la alta escuela del neohumanismo humboldtiano. Nietzsche en Schul-Pforta, es evidente. Freud, en el Realgymnasium de Leopoldstadt, fue formado de manera menos exclusiva en filología, pero sus referencias culturales fundamentales, de Sófocles a Goethe, son las mismas que las de Nietzsche. Ambos han sufrido un malestar muy punzante por el sistema cultural neohumanista: Nietzsche terminó execrando esa sociedad bismarckiana que pisoteaba sus ideales culturales prosternándose hipócritamente ante sus clásicos. El recorrido de Freud lleva *De la Acrópolis al Sinaí*, según la fórmula que conservé como título de mi última monografía sobre Freud. No es un retorno a lo religioso, lejos de ello, pero es un retorno a los fundamentos de la ética y de la racionalidad en momentos en que la civilización europea se desploma.

Como conclusión de esta improvisación, me gustaría volver a la tríada de los años 68, Nietzsche, Freud, Marx. Esos tres nombres que dominan el siglo XX, ¿no tienen en común suscitar pasiones en pro y en contra que vuelven con una regularidad desconcertante sin perder nunca su fuerza primaria? Esas reiteraciones tienen algo fascinante y desalentador. Los argumentos más débiles y los más gastados están siempre prontos a re(servir). Mi primera reacción, cuando se me ha invitado a participar en este número de *La Règle du jeu*, fue de mal humor. ¿Por qué tomar en serio una polémica mediática de un nivel tan débil? Pero ¿por qué, después de todo, poner mala cara al placer de un momentito de autoanálisis autobiográfico?

LILIA MAHJOUB
Psicoanalista

«NUESTRA PÁLIDA RAZÓN NOS OCULTA LO INFINITO»

(ARTHUR RIMBAUD, *Sol y carne*)

Escribir sobre el propio psicoanálisis, volver a sumergirse en los propios recuerdos de analizante, no podría ser otra cosa que una aventura azarosa, si solamente se tratara de revelar algunas anécdotas de diván suplementarias.

Ahora bien, se trata de otra cosa, y a la dificultad para desvelar fragmentos, cede paso el deber que le vuelve al analista de no caer en el olvido del analizante que ha sido, es decir, cómo yo puedo darme cuenta de eso desde que acabé mi análisis, saber reencontrar la vena y lo que ha sido probatorio: la eficacia.

Ese deber se impone mucho más en el contexto actual, el del final del año 2005, que aparece atravesado por una hostilidad sin precedentes contra el psicoanálisis. Efectivamente, plumas, incluidas las dedicadas a la información, se han puesto al servicio de la negrura, pero también se han alzado voces, durante los debates públicos, para hacer oír propósitos imbéciles, aunque no menos funestos, indicándonos que era urgente que nos expresáramos sobre un tema tan condenado, y esto en medio de la indiferencia generalizada.

El psicoanálisis es una práctica de la palabra: esta palabra es un don del lenguaje y es de lo que dispone el que habla, como lo señalaba Jacques Lacan, de «dirigirse a través [del analista] a quienes no entienden nada de eso»[1] y si el analista también debe prestar atención a lo no-dicho, «eso no es para ser escuchado como golpes que se darían detrás del muro»,[2] pues esto

1. Jacques Lacan, «Fonction et champ de la parole et du langage», *Écrits*, Seuil, París,1966. [Trad. cast.: «Función y campo de la palabra y del lenguaje» en *Escrito I*, Siglo XXI. Buenos Aires, 1975.]

2. Ibíd.

correría el riesgo de dar lugar a una interpretación donde el sentido chorrea hasta ahogar eso de lo que se trata realmente. A menudo es lo propio de una práctica lo que procede de la sugerencia y no de la transferencia, concepto forjado por el psicoanálisis.

En efecto, más allá de la vergüenza que siente nuestra sociedad, frente a esos medios de comunicación que se rebajan y se desacreditan ante la insondable estupidez de los detractores de uno de los más notables descubrimientos de la humanidad como es el psicoanálisis, está el rechazo del triunfo por esas carradas de odio, ligadas a esa estupidez, que se impone ante nosotros.

Es Mozart asesinado, y por eso solamente la transferencia puede oponer ese desencadenamiento mortífero. Muchas veces, Lacan apeló al amor, y en un contexto más restringido, ya que se trataba de la comunidad analítica. Si bien el amor debe ponerse del lado de la transferencia, esta última, cuando es negativa, nunca es, sin embargo, identificable con el odio. Por otra parte, Lacan daba una definición muy bonita de los dos aspectos de la transferencia; es decir, que «la transferencia positiva es cuando a quien está en juego, el analista en este caso, [...] lo miran con buenos ojos; y es negativa cuando le tienen ojeriza».[1]

En cuanto al odio, si igual que el amor se dirige al ser, se diferencia en que para este último está inscrita la falla, pero no es el caso para aquél. No hay falla que le concierna, porque su objetivo es destruir el ser del otro, así como nos lo ha mostrado siniestramente la Historia y donde la obra de Freud ha sido, como no hemos olvidado en absoluto, el objeto de un autoarreglo. Además, mi manera de decir «no» a esos falsos intelectuales, a esos demoledores, será escribiendo estas líneas junto con otros en estas páginas.

Mi análisis se remonta ahora a varios decenios y, sin embargo, lo que queda de él está siempre tan vivo como cuando lo hacía. Por eso, más de una vez me volví a poner en las condiciones de analizante. En consecuencia, mi análisis, si bien llegó a término hace mucho, no cesa de servirme.

Ya he podido expresarme sobre ello, una primera vez públicamente, en 1991, durante un coloquio que conmemoraba la muerte de Jacques Lacan.

1. Jacques Lacan, *Le Séminaire*, *livre XI*, *Les quatre Concepts fondamentaux*, Seuil, París, 1973. [Trad. cast.: *Seminario XI. Los cuatro conceptos fundamentales del psicoanálisis*, Paidós, Buenos Aires, 1986.]

El texto de esta intervención ha sido publicado en un libro titulado *Connaissez-vous Lacan?*[1]

Lacan fue, efectivamente, mi analista y en esa oportunidad dije cómo el haberlo conocido había dado un vuelco radical a mi demanda de análisis. Una larga serie de entrevistas previas, con otros analistas, no había hecho más que llevarme con más seguridad hacia este encuentro decisivo. Fue un verdadero encuentro, una *tyche* por lo menos imprevista, y que marcó de manera indeleble lo que seguiría. Así, tuvieron lugar otros encuentros, en el transcurso de mi análisis, reactualizando el primero, y aportando ese algo que hacía que no hubiera repetición posible del mismo.

Así, lo que yo más temía, es decir, quedar unida a alguien de manera duradera, ocurrió que, y eso sin ninguna rutina, en el transcurso de esos largos años, no se instaló. Era del orden de lo increíble, del encadenamiento, aun si lo que yo descubría me reservaba a veces su lote de angustias, de violencia, de desesperación, de duda y de pena. Sobre todo había alegría, la de vivir semejante aventura, la de llegar cada día a ese barrio donde está la calle de Lille y que desde entonces conozco de memoria, la de saber lo que nunca había sabido hasta ese momento.

Lo inesperado estaba siempre allí, y podía producirse en sesión o fuera de ella. Lacan sabía quebrar los estándares del marco analítico, tanto como los tabúes que podían perjudicar a la sorpresa, incluso para el acto analítico propiamente dicho.

Si antes decía que mi análisis sigue hoy siempre vivo y presente, diré que en mi opinión, este hecho está unido a la presencia de Lacan, quien, desde el primer contacto por teléfono, después, en el transcurso de la primera entrevista, me conmocionó, al punto de alejarme durante un tiempo. Falso arranque que no hizo sino volver más firme el retorno y la capitulación ante la transferencia.

Esta presencia fue esencial hasta el final de mi análisis, incluso mucho más allá. Fue modificándose, a antojo de los atravesamientos que se operaban en la cura. Al perder su masividad, podía reducirse a un sonido, a un corte, incluso a una interpretación equívoca. El analista no se refugiaba detrás de los rituales propios del *setting* analítico que habrían neutralizado

1. Lilia Mahjoub, *Connaissez-vous Lacan?,* Collection Champ freudien, Seuil, París, 1992.

esa presencia, que era exactamente la de su cuerpo, y que hacía que hubiera algo viviente en este análisis.

En eso, Lacan sabía hacer en ese registro y, al levantarse cuando terminaba la sesión, el que se encontraba en el banquillo era entonces el cuerpo del analizante, que a partir de ese momento en absoluto se reducía a un bla bla, a una palabra que habría estado desencarnada. Muy por el contrario, para la mujer muy joven que era, que desde su infancia debió padecer las miradas, ésa fue una verdadera prueba, una prueba cuya salida le permite el levantamiento de la inhibición para aparecer, para exponerse.

Aquí he elegido evocar solamente algunas viñetas inconclusas referidas a atravesamientos, porque no sería posible exponer todo de este análisis. Está fuera de cuestión formar parte del *pathos* que ha transmitido este análisis y que no merece ser recordado, porque ha sido evacuado de mi vida. Lo que queda es impalpable y esencial a la vez, como un efecto de poesía, cuyo sentido permanece inagotable.

Los fragmentos que siguen a menudo tienen en cuenta lo que gira en torno a una puerta. Es cierto que no hay nada mejor que atravesar una puerta para aparecer. En un análisis, una puerta que se abre, que se cierra o no se cierra es algo muy serio. Por otra parte, es lo que hacía decir a Lacan no que «hace falta que una puerta se abra o se cierre», en referencia al famoso dicho popular, sino que «es necesario que una puerta se abra y que después se cierre».[1] En este sentido, la puerta metaforiza el ruido, la oscilación, incluso el equívoco, y no una simple elección binaria.

1. La analizante que tiene en su activo no más de dos o tres sesiones, sale del seminario de Lacan que acaba de terminar, en la calle Saint-Jacques, para esperar a alguien a la salida. Por esa puerta bastante estrecha llega Lacan, rodeado de un importante areópago. Al encontrarse así bruscamente frente a él, ella lo saluda, y cuando se apresta a alejarse, por no decir a huir, él exclama: «¡Ah! Esta cara no es como las otras». Ella querría desaparecer ante todas esas miradas, que por otra parte ella no ve, y que reavivan aquí la vacilación tan conocida que, lejos de transfigu-

1. Jacques Lacan, *Le Séminaire, livre II, Le Moi dans la théorie de Freud et dans la technique de la psychanalyse*, Seuil, París, 1978. [Trad. cast.: *Seminario II. El yo e la teoría de Freud en la técnica psicoanalítica*, Paidós, Buenos Aires, 1997.]

rarla, producirá efectos de una violencia subjetiva sorprendente en las sesiones que siguen.

2. La analizante espera desde hace largo rato en la sala de espera. Varias personas han pasado antes que ella y sólo queda ella esperando. La puerta está desesperadamente cerrada. ¿Él la ha olvidado? Dividida en sentimientos contradictorios, termina por levantarse y ganar la salida para irse. En la sesión siguiente, Gloria, fiel en su puesto le abre la puerta y le dice que el doctor Lacan la ha buscado por todas partes la última vez y que, descontento, le habría reprochado haber dejado que se fuera. Gloria le hace saber también que no le había gustado en absoluto ser reprendida de ese modo. La analizante habló de ello en sesión, para escuchar la confirmación de su analista de que sin ninguna duda la había buscado, pero él lo hizo con mucha dulzura, cuando ella esperaba recibir una fuerte reprimenda. A partir de ese momento, quedó abierta en su análisis la cuestión de «saber esperar».

3. Ella penetra en el despacho de su analista que la sigue y no cierra la puerta. Ella se estira en el diván y espera. La puerta queda abierta. El analista no se mueve. «Pero ¿por qué no cierra de una vez esa puerta?» Le lanza ella. Él le responde: «Por supuesto, querida, la voy a cerrar». Esta formulación, con su alcance de equívoco, no deja de resonar como tal en los oídos de la analizante, que se pregunta si se trata de la puerta o de la boca del analista. Entre las puertas que ella cerraba, para escapar a la presencia y a la mirada de un padre, ciertamente muy afectuoso y que había apostado mucho por ella para sucederlo, y el silencio que se instalaba entre ellos cuando ella mostraba su deseo de independencia, había por supuesto para hablar y sobre todo para hablar bien. Es a lo que ella consintió, en este análisis. Hasta el punto que más adelante le importó poco que la oyeran si la puerta quedaba abierta. A decir verdad, ella no tenía nada que esconder.

4. La analizante llega a su sesión cotidiana, Gloria le abre, pero le anuncia que el doctor Lacan, engripado, ha tenido que quedarse en cama. De modo que no puede recibirla y la verá mañana. Al día siguiente ella le declara: «Vine ayer, pero usted no pudo recibirme, estaba en cama». «¡Cómo! replicó el analista, ¡por supuesto que podía recibirla en aquel momento!». Esta frase, que también tenía su alcance equívoco, no dejó de producir olas, y precisaré que años después, y aún hoy, no cesa de librar su interpretación, que no puede ser reducida a un sentido cualquiera.

Con la última enseñanza de Lacan, esta interpretación resuena con lo que debe ser concebido de manera nodal, en referencia a los nudos de su topología, donde el sentido hace capitón como tal. Estar en cama y estar en análisis, para esta analizante, no podía ser elegir entre uno o el otro. En otras palabras, el conflicto que para ella había residido durante mucho tiempo entre ser una mujer mirada, incluso deseada, y una mujer que «la abre», para tomar una expresión de Lacan en relación con tomar la palabra, tomaba un giro diferente. Las dos posiciones no eran incompatibles. Como para la puerta que debe «ser abierta y después cerrada, y después abierta, y después cerrada», no es que deba prevalecer ni una ni otra. Puede haber equivalencia entre las dos, es decir, que su relación, desde ese momento, no puede sino fallar para dejar así el desfase necesario para que los desórdenes del deseo puedan ponerse en juego.

JEAN-CLAUDE MALEVAL

Psicoanalista, profesor de psicopatología en la Universidad de Rennes-2

TRES TEXTOS PROHIBIDOS

¿Psicoanalista? ¿Psicólogo? Esas palabras no existían. «Su hijo será un bandido». Expulsado. Para un niño difícil sólo existían las técnicas de reeducación: entre los muros de un pensionado, y su disciplina, se mataban las turbulencias. Conservé las imágenes de los malos tratos que infligían con plena conciencia educadores poco preocupados por escuchar a los niños. Década de 1950. En las afueras de París.

En casa los libros eran escasos. Sin embargo, había algunos en un granero, donde yo jugaba. En un rincón oscuro, sobre tres estantes polvorientos. Habían sido legados a mi abuela por un amigo muerto de tuberculosis. Estaba prohibido tocarlos, porque, se me había dicho, eran contagiosos. Yo los miraba sin atreverme a tocarlos. Preciosos pero intocables.

Tres libros escandieron mi encuentro con el psicoanálisis. Tres textos sulfurosos, inquietantes y misteriosos. Me encantaba leer, como me gustaba explorar los subterráneos, a pesar de las recomendaciones, de la oscuridad y de los peligros.

Un pequeño libro de bolsillo color granate. El primer volumen de la colección «Ideas» de Gallimard. Su título me atraía vergonzosamente. Necesité un largo tiempo antes de comprarlo. *Tres ensayos de teoría sexual*. Tuve que esperar que los clientes salieran de la librería del liceo para procurármelo. No sabía nada de su autor, asociaba vagamente su nombre al de Einstein y a la noción de gran complejidad. Me sorprendió poder leerlo sin grandes dificultades.

Se había abierto un filón. En la librería municipal de Colombres, se podía acceder a otras obras de Freud, con títulos más convenientes: éstas me llevaron primero a Schopenhauer, Nietzsche y la filosofía.

En el primer año de la facultad, la idea de hacerme psicoanalista germinó con mis lecturas. Un profesor de filosofía, perentorio, me paró en seco diciéndome que era imposible, a menos que hiciera medicina. Profundamente decepcionado, oscilé entonces entre la enología y la filosofía.

Vino el segundo libro. Lo encontré en el hogar de la ciudad universitaria de Nanterre. Raro acontecimiento: se distribuía de forma gratuita ¿por qué organización? Seguramente para evitar las ofertas de compra de *Tres ensayos*. La distribución tuvo su efecto: poco tiempo después, ocupábamos el pabellón de niñas de la ciudad universitaria para conseguir que fuera mixto. El libro se titulaba *La lucha sexual de los jóvenes*, de un autor que me era totalmente desconocido, Wilhelm Reich. Su descubrimiento me orientó en los hechos de Mayo del 68, llevándome a tomar parte activa en el Movimiento del 22 de marzo. Reich me guió también en mis estudios, estimulados además por sus críticas a Freud. Hasta había previsto empezar una tesis sosteniendo sus posiciones, cuando, profundizando en su lectura, me di cuenta de que la pertinencia de sus trabajos se venía abajo. Vi con sorpresa a Reich como a un delirante. La compatibilidad de su psicosis con un reconocimiento internacional de sus trabajos fue para mí una enseñanza mayor, cuando empezaba un interés persistente por las invenciones psicóticas. Ya había pasado dos veces por la misma experiencia. Otros dos grandes maestros resultaron psicóticos: un viejecillo barbudo que lo sabía todo sobre política y un amigo muy buen futbolista. Cuando fui a visitarlos por última vez, poco después de su entrada en la esquizofrenia, yo tenía 15 años. Todavía me reprocho no haber vuelto para verlos.

La vida estudiantil de la ciudad universitaria de Nanterre, en 1968, había agudizado mis dificultades sentimentales y sexuales. La ayuda que buscaba en los libros no había modificado nada. Otra forma de ayuda, buscada en las prácticas salvajes de la terapia comportamental, lo que Master y Johnson llamaron «las mujeres de reemplazo», no fue concluyente. Sin duda los que conocí no estaban lo suficientemente formados para el comportamiento operante. Después de haber sentido muy fuertemente la tentación de tirarme a las vías del metro, un psicoanalista me pareció un mejor recurso. Además había aprendido que el ejercicio del psicoanálisis no estaba reservado solamente a los médicos.

La dirección que daba la BAPU (Bureau d'Aide Psychologique Universitaire) no era excelente. Un especialista del psicodrama en la SPP (Société Psychanalytique de Paris). Su primera intervención fue memorable: «¿El sábado por la noche después de currar?», contestó ella a mi ingenua pregunta al término de mis tres primeras sesiones. Se burlaba: yo la irritaba. Seguramente demasiado comprometida con el movimiento estudiantil del 68 a través de un conocido de Anzieu, tan cuestionado en Nanterre.

La segunda dirección que daba la BAPU fue mejor. Supe mucho después que se trataba de la nuera de Lacan. Ella soportó sin chistar mis recriminaciones sobre el estilo de los *Escritos*. Fueron necesarios dos años para que la cura obtuviera el mayor efecto terapéutico esperado.

Un docente de la universidad, catedrático de filosofía, vivido como encarnación de un saber supremo, había hecho que me encontrara con los *Escritos*. Yo me sentía halagado por sus invitaciones, por nuestras discusiones, pero, en lo referente a mí, su homosexualidad me turbaba, y tomaba sus delirios por rarezas. Había puesto los *Escritos* en el programa de su curso, lo que no dejaba de ser original. Para él se trataba de un texto oscuro, más próximo a la parapsicología que al psicoanálisis, no sabía qué hacer con eso, pero lo ponía en nuestras manos. Al principio lo asocié a ese personaje extraño: un texto enigmático, molesto y fascinante.

En oportunidad de un pedido de control, un allegado a Lacan, me afirmaría más tarde para mi sorpresa: «Freud ya es suficiente». No era lo que yo pensaba: una amiga me había orientado hacia los analistas que podían leer los textos de Lacan. Esto me decidió a ver al autor de los *Escritos*. Después de algunas sesiones de control, elegí cambiar de analista, para continuar con él. Las sesiones con duración variable me sacudieron, haciendo surgir un material nuevo. Se puso en evidencia que el análisis no es un trabajo de intelectualización.

Me quedó una interpretación memorable. Él aceptaba que llevara artículos, que le dedicara un libro. Cogía los textos sin decirme nada después. Le expuse un artículo bastante voluminoso, con un título demasiado ambicioso, miró la primera página, con el texto delicadamente sostenido entre el dedo pulgar y el índice, brazo extendido, luego, levantándolo todavía un poco más, lo dejó caer de manera teatral. Cosa de desprender el escrito de los cebos narcisistas y de puntualizar un objeto de goce determinante.

El síntoma se había desplazado, volviéndose menos doloroso, más socializado, fijándose en la escritura, y abriéndose, en el ocaso de la vida, a una entrada no premeditada a la universidad. Para hacer oír allí los significantes del psicoanálisis.

El ejercicio del psicoanálisis me había confrontado, con sorpresa, no sólo a la magia de la transferencia, sino además a la extrema diversidad del universo de cada uno, y a los inventos inesperados en los cuales el sujeto a veces encuentra un recurso. Barrera radical para salir al paso del discurso universalizante de la ciencia con el que la psicología sueña vestirse.

MERCÈ MANAGUERRA

Actriz, profesora de Interpretación, jefa del Departamento de Técnicas de Interpretación en el Instituto del Teatro de Barcelona

MI ESCENA

La escena fue para mí, como actriz, un lugar de refugio y, paradójicamente, de huida. Una tribuna «demasiado» privilegiada desde la que finalmente no he podido escapar a ser espectadora de mí misma. Como presa de una lupa macroscópica he visto cómo se expresaban sincopadamente todos los abismos. Naufragando sobre una tarima expuesta a un sinfín de tempestades, he vivido extremados síntomas indescifrables, miedos paralizantes, pesadillas interminables, víctima del «otro» —el público— o de mis propios retos. Arrastrada por nudos invisibles, siempre más al fondo de un mar sin fondo.

¡Cuántas muertes se fueron acumulando hasta ahogar los impulsos, el placer, el juego, el compromiso, el deseo...!

Cuando se quiebra la voz por falta de aliento, el cuerpo anticipa el *rigor mortis*. Es entonces cuando enmudece la escena y ya no es posible articular la palabra. Y fue entonces cuando descubrí que teatro y vida no son «análogos», que no existe un mundo imaginario como recurso de evasión y otro real del que se pretende la no existencia, sino que «uno» y «otro» son el mismo. Y que a todas las muertes más o menos conocidas que me habitaban precedían otras que habían empezado a nacer mucho antes de subirme por primera vez a un escenario.

Vacía de tesoros tuve que aceptar que debía retomar la palabra de nuevo desde otro umbral, darle crédito de paisaje ignorado, y dejar libre el discurso para que con su joven movimiento me revelara aquello que pretendía ajeno. El psicoanálisis revolcó mi palabra y mi mirada. Volví a nacer.

MICHÈLE MANCEAUX

Periodista, escritora

LA INEVITABLE MELANCOLÍA

Me parece estúpido tener que seguir describiendo todavía las bondades del psicoanálisis. Los evaluadores, ¿son sordos y ciegos? Yo prefiero el humor a la grandilocuencia, pero hay que pegar fuerte con los que no quieren entender, y que me obligan a decirles una vez más que el psicoanálisis me ha salvado la vida. Por supuesto no puedo certificar que estaría muerta sin el socorro de Freud y de Lacan y de la maravillosa persona que me ha escuchado durante varios años.

¿Tengo que exponer mis intentos de suicidio, tengo que volver a relatar mis ingresos en clínicas especializadas, mis curas de sueño y el atento tratamiento de un psiquiatra que me había prevenido: «Usted no saldrá de esta grave depresión antes de cuatro años»? Lo escuché, tomé pastillas, comprimidos, sellos con una enloquecedora dependencia, con el miedo permanente a no tener las drogas cerca, por las cuales el día transcurría en las nubes, y la noche en una tumba. Cogí miedo a no poder vivir sin un sostén químico y decidí ir a lo de los «gurús», como todavía muchos llaman a los psicoanalistas. Consulté con la intención de empezar una cura psicoanalítica, y deje de drogarme. Porque se trataba exactamente de eso al principio: una cura de desintoxicación. Lo que viene a continuación preocupa: ¿cómo este dolor invivible puede transformarse en instrumento de conocimiento? Yo lo he relatado, en su momento, en un libro que se titula *Grand reportage* que los evaluadores pueden procurarse, si todavía queda alguno. Ese libro tuvo una tirada importante, hasta podría hablarse de *best seller*, tantas son las personas deprimidas que hay en Francia.

En las librerías, cuando los autores están detrás de una mesa, o donde se coloquen, como chorizos, con sus obras impresas, yo veía venir hasta mí caras tristes. Podía reconocer, entre todos los visitantes, a aquellos que apenas se tenían en pie, o que mantenían sus ojos bajos porque no tenían ganas de hablar. Creo que no querían drogas. Venían a decirme que estaban mal. Después de la lectura de ese *Grand reportage* tenían la amabilidad de confiarme que se sentían menos solos, que todavía deseaban hablar. Yo me sentía confusa y hasta molesta de que se identificaran conmigo. De hecho, lo único que buscaban era ser escuchados. A ellos tampoco les bastaban las drogas y los consejos. Tal vez para ellos no se trataba de un hecho de vida o muerte, pero ¿quién puede evaluar el sufrimiento de tener que mantenerse con vida?

Mi médico psiquiatra, también una mujer en este caso, a la que agradezco su ciencia y su devoción, había evaluado justamente mi descenso al abismo. Tal como me lo había predicho, necesité cuatro años para descubrir, una bella mañana, como por milagro, que la hierba estaba verde. Renacía, pero ya no era la misma asustada, humillada, sin padre y sin referente. Renacía más advertida, más apta para aceptar a los otros, también más sólida para educar a mis hijos y ejercer mi trabajo. Total, que esperaba haber construido una balsa que podría resistir a otras tempestades. Durante cuatro años había atravesado crueles insomnios, pero mi alma se había despertado más viva que si hubiese dormido anestesiada por los somníferos, y salía ganando de esta costosa cura, ironía de la suerte, gracias a los derechos de autor.

Hoy, tengo el placer de anunciar a los evaluadores que, sin ansiolíticos, antidepresivos y otros tranquilizantes que los franceses consumen masivamente, la balsa sigue flotando. Y también cuando rompen, como en todas las vidas, las altas olas de la inevitable melancolía.

SOPHIE MARRET-MALEVAL
Psicoanalista

CÓMO DECIR

¿Cómo encontré la disciplina freudiana? Por una vez debería ser simple, fácil de localizar: en 19... un día yo..., sin embargo es imposible. Seguramente porque los términos freudianos estaban presentes en el discurso familiar, me parece que el psicoanálisis estuvo un poco allí siempre, como si para mí hubiese tenido casi el valor de una evidencia (de lo que me doy cuenta recién hoy), como admitir que la Tierra gira o la inexistencia de Dios, que no provocaron en mí ni vértigo ni profundos interrogantes. ¿Por qué entonces admitir tan pronto la hipótesis del inconsciente sin haber hecho la experiencia, con nada más que una muy vaga idea del psicoanálisis? Ahora, extrañamente, mientras intento responder a la pregunta que se nos ha planteado, emerge esta sorpresa.

Recuerdo con claridad el momento en que ésta fe fue quebrantada. Era en el último año de secundaria, en filosofía: leíamos a Freud, yo descubría las *Cinco lecciones sobre el psicoanálisis* y *La interpretación de los sueños*. Recién hoy también, constato que descubrí verdaderamente la teoría freudiana sin experimentar la agitación de un gran descubrimiento, como un efecto de verdad sin sorpresa.

El profesor, que no compartía esta convicción, intentó evocar la sexualidad femenina: comprendí que, según Freud, no se le ofrecía a una mujer muchas soluciones para vivir con tranquilidad, a menos que tuviera hijos. Pero ¿cómo estar segura de que yo tendría hijos? Creyendo en el saber del profesor, llegué vagamente a la conclusión de que era mejor dejar de lado el psicoanálisis. También recuerdo la lectura, en esa misma época, de *Las palabras para decirlo*, de Marie Cardinal, que esta vez me hizo concluir que era necesario estar muy mal para hacer un análisis. Si mi reticencia me parece ahora evidente, cuando constato que me conformé muy pronto con ideas bien simples sin haber buscado discutirlas, no sin estupefacción también me doy cuenta ahora de que, en el fondo, mi fe en el «psicoanálisis» (pero ¿qué quería decir eso para mí?) no había sido tocada; yo seguía creyendo en él, para los otros.

¿Acaso ese mismo año no había pensado, a pesar de todo eso, en orientarme hacia la psicología (con el interés por el psicoanálisis *in mente*)? Fue entonces cuando encontré a un consejero de orientación que me dijo que para hacer psicología, debía estar segura de no tener problemas (sin exageración). Segura de que allí había algo que no cuadraba, hice, pues, una elección «ética» orientándome, para salvación de mi prójimo, hacia la literatura. Pero sin duda el consejero no sabía hasta qué punto esa elección me acercaba mucho más al psicoanálisis de lo que hubiera podido hacerlo un curso donde éste estaba casi ausente. Él me había aconsejado que, de todas maneras, entrara en la preparatoria, que aprovechara esa formación intelectual y en todo caso que sólo volviera a mis deseos iniciales si fracasaba en el concurso de la École Normale Supérieure. Hoy quisiera agradecerle. Entré en la escuela y fue al salir de ella cuando encontré de verdad el psicoanálisis. Cuando dejé de estar tan absorbida por los estudios, supe que lo que suena termina por manifestarse ruidosamente. ¿Debería haber dado el paso mucho antes? Con toda seguridad debía mis resistencias de antaño al saludable rechazo por escaparme de una identificación, de un deseo, cuyo peligro no ignoraba. No hay nada que lamentar.

Pero ¿esa vez entonces? ¿Acaso en la primera sesión no comparaba convencida la literatura con el psicoanálisis? Hoy lo relacionaría con una sensibilidad por la claudicación del ser y por el lugar que tomaron para mí las palabras, desde mi primera infancia. Lo que hizo que la literatura, elegida de alguna manera como una vía alternativa al psicoanálisis, me llevara a él directamente.

¿El encuentro con el psicoanálisis? ¿El primer paso? Resulta que se manifestó bajo la forma del amor, un encuentro encarnado (en un tren), el azar, la *tyche*, la chispa que contribuyó a desvelar el deseo ahogado por una trayectoria sin falla y que me llevó a plantear por fin el acto de entrar en análisis. Después, la lectura de Lacan, que reorientó mi tesis, el seminario de Jacques-Alain Miller y el entusiasmo que me provocó por su rigor; finalmente, ningún otro pensamiento (era el tiempo de las lecturas importantes, de la filosofía) podía tener para mí ese efecto de verdad.

Resumiendo. ¿Lo que me ha aportado? Estaría tentada, como muchos otros, de decir «todo», de hacer la lista de los beneficios terapéuticos, la angustia que disminuye, la existencia que se construye sobre un camino que uno no lamenta, el levantamiento de los síntomas, pero en lo más íntimo yo sé que no es eso, no es sólo eso. Pero, sobre ello, ¿qué decir? Para dar cuenta de eso, haría falta una construcción precisa de lo que ha quedado asentado de la experiencia analítica, como propone Lacan con la experiencia del pase, pero éste no es el lugar. Decir cómo el psicoanálisis afloja las mallas de las ilusiones de la conciencia y otorga con ello una nueva libertad que permite captar el carácter insignificante de eso que nos orienta, lo más íntimo, el engaño de cualquier aspiración de «educar» la pulsión. Es, finalmente, la mirada «desfasada» que la experiencia del inconsciente ofrece al ser humano y su «psicología» lo que lleva a desestimar cualquier referencia a la norma y a la normalidad. Igual que el psicoanálisis, la literatura se dirige a esa parte de sombra de nosotros mismos. Para mí, los textos se convirtieron en el motivo para descifrar eso que se asienta y se escribe de ese saber, y para aproximar al máximo el nudo de la lengua y de lo real.

Yo debo la orientación de mis búsquedas universitarias a una canción, extraída de un disco que cuenta *Las aventuras de Alicia en el país de las maravillas*, que me gustaba tanto escuchar de joven, y que tarareaba mientras charlaba con un amigo sobre nuestros futuros temas de estudios. Este amigo me hizo saber que Lewis Carrol era matemático. Ya estaba decidido, yo trabajaría en las relaciones entre literatura y matemática (por mi parte, siempre había lamentado haber abandonado las matemáticas). ¿Pura especulación? Necesité dejar de lado la tesis de la esquizofrenia del autor y la de la regresión hacia un mundo imaginario para descubrir en sus textos las raíces comunes de su obra literaria y de su obra matemática, por el sesgo de su interés por la lógica. Necesité comprender en este sentido la modernidad de la obra literaria respecto de la obra matemática, pese a ser más tardía. En ese punto se produjo para mí el encuentro con el psicoanálisis, que me permitió captar mejor la lógica de esa disyunción entre teoría y escritura literaria desde el punto de vista del saber, luego el saber vehiculizado por ésta en el lenguaje y los tropiezos del decir, puestos en evidencia por la formalización matemática naciente. Mi interés estuvo ligado en primer lugar a la verdad de la obra, más tarde al trabajo de la escritura, a la letra. El concepto de la letra entre matemática y literatura fue esbozado por Lacan, y Jacques-Alain Miller me permitió descubrir el formidable homenaje a

Lewis Carrol de Lacan.[1] Mientras tanto, se desvelaba para mí, en el transcurso de mi análisis (aun mucho tiempo después de creer que había terminado con Lewis Carroll), hasta qué punto no había sido tan fortuita esa elección, tan poco «intelectual», hasta qué punto me implicaba, mucho más allá de ese primer cuestionamiento. Los juegos sobre la letra y el acento puesto en el texto hasta la interrogación que Lacan pone de relieve, referida al objeto que es la niñita para Carroll, pasando por esa canción. No obstante, no hubo ningún determinismo. A pesar de todo, se había tratado de una verdadera elección, en un momento de mi existencia.

El psicoanálisis, que ha descubierto los usos del saber para fines de ignorancia, me ha hecho ver que una acumulación de saberes universitarios nunca podría igualarse a todo lo que contribuye a enmascarar. Esto fue lo que me llevó a querer transmitir lo vivo de esta experiencia de un modo diferente al de la enseñanza.

JEAN-DANIEL MATET
Psiquiatra, psicoanalista

LA LIBERTAD DE EMPRENDER

> Agradezco cada mañana cortésmente al diablo o a uno de sus agentes que se asoma a mi tejado. Deferencia no es pacto...
>
> RENÉ CHAR

El adolescente que quiere ser médico obedece a determinaciones variadas, que van desde la actualización de la curiosidad sexual de la infancia a la identificación de personajes de la vida social o familiar con carácter marcado, pero él no evitará ese encuentro inevitable que determinará su modo de ejercicio: para evitarlo o para estudiarlo, la muerte acompaña sus pri-

1. Jacques Lacan, «Hommage rendu à Lewis Carrol», texto pronunciado el 31 de diciembre de 1966 en France Culture, con el título de «Commentaire d'un psychanalyste». Transcipción de Marlène Belilos a partir de una grabación. Texto establecido por Jacques-Alain Miller, *Ornicar?*, n.º 50, *Revue du Champ freudien*, difusión Navarin-Seuil, 2002.

meros actos y sus primeras construcciones. *El nacimiento de la clínica*, de Michel Foucault, estaba de actualidad, y la anatomía clínica era el telón de fondo de los estudios de medicina. A partir de ahí, el desarrollo contemporáneo de las imágenes de la medicina dejó de lado el cadáver, modificando los términos de la responsabilidad del médico.

Los síntomas en los límites de un real por imágenes

Antes de ser una teoría, con sus corrientes, sus contradicciones, el psicoanálisis se presentó como la urgencia de una práctica. Lo poco que sabía por una lectura superficial y parcelada de Freud me había llevado a encontrar, en la importancia que Lacan dio a la palabra y al lenguaje, qué es lo que lo hacía contemporáneo. Con ese ligero giro, busqué a un psicoanalista. Dos o tres rasgos suplementarios, aparentemente anecdóticos, tomaban curso en mi historia y orientaban mi decisión. No debía prolongarse, porque había urgencia, sin saberlo, porque yo pretendía buscar que el sentido de mi existencia pudiera sostenerse escribiendo un libro. Lo que yo no podía decir se manifestaba en esta paradoja: ir a ver a un psicoanalista para darle a leer lo que yo no podía decir. La incertidumbre y la duda amenazaban mis fuerzas vivas. La decepción de un primer curso de medicina en psiquiatría, la rudeza de la medicina hospitalaria entre la tecnicidad creciente de la medicina y la poca atención que se le brindaba a los enfermos, pero además los maestros que no querían serlo, me daban la esperanza de encontrar en el psicoanálisis un recurso compensatorio. Parecía la respuesta a todas mis preguntas y también el lugar de las preguntas a las respuestas que pensaba obtener.

El tiempo propio de cada uno

¿Por qué pasar más de quince años de la vida buscando un hombre para convertirlo en el psicoanalista de uno, tres o cuatro veces por semana? ¿Por qué continuar controlando su práctica con otro, a la edad en que la experiencia podría ya haberle enseñado todo? La respuesta más simple tiene que ver con la satisfacción que se supone que encontraría en eso: dicho de otra manera, porque al analizante le gusta eso, y es un reproche que se le hace al psicoanálisis por no poder impedirlo. Es cierto que las sesiones correctoras de las TCC no continúan durante años, aunque el motivo sea porque los protocolos encontrarían en ello su *caput mortuum*. Pero ¿qué era lo que le gustaba a este analizante: el analista, el psicoanálisis, él mismo, sus síntomas, la verdad? Si no había ningún placer, el sufrimiento no estaba ausente de los momentos difíciles, ni tampoco la incomodidad de una alienación que restringía los viajes y los gastos.

¿Hacía falta dejar a sus padres, su ciudad de infancia, una futura novia, con el entusiasmo de un joven prendado por la libertad para encontrarse poco tiempo después en una dependencia elegida, pero real, de este Otro riguroso?

¿Qué es lo que esperaba? Su aspiración a la libertad era la de su generación y él la había afirmado con la determinación alimentada por el imaginario revolucionario. Tenía la aspiración de vivir esa libertad hasta el punto de buscar el límite en un dicho paterno que en su día supo sostener la absurda determinación del joven para confrontarlo mejor con su *impasse*. La libertad de la que gozaba no lo era sin una exacerbación de síntomas que hacían trabajosos los estudios y las relaciones sosas. La colección de amistades había reemplazado la inhibición, pero el deseo parecía siempre en contradicción con el amor, sosteniendo la insatisfacción.

¡Qué historia rosa de no ser por el fondo de una doble determinación trágica que prometía al sujeto a la perversión o a la muerte! El psicoanálisis instaura un margen de maniobra que permite no dejar de sufrir sin decir palabra y encontrar esos pocos logros que pueden orientar su destino.

Un estilo de vida

La religión podría haber sido un refugio para su ideal y para protegerlo de la fuga de lo que lo horrorizaba, pero no estaba a la orden del día. ¿El psicoanálisis cumpliría la misma función? Ésa fue una de las razones que hizo que deseara agotar el encanto de esas sesiones que escanden la existencia del analizante para alcanzar el casi nada de lo que la sostenía, el hueso de lo que determina su curso. El lugar que ocupó el hijo en el fantasma materno terminó por reducirse y cortar el camino para obtener una eterna reivindicación sin pagar su precio. Eso me ha permitido no hacer que el psicoanálisis sea una explicación a todo, sino por el contrario la disciplina que permite poner los discursos en su lugar, aproximarles su lógica y no imaginar más que lo dan a entender.

Los psiquiatras con los que me había cruzado durante mis estudios, presos de las contradicciones de los espejismos cientificistas, esperaban lo mismo de los comportamientos, de las moléculas, que de la historia del psicoanálisis y enturbiaban el mensaje que querían transmitir. El descubrimiento freudiano se reducía a informaciones históricas y la enseñanza de la clínica perdía en ello su lógica. Fue el psicoanálisis, como efecto de lo que moviliza, lo que me devolvió el entusiasmo por la psiquiatría. La enseñanza de Lacan sobre las psicosis y la sección de la clínica en los comienzos daban relieve al saber que los psiquiatras habían desplegado sobre la locura desde hacía dos siglos. De este modo, abría el camino de una experiencia con los enfermos mentales que encontraba su propia vía. ¿Habéis imaginado qué motivos se podrían tener para practicar psiquiatría hospitalaria cuando no se tiene alma de «enderezador de hombres»? ¿Cómo aceptar encerrar a gente, contener su violencia, aceptar trabajar bajo presión, si no es por las razones de los efectos civilizadores de una práctica sostenida por el rigor de la experiencia y de su propio análisis? ¿Cómo poner fin a un episodio de agitación si no se postula que allí se ha desencadenado una palabra y que no encuentra su interlocutor y que es necesario restaurar un marco que lo permita? Estamos muy lejos de constatar que las drogas y los métodos coercitivos tienen un único efecto. De los que, por otra parte, se sabe que su acción no se concibe sin la atención que se da al enfermo, a lo que éste quiere decir, a lo que lo lleva a esos comportamientos.

Soportar el juicio del Otro, sin pensar que se pueda aligerar, un juicio con el que será necesario vivir, trabajar, amar, es lo que conoce tanto el neurótico como el psicótico, pero ellos no lo traducen de la misma manera, porque no disponen de los mismos instrumentos simbólicos. Anudamiento, desanudamiento y reanudamiento de lo «complejo» es el punto donde la experiencia analítica, para quien quiere convertirse en psicoanalista, se confunde con la vida misma.

¿Se me habría ocurrido corregir mis síntomas por medio de tratamientos expeditivos forzados prescindiendo de una tan larga experiencia? ¿Qué habría sido de mi pasión por la libertad? Me habría hecho falta pasar por un maestro *bricoleur*, pero el *bricoleur* era yo, y el maestro que buscaba era un artesano inspirado, un hombre de arte que inspiraba una obra. Ése es el realismo que encontré en Freud y en Lacan a partir de mi análisis, ayudado por el trabajo incesante de Jacques-Alain Miller, y es también el que sostienen los hombres y las mujeres que se analizan conmigo. Los *parlêtres* alcanzan en ello la autenticidad de las realidades humanas como en ninguna otra experiencia: ¿no es ése su éxito a pesar de sus detractores?

No hay muchas disciplinas donde los sujetos se prestan a una formación tan larga antes de ejercerla, y eso hace de los psicoanalistas testigos privilegiados y singulares de los avatares de la existencia humana. Por eso me he sentido feliz participando en la preparación de estructuras de formaciones clínicas en la región parisina, pero también participando en la creación de instituciones singulares que sólo el psicoanálisis puede orientar de forma duradera.

Advertido de los modos, de las apuestas del mercado de la asistencia y los tratamientos y su desregulación, sin abandonarse a ningún *furor sanandi*, el psicoanálisis no puede seguir ignorando los hechos de la ciencia. Se reprocha a los psicoanalistas haber sostenido falsas verdades, atribuyendo a una causalidad psíquica lo que no era otra cosa que mecanismos fisiopatológicos. De ese modo, la desgraciada enfermedad psicosomática ulcerosa no era otra cosa que el efecto de la *Helicobacter pylori*, pero nadie pensó en decir que los psicoanalistas eran a veces los últimos en hablar con aquellos cuyos síntomas hacen fracasar la medicina hasta el punto de ser abandonados por ella. ¿Quién habla hoy con los sujetos psicóticos, por qué son tantos los sujetos esquizofrénicos que consultan a los psicoanalistas? La medicina no tiene nada que proponerles cuando, una vez que tomaron todas las píldoras, los síntomas persisten y confrontan al sujeto a su errancia. Algunos olvidan que hoy la medicina misma está llena de errores de interpretación con consecuencias que van a veces mucho más lejos. Al abordar la cuestión de la verdad, el psicoanálisis alcanza su inconsistencia en el síntoma, y esta experiencia desplaza el goce que lo encierra.

El psicoanálisis no reivindica la hegemonía que sus enemigos le disputan, pero ¿en nombre de qué, de qué soberano bien se querría que desaparezca? La malevolencia con la que son abordados los casos de la literatura muestra la imposibilidad de sus detractores para destruir sus valores de enseñanza. Lo que se quiere hacer desaparecer es un estilo de vida y, como es el mío y también el de algunos otros, no dejaré nunca a quienes se amparan detrás del cientificismo que me impongan un modelo de relaciones sociales, de concepciones terapéuticas que dejan de lado lo que me parece esencial en la civilización y que encarna el psicoanálisis, en cuanto a lo singular de cada destino y que para mí se traduce como la libertad de emprender.

IMMA MAYOL

Teniente de alcalde del Ayuntamiento de Barcelona

HACIA LA LIBERTAD

Mi primer contacto serio con el psicoanálisis fue durante los estudios de psicología en la Universidad de Barcelona. Primero en la delegación que ésta tenía en Palma de Mallorca, ciudad en la que nací y viví hasta los veinte años, y después ya en Barcelona.

Antes sólo conocía la divulgación más corriente de una personalidad como Sigmund Freud que impactó y conmovió el siglo xx.

En la universidad vivías la transmisión de información, conocimientos y la influencia de los profesores y profesoras de las diferentes corrientes de pensamiento que coexisten hoy en día para explicar la psique, los comportamientos humanos, las relaciones interpersonales y con el entorno.

Siempre me sentí atraída por un pensamiento global, complexivo y complejo capaz de ir más allá de lo evidente, que utilizaba la palabra y la relación como principales instrumentos de «curación», o de búsqueda de la libertad y la felicidad, como prefiero llamarlo.

Era difícil y el lenguaje críptico no ayudaba, pero las características personales de la mayoría de las personas que impartían las enseñanzas psicoanalíticas, tanto en la universidad como en estudios posteriores, facilitaban un acercamiento reflexivo, seductor a un conocimiento complejo.

Me gustaba el no simplismo, el gran respeto por la persona, la necesidad de interacción entre paciente y profesional, la distancia, pero el vínculo...

tan lejos de la «aparente simpleza y eficacia» de un conductismo que siempre rechacé.

Le debo al psicoanálisis el placer de vivir con mayores dosis de libertad y sentirme razonablemente feliz.

Once años de terapia psicoanalítica realizada en dos momentos diferentes, con una interrupción de unos dos años, me han permitido conocerme mejor. Saber el porqué de tantas repeticiones, antitéticas con el ejercicio de la libertad que acababan condicionando mi vida.

Le debo también haber podido conocer y sentir —revivir— mi historia familiar (como todas, agridulce) con la compañía confiada del terapeuta, ayudándome en una de las cosas que más le agradezco: poder sentirme mal. Soportar el dolor pasado —presente; interno y externo... sin huir—. Sintiéndolo y digiriéndolo.

Le debo haber podido elegir y disfrutar de una relación de pareja, no ajena al hecho de haber compartido el rico proceso terapéutico de cada uno, disponer de las herramientas que en él adquirimos para capear las vicisitudes que cotidianamente aparecen, y que nuestras respectivas experiencias nos permiten comprender y de nuevo digerir, para continuar con la aventura de la relación.

Le debo haber podido transmitir a mis hijos que conocerse es condición de posibilidad para ganar libertad y buscar la felicidad, y que sus respectivas experiencias (bien diferentes) cuando han recurrido a ayudas terapéuticas analíticas les ha permitido experimentarlo.

Y yo celebro con ellos cada momento de su evolución en que vuelan, vuelan con ilusión y recurso.

Pienso que lo que más me importa del psicoanálisis es su capacidad, revolucionaria, la que abre la vía de ir contra el propio destino, de permitir con esfuerzo y emoción contrarrestar el peso de la propia historia y crear tu propio presente y futuro.

Me importa la capacidad de releer fenómenos sociales yendo mucho más allá de la evidencia cuantitativa, tan hegemónica y empobrecedora.

Me importa, en definitiva, su capacidad política de transformación.

PIERRE MERTENS

Novelista, ensayista y dramaturgo

FREUD: ¿TOLERANCIA CERO?

Durante mucho tiempo me he levantado temprano. Durante mucho tiempo, fui de esos escritores que pensaban que el recurso del análisis no podía más que dañar su querida inocencia y atravesar excesivamente las indispensables nieblas de la imaginación.

Ésta, más que cualquier otra, es una idea errónea.

En el fondo, no comprenderse demasiado aparecía como necesario para la creación, incluso como algo exquisito y excitante. Ahora bien, todos recordamos la famosa meditación de Stendhal, en el monte Janícula, en su *Vida de Henry Brulard*: «Voy a cumplir cincuenta años, ya sería tiempo de conocerme».

Y Béatrice Didier, prologuista de una de sus reediciones, habría tenido una buena razón para percibir en este escritor de la felicidad —lo que en el fondo es paradójico— a un precursor del psicoanálisis. Aun cuando para él aquello concluye con: «un análisis abortado» y un abandono triunfal a la escritura...

A menudo, cuando se descalifica una vía que busca la salud personal —por no considerarla apropiada—, uno se apresura a generalizar su caso, a uno le encanta entonces ridiculizar el método...

Yo no fui, pues, insensible a los sarcasmos de Karl Kraus, en tiempos de Freud, ni más tarde al espantoso juego de palabras del gran Nobokov, quien decía aborrecer ¡«al doctor Fraude»!

Después me deleité, como correspondía, con *El antiedipo* y las *Entrevistas* de Deleuze con Claire Parnet. Estos libros introducían un debate —más que un proceso—: no declaraban la guerra.

Mientras tanto, había descubierto la estrecha connivencia que mantenía el mago vienés con la literatura. El texto sobre *Gradiva* constituye una profesión de fe en la novela (ni siquiera Robbe-Grillet diría lo contrario...).

He escrito una novela, *Perdre*, que yo mismo calificaba de «análisis salvaje». Pero es por haber comprendido que una terapia en buena y debida forma no necesariamente nos desvía de una (feliz) «salvajada». Existen anámnesis jubilosas.

Porque, en un momento de mi vida en que la cólera me sumergía, en que cierto gusto por la imprecación prevalecía, estérilmente, sobre los sabores de la melancolía, fui tentado por la experiencia.

La noche que fui, por primera vez, a lo de mi analista, era en pleno invierno y había hielo en las calles. Estuve a punto de echarme atrás. Después de todo, ¿acaso no iba persuadido de que explicaría a mi interlocutor que, por supuesto, jamás habría una segunda sesión? Cincuenta minutos después, supe que nos frecuentaríamos, sin duda alguna, durante algunos años. Sin embargo, la ingenuidad no es mi fuerte (me gusta expresar, con o sin razón, las cosas así). ¿Salí de allí más feliz? (Al menos comprendí que esa palabra tenía un sentido.)

Más dispuesto a la escucha. Fundamentalmente del prójimo. Accesoriamente de mí mismo. Más disponible. «¡Nathanaël, arroja mi libro!», decía el padre Gide. Lo que no quiere decir, necesariamente, deshacerse de él, sino confiarlo con una violencia amistosa a su lector. Dirigirlo.

Entonces: *El libro negro*... Ya que sus responsables (no digo sus autores) han creído permitirse remedar un género, un registro donde se incrimina a genocidas, respondámosle que han cometido «un pequeño breviario del odio». Del mismo modo que existen cuchillos ocultos, también hay pequeños inquisidores. Modestos trabajadores del desprecio.

El libro (?) se refiere a los «psi» como se hablaba de los judíos en los años treinta: gran complot sectario, gusto por el poder, avidez pecuniaria... ¿Y si esta actitud reflejara, entre otras cosas, nada más que un avatar del nuevo antisemitismo? Eso hubiese merecido por lo menos un esfuerzo de estilo. ¡Estos ensayos esperan todavía su Céline o su Thomas Bernhard!

Aquí, esto funciona un poco como, en otros tiempos, la comisión McCarthy.

Lo propio de los impostores es que ven impostores en todas partes. ¡El cubismo, la música serial, Malraux, Breton (¿no es cierto, Houellebecq?), Chaplin, Hegel y... Darwin! El último grado de la demistificación es cuando se vuelve mundana. Hay quienes cuelgan el hábito por esnobismo.

Podría tratarse nada más que de peripecias de un combate entre escuelas. Pero no: los psicoanalistas y los comportamentalistas que yo conozco no cruzan ese tipo de lanzas. Más bien se sustituyen. El menú es amplio. No hay una única respuesta al sufrimiento humano.

Hablar mal de la cura por la palabra es una censura que aún no se había inventado. (En la Argentina del general Videla, los psicoanalistas fueron los intelectuales más perseguidos.)

«No nos gusta la literatura», decía Flaubert en *Bouvard y Pécuchet*, cuando evaluaba el peso de alegre subversión que ésta suponía.

Hoy, existen detractores profesionales, modernizados para afilar el cuchillo. El psicoanálisis no les gusta. Los negacionistas de ahora son los mismos de ayer. «Sólo tienen la palabra "amor" en la boca. Y, en nombre del amor, odian», decía D. H. Lawrence. Disparan más rápido que la sombra. Algún mérito tienen. Porque a esta misma sombra se reducen.

DOMINIQUE MILLER
Psicoanalista

EL INSUMISO

Más que nunca, el psicoanálisis responde por mí en lo que marcó mi primer encuentro con él: un discurso y una práctica fuera de la norma. En esa época, cuando se cultivaban ideas impregnadas de invención y de libertad, el psicoanálisis avanzaba en buena compañía. Hoy se habla de producción, de rentabilidad y de normas. En este mundo, el psicoanálisis está solo y permanece insumiso.

Si esta mutación me alerta, es porque se pretende que también el psicoanálisis se ponga en vereda. De hecho, el psicoanálisis, al principio, penetró las prácticas terapéuticas, que, hasta hace poco tiempo todavía, se servían del psicoanálisis, diciéndose «inspiradas» por él. Las nociones de inconsciente, de traumatismo, de síntoma, de tratamiento por la palabra en las que se han apoyado pertenecen al psicoanálisis. Después, un desacuerdo sobre la perspectiva terapéutica de uno y de las otras cavó una fosa entre ellos, a excepción de algunos psicoterapeutas que mantuvieron la orientación del psicoanálisis. Ese desacuerdo se reforzó, se alimentó por la amalgama que se operó entre la idea de progreso personal y la modernidad.

Esto propulsó a los psicoterapeutas al corazón del movimiento hedonista dominante en nuestros días. La terapia tiene que servir ahora para el bienestar, sea cual fuere el medio para conseguirlo. El psicoanálisis aparece entonces como un obstáculo, a causa de su rigor, de su exigencia, del trabajo psíquico que reclama. De este modo, por un giro de las cosas, se intima al psicoanálisis a alinearse a las psicoterapias para participar de ese movimiento. De otro modo, se nos dice, ¡debe desaparecer!

Éste es el punto en el que estamos. Por eso quiero dar mi testimonio. Estar en la vida, ésa es mi concepción del psicoanálisis. Una vida tal como la entendí al encontrarme con el psicoanálisis, una vida que dé a cada uno la fuerza de elegir su vida. El psicoanálisis asocia el espíritu de rigor y la libertad. Esta paradoja siempre me ha gustado. Pide al paciente que deje andar sus pensamientos, sin ejercer censura moral, sin buscar gustar o dar placer, sin tampoco anticipar nada sobre la salida. La libertad de palabra es una libertad que demanda mucha aplicación. De tal suerte que una elaboración sobre el deseo singular del paciente, despegada de la conformidad y de la conveniencia, dé luz a una solución original. Esa solución, fuera de todo modelo, es una emanación del sujeto. Se apoya en los conflictos más íntimos, una vez desprendidos de sus *impasses*. El psicoanálisis está dirigido a seres que reconocen en ellos un obstáculo: insómnicos, bulímicos, depresivos, obsesivos, impotentes, narcisistas, angustiados, etcétera. El psicoanálisis reconoce la discordancia como esencial a la dimensión humana. Le hace su lugar para que se vuelva creadora y no destructora. La discordancia genera la invención. Se sabe que los grandes descubrimientos científicos se han producido en los momentos de ruptura...

El psicoanálisis para mí, y para muchos otros, es una subversión. Lo era cuando lo encontré. Lo sigue siendo. Seamos precisos: el psicoanálisis del que hablo es lacaniano. Es el que me atrajo, justamente por su costado insumiso a la letra, no solamente en el campo de las ideas. Leer a Lacan es entrar en un mundo que no habla el idioma del consenso, el idioma de la llamada comprensión. Es una lengua que toma en serio lo que ella dice: el sujeto del inconsciente es subversivo. Se funda sobre la falla. Y saldrá de sus dificultades con ella —y no contra ella—. El psicoanálisis, según Lacan, propone al sujeto subvertirse él mismo, dar la palabra a su división.

De allí esa decisión tomada por Lacan de hablar su lengua singular y no una lengua común, que —si existiera— limaría todas las diferencias...

Entonces, tratar a una persona de ese modo, psicoanalítico, tiene efectos terapéuticos mayores y duraderos. De hecho, la gran lección del psicoanálisis que queremos que se oiga es que: es terapéutico lo que no pretende curar del desorden fundamental. No entiendo cómo se puede pretender «curar» a un ser de su malestar, ¡alentándolo a negar su singularidad profunda! Por eso, más que nunca, el psicoanálisis representa para mí una alternativa indispensable para este nuevo orden que se aprovecha de la cultura del bienestar para imponer un discurso reaccionario que no dice su nombre. Aliándose al poder político, investigadores, universitarios médicos se han apoderado de esas aspiraciones hedonistas para confinarlas en los márgenes estrechos de la rentabilidad, de la eficacia, y del menor costo. Tratar el malestar se volvió regla, y el psicoterapeuta, un instrumento de la seguridad pública. Y debe actuar como un buen gestor. Este nuevo orden ha revestido la apariencia del modernismo. Es tratado con la ayuda de esquemas, de escalas, de predicados, de protocolos y sobre todo de balances. Se tiene la obsesión por el control, que se ejerce edificando programas terapéuticos preestablecidos, y evaluando la conformidad de los resultados. Se trata a la gente como se trata a los productos en la industria, inspirándose directamente en el modelo «toyotista». Deben ser «cero defecto». Este nuevo orden introduce formas de opresiones sordas, tanto más aceptadas cuanto que un discurso pseudocientífico hace creer en su objetividad. Se trata de estandarizar, de dirigir y de triunfar. Se perfila la ideología de la perfección humana y de la rectificación de las malas naturalezas. Se usurpa el discurso científico para intentar forjar una sociedad sin defectos, sin disonancia, sin desorden. Se propone, para lograrlo, la reeducación a manera de terapia, y hasta se llega a pretender tomar el mal en su fuente y decidir acorralar la delincuencia desde las escuelas maternas, desde las guarderías, y pronto será desde las cunas. Tutelado por un informe del INSERM (Institut National de la Santé et de la Recherche Médicale).

El psicoanálisis, para mí, es la vida. Nunca soporté la imagen de un psicoanalista elitista, filosófico, confinado. Nunca nadie se ha dirigido a la analista que soy para «conocerse mejor» o, peor aún, para satisfacer una pertenencia de clase, intelectual, favorecida. Toda persona que consiente hacer un análisis lo hace porque es un último recurso, porque hay urgencia, porque el sufrimiento afectivo es una insuficiencia invalidante, muchas veces insoportable.

Siempre he considerado que el analista debía salir de su despacho para ir por delante de los que se interesan por el psicoanálisis, debe formar parte de un servicio psiquiátrico, enseñar en la formación permanente o en la universidad, publicar en las revistas de la comunidad analítica a la que pertenezco.

Pero hoy, el psicoanálisis debe enfrentar este nuevo sectarismo. También tengo que ir más lejos en mi implicación. Esta vez, es mi práctica analítica la que debe tomar una dimensión claramente política como práctica social. Por eso participo desde hace dos años en la experiencia iniciada por la École de la Cause Freudienne, a la que mi amigo Hugo Freda me asoció, la del CPCT (Centro Psicoanalítico de Consulta y Tratamiento). Este centro está respaldado por los principios que reúnen completamente mi concepción del psicoanálisis. Aplica una práctica analítica en ruptura con las ideas recibidas sobre el psicoanálisis: gratuidad de las consultas, brevedad en los tratamientos, voluntariado de los psicoanalistas. Además, este centro estrictamente psicoanalítico ha elegido instalarse allí donde no se espera el psicoanálisis, en un barrio popular. Precariedad, incultura, vagancia, urgencia social y afectiva forman lo esencial de las condiciones de existencia de esos pacientes. Dado el contexto actual, se impone una acción de los psicoanalistas. Se trata de sacar al psicoanálisis de su círculo y de hacer de él una alternativa: que sea accesible, concreto, competente y dinámico. El psicoanálisis tal como yo lo concibo no está fuera de la ciudad ni fuera de las urgencias. Ahora está donde se despliegan los síntomas: en las redes sociales, en las cárceles, en las células de crisis, en los servicios hospitalarios duros, en toda situación crítica. En mi opinión, los psicoanalistas deben tomar partido y no quedarse fuera de los debates.

Creo que el psicoanálisis es un instrumento de lucha que debe combatir toda una ideología cientificista y capitalista. Todo poder del consenso, sacralización de la uniformidad, obsesión por la imagen perfecta, exigencia de la rentabilidad, diseñan la ideología reaccionaria a la que quieren someternos los nuevos amos, que se hacen llamar «psicólogos». A eso debe dedicarse el discurso analítico, para que siga habiendo una elección de sociedad donde la creación permanezca viva.

Yo decía que para mí el psicoanálisis es la vida. He titulado un libro que he escrito *El psicoanálisis y la vida*. Allí doy buen reconocimiento de lo que ha ocupado una gran parte de mi existencia hasta que mi cura analítica me lo permitió franquear: el encuentro que hice desde mi infancia con el deseo de muerte. El psicoanálisis me liberó de él, convirtiéndose para mí y para los que se dirigen a la analista que soy, en una fuente de vida.

GÉRARD MILLER

Psicoanalista

PORQUE LA VIDA ERA DEMASIADO PERRA...

Era principios del otoño de 1972. Un mes antes, había tomado la decisión de dejar la Izquierda proletaria para la que trabajaba día y noche desde hacía un tiempo que me parecía inmemorial, y me encontraba como suspendido en el aire. Tenía veinticuatro años, todavía era estudiante y no se me ofrecía ninguna perspectiva. Como alumno de la École Normale Supérieure de Saint-Cloud, al finalizar mis estudios, yo debía cinco años de enseñanza al Estado, pero empezar a enseñar me parecía tan extravagante como volver a plantar repollos o cuidar chanchos, que era lo que, *establecido* en la Bretaña, había hecho durante los dos últimos años.

Sin siquiera pensar en insertarme en la profesión, decidí empezar un análisis con un psicoanalista de la École Freudienne de París, de la que mi hermano era miembro. Sentía que después de haber pasado mi juventud guerreando a los maestros, ahora tenía que, mal que bien, tratar de conducir un poco mi propia historia. No tenía elección, torturado por una sensación de urgencia que nada podía calmar. Estaba mal, al menos eso era una certeza; mejor tomarlo en serio.

Llamé a Jacques Lacan, a quien conocía desde el liceo por haberlo frecuentado en familia, y le pedí que me aconsejara un psicoanalista. Me recibió, me escuchó evocar ampliamente mi malestar, después me aseguró que me daría rápidamente los datos de uno de sus «mejores alumnos». Diez días después, como no recibí nada de parte suya, lo volví a llamar (¿quería que insista para acceder a mi demanda?) y esta vez recibí inmediatamente una pequeña tarjeta de manos de Gloria, que era su asistente. Había un nombre escrito, del que yo ignoraba todo, el de Claude Conté.

Conté vivía en París, en el fondo de una calle sin salida, en una casa privada que olía a campo. Su despacho estaba en la primera planta y, justo al lado de la sala de espera donde dos enormes perros esperaban al paciente, un loro repetía regularmente su nombre, Claude, y algunas otras palabras que le habían enseñado.

Visto desde el diván, el psicoanalista me pareció inmediatamente como un pájaro tan original como su loro, increíblemente atento y distante a la vez. Nunca estaba donde se esperaba, pero sin afectación. No buscaba la empatía y parecía desconfiar de todas los remilgos sociales. Comprendí lo que significaba para él «dirigir una cura». Consistía en primer lugar en cuidar que nada ni nadie, empezando por el psicoanalista, hiciera obstáculo a su buen desarrollo.

Como izquierdista no arrepentido, enseguida fui seducido por esta práctica que contrarrestaba de ese modo los posibles abusos de poder de los que lo ejercían. A diferencia de la religión, incluso de la política, el psicoanálisis no alentaba ninguna esperanza mesiánica, no desarrollaba ninguna concepción del mundo, ni la menor higiene de vida válida para todos. Con él, la única esperanza era lo particular; cada uno con su evangelio.

Desde los primeros meses, la verdad fue incómoda de soportar, tan cierto como que el confort de la realidad está fundado en su desconocimiento. Contrariamente a lo que escribía Joubert en sus *Pensamientos*, el error tranquiliza, la verdad agita. El psicoanálisis no me pareció mimoso, y los primeros efectos que provocó en mí, si merecía volver sobre ellos, no me proyectaron hacia el lado de la exaltación. El descubrimiento freudiano no tenía decididamente nada que ver con una epopeya del narcisismo.

Lacan no se equivocaba cuando desanimaba a quienes se acercaban a él para «¡conocerse mejor!». Eso no es suficiente. Hace falta que algo suene y dificulte e intrigue para sostener la cuesta a lo largo de las sesiones. Es necesario aspirar a que algo crucial cambie en su existencia para soportar oír la musiquita que toca su inconsciente. A partir de ese momento, adquirí la convicción, que ya no me abandonó más, de que el psicoanálisis vale la pena solamente para aquellos para quienes la vida es demasiado perra, y tienen razones para querer, un querer testimoniado por su sufrimiento, orientarse en relación con lo que los determina.

Entonces, casi veinticinco años después del final de mi propia cura, ¿qué decir de mi experiencia con el psicoanálisis como paciente? Que no libera a nadie de su inconsciente, pero que permite habitar su síntoma, ponerlo al servicio de su deseo y de su causa. Cada uno de nosotros es llevado por lo que ignora y que, sin embargo, encuentra en la repetición: ese curioso objeto causa de nuestro deseo, que nada nos garantiza que nos guste. ¿Cambiarlo? Imposible. Pero entreverlo de otra manera que no sea a través de las catástrofes con las que él sacude nuestra vida, sí, es eso lo que puede permitir una cura a quien la lleve adelante.

Gracias al psicoanálisis, diría que la vida para mí adquirió colores insospechados. El campo de los posibles se volvió más extenso y más variado a la vez. Además y sobre todo, dejé para siempre de lado el registro de la comparación en la que me encerraba mi neurosis. De allí esta divisa pospsicoanalítica que hice mía y aún hoy me acompaña: cada vida tiene un gusto que sólo gusta quien la vive, y que es incomparable.

JUDITH MILLER

Filósofa, presidenta de la Fundación del Campo Freudiano

INCESANTEMENTE

Yo me di cuenta de que había nacido en la poción mágica el día en que, a los seis años, tuve que rellenar la ficha de comienzo de clases donde debía consignarse la profesión de los padres: *psychanalyste* con sus dos «y» y su «ch» me hizo envidiar a mis compañeritos cuyos padres eran médicos.

Antes enredarme que renunciar. Fue mi elección para otras fichas en otros años.

El gusto de esa poción siempre ha sido de una incierta certeza, porque siempre se repetía en un contrapunto. Muy pronto tuve eco de las exigencias de esa disciplina rara, al punto de ser excepcional. En el movimiento analítico tan absorbente para sus protagonistas había una «princesa» que era temible. Recuerdo la tensión que produjo su llegada al 5 de la calle de Lille, en los primerísimos comienzos de los años cincuenta. Era como una hada mala, poderosa e incómoda, seguramente por las ojeras que tenía, las mismas que llevaban algunos cuyos nombres me eran familiares sin poder en todos los casos ponerles un rostro.

Después vino la ruptura, múltiple y destructora de amistades. Impresionante para una niña de un poco más de diez años. No me provocó una gran conmoción, porque entendí que era «liberadora de los jóvenes». De ese tiempo, conservé la idea de que debería cuidar de no encontrarme en la posición de Anna, que, como hija de Freud que fue, contribuía a dar lustre a su invento.

En esos mismos años, aprendí poco a poco que lo más importante era aquello que todavía se llamaba los «pacientes». Entre esas personas frente a las que lo correcto era la mayor discreción (evitar cruzarse con ellos, o hacer ruido en las horas en que estaban allí, no mirarlos), estaban los «jóvenes». Ese calificativo nunca me sorprendió, aunque tuvieran edad de tener hijos. En el momento de la «escisión», instalamos las sillas en el salón para quienes venían a propósito del Seminario sobre la transferencia. Seminario al que yo asistiría a pedido mío, con aceptación inmediata de mi padre, cuando pasó a dictarlo en el hospital Sainte-Anne.

Esa audacia estaba relacionada con una pura contingencia: un estudiante, entusiasta, me había recomendado que fuera a escuchar a alguien maravilloso, el doctor Lacan. Difícil decirle que me hablaba de mi padre (yo no llevaba su nombre). Pero indispensable saber si yo también... A mí también me maravilló: siendo estudiante de filosofía, nunca había escuchado hablar de Platón de esa manera, cada línea, cada palabra de su texto se tomaba en cuenta, y saltaban los tapones de «la teoría de las Ideas» y otras sandeces. Debería releer todo, o mejor, leer, por fin.

Mientras tanto, entre los pacientes, algunos comenzaron a resultarme muy conocidos porque «andaban tan mal» que a veces era yo quien les respondía cuando llamaban a todos los sitios donde tuvieran la posibilidad de poder encontrar a su analista. Algunos de ellos me han hecho constatar las mutaciones que puede producir un analista. Jamás olvidaré mi sorpresa al reconocer en la persona del vendedor muy dispuesto de un comercio del

*Boul'mich'** a quien en varias ocasiones había venido en plena noche a llamar a la puerta del departamento donde yo vivía para saber cuándo y que tan pronto podría ver a mi padre. Mucho más allá de la anécdota, también otros recuerdos hacen que se entienda lo que quiere decir que el psicoanálisis es una praxis.

También vino el tiempo en que aprendí que las rupturas son el precio que se debe pagar para que esta praxis no sea ni poción mágica ni anestesia. Llega el congreso de Estocolmo. Desde ese momento, quedo advertida de que el psicoanálisis puede desaparecer, y que su existencia depende de su dinamismo. Es histórico como el inconsciente y, como él, en movimiento porque es inventivo. Prueba de lo que tienen de único la experiencia de la cura y el acto del analista.

Nunca he hecho esta experiencia. Las mejores y las peores razones son, sin duda, el hecho de que yo he nadado siempre en su elemento, que no tiene nada de mágico, sin haber probado su sal. Continué viendo sus efectos. Por muy temibles que éstos sean para consuelo de los canallas, son demasiado decisivos para demasiadas vidas que no serían más que tristes destinos enredados en identificaciones sofocantes como para no querer salvaguardar sus condiciones de posibilidad. Esos efectos están relacionados con la particularidad inconmensurable de la poesía propia de cada uno. Por muy mediata que sea la experiencia que tengo de eso, sigo contribuyendo con decisión a que la clínica analítica persevere en su devenir y que permanezca animada por el deseo que ella supone.

Si no existiera la experiencia del diván, ¿habría vivido soñando? ¿Yo soy de esos, descritos por Lacan y en lo que cada uno de los que lo han escuchado puede reconocerse, que «se abandonan hasta ser presa de esos espejismos por los que su vida, desperdiciando la oportunidad, deja escapar su esencia, por lo que su pasión se juega, por lo que su ser, en el mejor de los casos, consigue alcanzar apenas ese poco de realidad, afirmada nada más que por no haber sido desilusionado nunca»?

Los conflictos que mantienen vivo al psicoanálisis me han indicado periódicamente cuál era la pesadilla ortopédica que amenazaba: la desaparición de un lazo social inédito, que renueva incesantemente el trabajo del

* Boulevard Saint Michel. *(N. de la t.)*

inconsciente, y la supresión de una experiencia que, fuera de las condiciones espacio-temporales kantianas, no es por eso menos transmisible. Sin los recursos de lo que Jean-Claude Milner designaba recientemente como «dislocación», las nuevas generaciones estarían condenadas a un condicionamiento salvaje, entre títere y desheredado, que ve Rilke en el habitante de ciudad de su siglo.

Lo que cotidianamente aprendo de la práctica tanto privada como institucional, en el sentido estricto y en el sentido amplio, confirma mi elección. También en los últimos tres días he recibido testimonios. A una joven amiga decidida a dejarse librada a las manipulaciones más penosas para tener un hijo se la exime de su propósito por el solo hecho de haber decidido ver a un analista. Ese joven esquizofrénico que, al salir de la presentación de su caso ante un auditorio de clínicos, interroga al responsable del equipo con el cual ha podido encontrar la justa distancia respecto de las voces perturbadoras: «¿He hablado bien?». Efectivamente, cada una de sus palabras, medida, elegida, a lo largo de una hora, estaba marcada por la delicada atención que hacía posible su entrada en un modo de vida nuevo. Finalmente, la lectura de una recopilación de algunos de los informes que una enseñante, muy buena con las lecciones de su análisis, pudo producir en alumnos que sufren, me convencía de que la puesta a prueba de la clínica de lo «social» que ha tomado como iniciativa el Centro Interdisciplinario sobre el Niño (CIEN) y otras comunidades de investigación, estaba bien fundada.

Me atrevo a pensar que la explosión actual en los barrios periféricos, donde resuena el grito que conduce sin falta a una voluntad de formateo segregativo, evidenciará la pertinencia del psicoanálisis para sacar a cada «uno» del ciclo infernal de la pulsión de muerte. Emprenderla hoy contra el psicoanálisis participa de una lógica de exclusión de las cuales las peores son portadoras de vocaciones no solamente mortíferas.

Los analistas están en condiciones de proponer acogerlos. Su presencia asegura el único lazo social susceptible de aflojar el atenazamiento obsceno de la destrucción superyoica. El camino es estrecho como para que, desprendido de amor, no vire hacia el odio y permita a cada quien ejercer la responsabilidad de su síntoma. De lo inesperado de la sorpresa de las invenciones singulares que produce el discurso analítico, espero activamente que no cese de inventarse y reinventarse de poéticas resistencias a la pendiente segregativa de nuestra sociedad.

Que todo lo que se arguya en su desfavor constituya su atractivo y su potencia.

JEAN-CLAUDE MILNER

Filósofo, lingüista

ELLOS HAN DERRIBADO A LOS PODEROSOS DE SUS TRONOS

El ser hablante sueña con lo todopoderoso. No de alguien o de algo que puede todo, sino de alguien o de algo de lo que se pueda decir: «No puedo concebir nada más grande». Lo todopoderoso puede situarlo en él o puede situarlo fuera de él. La entidad que encarna lo todopoderoso puede hacer de ello una persona o una cosa o simplemente un orden de las cosas. Frente a esa entidad puede sentir amor u odio. Puede decir «soy Yo» o «es Otro». Poco importa, lo todopoderoso permanece.

Freud ha pasado su vida atentando contra lo todopoderoso. No es que no haya comenzado creyendo. Sabemos que en él todo parte de una convicción; hay un todopoderoso, pero solamente hay uno, al menos uno sólo legítimo: la ciencia. En su nombre, se pueden derribar todos los otros. Fue el primer incentivo. De este modo Freud pudo avanzar como un ejército revolucionario. Las figuras de lo todopoderoso personal se desmoronan, resquebrajadas por el sueño, el lapsus y la risa. Las figuras de lo todopoderoso institucional (fuerzas armadas e Iglesia), la de lo todopoderoso social (la muchedumbre y las masas), se desmontan en público, como se abre una estatua milagrosa para que todo el mundo vea su mecanismo. Bajo el nombre de padre o de Moisés, se alcanza lo todopoderoso como tal, la función de lo todopoderoso concentrado en un cuerpo vivo, y, por tanto, mortal. Por el asesinato.

En el final de su recorrido, Freud, como Edipo en Colonna, se convirtió en sabio. Percibió la fragilidad de la ciencia que le había servido de incentivo, porque ésta no había hecho obstáculo a la falsa ciencia del racismo. Peor, incluía además la posibilidad de ese giro. Hubo que concluir: la ciencia en sí misma no es todopoderosa; hay algo más grande que ella, y a ese más grande Freud lo llama la verdad. «No nos autorizaremos con ningún ejemplo para rechazar la verdad», escribe en 1937. Él sabía muy bien que la verdad lleva una sombra consigo, que se llama la mentira y que se vende al mejor postor. Pero la verdad no es su sombra, por muy parecidas que sean una y otra; se reconoce por que ella dice solamente una cosa, siempre la misma: «No hay todopoderoso y yo misma, la verdad, no soy todopoderosa».

Después del Terror, vino Termidor, dicen. Los termidorianos de 1794 hablaban el idioma de la Revolución para hacerle decir lo contrario de lo que ella dice. En los termidorianos de Freud hubo plétora. Análogos de sus predecesores, hablaron la lengua freudiana para hacerle decir lo contrario de lo que dice. Es cierto que era una de las épocas del mundo en que la mentira tuvo su mayor éxito; como si hubiera hablado la verdad y hubiera podido decir de sí misma con razón: «Yo soy la todopoderosa; yo soy de una entidad tal que no puede concebirse nada más grande». Freud padeció los efectos del período. Hubo una mentira freudiana; se apoderó del nombre de psicoanalista e hizo de Freud una figura todopoderosa, hablando la lengua de lo todopoderoso en el país del todopoder. Era un error. Hoy el psicoanálisis paga su precio por eso. Más exactamente —así va el mundo— los que velaron por impedir el error pagan por quienes lo cometieron.

Porque ha sido una lucha. Había ocurrido efectivamente que la lengua freudiana fue retomada por un *parlêtre* que no mentía. Ese hombre conocía el poder de la mentira. Lo había estudiado en los textos, lo había observado en los hechos, lo había teorizado. Para disolverla, había que echar luz en los lugares opacos a fuerza de transparencia, donde la mentira retoma su curso: la palabra. Retomar la lengua freudiana a partir de ese punto, retomarla, palabra por palabra, sintagma por sintagma, regla por regla, a eso se consagró Lacan. Un día se comparó con un jardinero, que transforma la selva oscura en jardín a la francesa. Él sabía mejor que nadie, por Lancelot y Port-Royal, que, del jardín a la lengua, su consecuencia es buena. Para garantizar la lengua freudiana contra las nuevas apreciaciones de una nueva mentira, era necesario utilizar todos los medios. Llevar la sintaxis hasta sus límites, explorar el léxico en sus últimos recovecos, recurrir a fragmentos de matematización, confiarse a los explosivos de *Finnegans Wake*, reafirmarse en Jakobson, en Marx o en Heidegger; sabemos que Lacan bebió de muchas fuentes. Había leído a Daniel Defoe. Había aprendido que, ante el naufragio o la peste, todas las maderas hacen fuego.

El siglo xx no se reduce a la crónica de los desastres; ha suscitado grandes cambios en el pensamiento. Principalmente ha lanzado la confusión en la cuestión de lo todopoderoso. ¿Con qué se reconcilia? ¿Con la técnica? ¿Con la ciencia? ¿Con el capital? ¿Con los pueblos? ¿Con la muerte? Los propósitos se contradicen, se entrecruzan, se combinan, anudando la cadena de los despotismos a la trama de las esclavitudes. Porque lo todopoderoso reúne las dos fuentes de una y de otra ruta. Hasta que alguien, por lo menos uno, sostenga la máxima: no hay todopoderoso. No existe tal entidad que pueda concebirse como la más grande. De ello se desprende una conducta. En cada caso, cada vez que haya una entidad que tenga aspiraciones de todopoderosa, cada uno puede siempre concebir otra mayor, excepto que la entidad más grande sólo lo será por esa vez. Ante todo no la eternización, sino la ley del encuentro y de la contingencia.

Freud ha sostenido la máxima que dice que no a lo todopoderoso. Lacan lo ha enunciado. Uno y otro contaron con el campo del psicoanálisis para levantar el enorme edificio de la entidad que no es la más grande. ¿Fueron los primeros, serán los últimos? Seguramente no. ¿Lo psíquico es el único punto de apoyo posible? Seguramente no. ¿Esto ocupa una posición decisiva sobre la que no hay que fallar en nada? Seguramente. Una línea desconocida atraviesa el tiempo y reúne a los que dicen que no, desde cualquier punto que hablen. Quedan para el presente dos focos que orienten al navegante, devolviendo con su brillo, otros focos aún más luminosos. Dos voces se hacen oír, devolviendo con su fuerza otras voces más claras. No nos sorprenderemos de que lo todopoderoso concentre hoy sus armas, sus tropas y sus centinelas. En ello va su futuro. Hace falta que toda luz se apague para que reine la creencia incansable en esa entidad tal que no haya otra más grande. Es necesario que sea ahogada toda voz que dice que no para que no se escuche más que las voces que dicen que sí. Lo todopoderoso adopta con gusto la doble cara de lo *scientist* y de lo *manager*; pero los rostros varían de lo más terrorífico a lo más bonachón. También varían las maneras de decir que sí. Poco importa; la entidad sigue siendo repelente y el sí sigue siendo infame.

ALAIN MINC

Ensayista. Presidente del consejo de control de Le Monde

SOMOS «TODOS PSICOANALISTAS»

El inconsciente no es mi especialidad. Yo no he sido ni analizado ni analista y sin duda no soy para nada analizable —aunque todo el mundo lo sea—. De allí que tenga una relación muy pacífica con la disciplina freudiana, tal como la que podría tener con la mecánica cuántica, la antropología o la sociología de las organizaciones. Es una declaración simplista, lo tengo en cuenta, y que podría dar lugar, no soy incauto, a una interpretación psicoanálitica... Pero la persecución desembozada del psicoanálisis me interpela, me sorprende y me inquieta. Ninguna disciplina, ningún saber merece semejante «conducta de Grenoble»:* hasta el propio marxismo escapó a eso, a pesar de cargar con una herencia de otro modo pesada. ¿Por qué semejante violencia? ¿Un retorno agresivo del culto de la razón? ¿Un reflejo corporativista de quienes se sienten echados lejos del *alma mater* de los psicoanalistas? ¿Un odio mórbido de un pensamiento inconsistente, imperceptible, que se confunde con el cosmopolitismo y que va de la mano con el ascenso de las elites internacionales? ¿Una manifestación populista marcada en el transcurso del antiintelectualismo? ¿Una reacción vengativa de las mentes más incultas y más limitadas? Todos esos ingredientes preparan cuidadosamente el caldero del antipsicoanálisis. Frente a esas manifestaciones malolientes, somos «todos psicoanalistas» como éramos todos americanos el 11 de septiembre de 2001.

* Ceremonia por la cual un miembro del gremio de oficios artesanos es excluido de él. (*N. de la t.*)

JEAN-LUC NANCY

Profesor de filosofía de la Universidad Marc-Bloch de Estrasburgo

FREUD, HEIDEGGER, NUESTRA HISTORIA

Cuando se calman las oleadas mediáticas, el tiempo plantea cuestiones serias. Heidegger y Freud: ¿por qué tanto uno como otro padecen regularmente el retorno de operaciones de denuncia y de demolición?

Que los pensamientos de nuestra herencia sean sometidos a relectura, a discusión, a crítica y a transformación es lo mínimo, es la vida y el trabajo del espíritu, es su *praxis*.

Pero con Heidegger y Freud se trata, como puede verse, de otra cosa. No se los discute, se los libra al desprecio público, se nos quiere exorcizar de su presencia perniciosa. El rectorado nazi de uno y la extraterritorialidad del otro (ni exactamente médico, ni psicólogo, ni filósofo) son motivos propios de las ejecuciones sumarias. Por un lado, la infamia política, por el otro, el irrespeto del protocolo positivista bastan para llevar a cabo un *a priori* de descrédito. Amparados por ese descrédito, y sin otro examen o reflexión, se encarnizan con ellos.

¿Qué tienen, pues, en común Heidegger y Freud que podría explicar la analogía de ese encarnizamiento compulsivo? Los dos casos son completamente diferentes, eso va de suyo. Si nos atenemos a lo más visible, uno y otro están en las antípodas, en lo más manifiesto de sus respectivas figuras, tanto políticas como intelectuales. Por el contrario, no existe entre ellos un punto de contacto, sino de convergencia.

Ese punto consiste en una percepción que no puede llamarse común, pero sí concomitante de la interrupción de las visiones o de las significaciones del mundo. (A decir verdad, Heidegger y Freud comparten esta percepción con Wittgenstein, pero a este último no se le ataca porque se cree que en él no hay más que un análisis formal, casi un juego, no el desafío que no obstante comparte con ellos, pero sobre lo cual no puedo detenerme ahora.)

La cuestión llamada «el ser», por un lado, la llamada «el inconsciente», por el otro, tienen una especie de asíntota común: el «sentido» no está disponible, ya sea como dato o como algo a ser construible o proyectable, ni por desciframiento ni por decodificación del mundo, ni por lucha, ni por división. El «sentido» —del hombre, de la Historia, de la cultura— no está ni en acto ni en potencia.

Cuando esta percepción se le impuso tanto a Freud como a Heidegger, se interrumpió una continuidad. Nuestra tradición ha visto cómo se abría —o ella misma ha abierto— una fosa entre ella y su pasado, aún el más reciente, lo mismo que entre ella y su futuro. En torno a la Primera Guerra Mundial, y por ella, se ha hecho una deposición general de las representaciones. Se ha abierto entonces un suspenso de sentido o de mundo como la historia occidental no había conocido desde el final de Roma (o bien desde las vísperas del primer mundo griego).

Seguimos estando en ese suspenso, para lo bueno y para lo malo. Lo bueno es que estamos advertidos de los *impasses* o de las mentiras del «sentido», de todo tipo de cumplimiento o de promesa de sentido; lo malo es que nuestro mundo se vuelve capaz de cualquier cosa en la medida en que no hay otra cosa para comprenderse a sí mismo que la equivalencia general (es decir, el dinero) combinado con las finalidades autorreproductoras (es decir, la técnica): resumiendo, todo es igual y nada lleva a nada.

Freud y Heidegger tuvieron una impresión aguda, trastrocadora, sin concesiones de esa metamorfosis. Ellos pensaron el desplazamiento; para uno, del lugar y la apuesta del sentido (el «ser»); para el otro, de su emisor-receptor (el «inconsciente».) Ni el «ser» ni el «inconsciente» son objetos nuevos cuya efectividad habría que verificar. Son nombres —provisorios, hasta dudosos— que habrían sido puestos a trabajar para hacernos pensar la mutación del mundo.

Los límites y los extravíos de uno y otro pensador —la tentación de la regeneración para uno, la del cientificismo para el otro, y, para los dos, la de una eficiencia— eran inherentes a las condiciones que les proponía su tiempo, y que entonces casi todos compartían (incluidos, por supuesto, los «revolucionarios»). Desde entonces (desde hace casi un siglo) sus pensamientos han engendrado *por sí mismos* el trabajo de su propia superación, de su crítica, de su deconstrucción. No hemos terminado de comprender ni la irrupción de esos pensamientos ni sus insuficiencias y sus riesgos, porque no hemos terminado con la transformación del mundo y nosotros mismos no terminaremos, ni nuestros hijos. Pero en todos nuestros pensamientos debemos pensar mucho más esto: está en curso una mutación por la cual, por definición, ninguna forma está dada: ni «naturaleza» ni «Historia», ni «hombre» ni «Dios», ni «máquina» ni «viviente». Los irritados llaman al nihilismo: lo que ellos llaman así porta en realidad el saber y la responsabilidad de ese hecho, que nada nos es dado, sino abrir los ojos y aguzar el oído.

En verdad el único problema que tienen es que ignoran nuestra condición presente y vuelven al tiempo en que se disponía de concepciones, representaciones y valores. Sabiéndolo o no, ellos se comportan como si estuvieran en condiciones de saber *en qué* Heidegger y Freud han caducado; algo que ellos no hubieran debido jamás desconocer.

Sin duda hubiera sido preferible que el pensamiento del ser y el del inconsciente se guardaran más puros y más seguros, más decentes y más auxiliadores también. Pero pensar de ese modo vuelve a hacer creer que la Historia se habría podido arreglar de otra manera. Del mismo modo, algunos franceses del siglo XIX habrían querido que el galo fuera reconocido como primera lengua del hombre. Está inspirado en lo mismo: en una negación de la Historia y de la verdad.

Posdata: Este texto, publicado por *Le Monde* el 4 de noviembre de 2005, recibió una respuesta en el número del 9 de noviembre con firma de Pierre Bayard. Pretendiendo ser mordaz, esa réplica juzgaba escandalosa la comparación entre Heidegger y Freud y concluía que yo «herí(a) a los descendientes de las víctimas de la *Shoa*». A premisas falsas, conclusiones falsas. Yo no he «comparado» a Heidegger con Freud. Yo he hablado de un «punto de contacto» y de «concomitancia», de ese punto donde se cruzan, en los años veinte y treinta, varias maneras de registrar la sacudida que alcanza los cimientos de nuestra cultura. Sostengo que los ruidosos ataques y sus voluntades declaradas de tachar dos nombres de los anales del saber proceden de un mismo deseo: ignorar lo real de nuestra historia. El error de Heidegger es el de haber pensado en un momento que la ideología nazi podía llevar hacia una renovación de sentidos. Sin embargo, no dio ninguna caución al exterminio de los judíos de Europa, aunque su silencio, casi total, deba evidentemente ser interrogado. Freud, muy por el contrario, no abrió ninguna pista hacia un nuevo sentido (de lo) común; hasta subrayó la aporía presente en «el malestar de la civilización», y es exactamente por ese lado (lo «común», lo «social» o el «estar-juntos») que hoy debe ser interrogado el psicoanálisis. Todo eso es conocido y está abundantemente trabajado, y mi muy breve artículo hacía de fondo de todos esos trabajos. Solamente decía que esas interrogaciones proceden todas de la crisis y el cuestionamiento de nada menos que de nuestra civilización misma. Por otra parte, he dado algunos testimonios públicos donde expreso la conciencia que tengo de que tanto el exterminio de judíos como la fractura de la historia de la que provenimos pesan sobre nosotros. Por eso es en vano el esfuerzo por ocuparse de reprobar un texto que solamente pretendía, para quien sabe leer, rechazar las facilidades condenatorias y las buenas conciencias como la que testimonia este acusador público, a la manera de todos los bien pensantes que son de ordinario malos lectores.

LAURE NAVEAU
Psicoanalista

HUMANIZAR EL DESEO

Yo encontré el psicoanálisis y a algunos psicoanalistas en cercanías de la adolescencia. Necesité veinte años más, y cierto trayecto, para comprometerme seriamente con un análisis y llevarlo a término, hasta el dispositivo del pase, y la nominación como analista que de ello resulta.

La adolescente que era ponía a prueba esa condición inhumana que consiste en no querer saber nada de lo que la anima y a precipitarse, en consecuencia, en una sucesión de pasajes al acto, que consistían en lo esencial en abandonar su lugar en el sitio mismo en que le había sido dado: entre los suyos, en la relación con el saber, y con su cuerpo.

Haber cedido sobre el deseo, y haber pagado por ello el precio, más de lo necesario, resumía el estado en el que me encontraba al entrar en análisis. Lo único que sabía entonces era que el psicoanálisis me permitiría encontrar mi camino. Pero ¿de dónde me venía ese saber?

¿De Freud, del que, siendo muy joven, había tenido en mis manos *El malestar en la cultura*, reconociéndome por entonces con esa ausencia de «sentimiento oceánico» del que da testimonio al inicio de su obra, sentimiento relativo a la ausencia de toda creencia religiosa y que invita a no encomendarse a los dioses oscuros?

¿De Lacan, a quien había tenido la suerte de escuchar en una presentación de enfermos, cuando yo tenía diecinueve años, hablándole a un hombre psicótico, con una humanidad y una amabilidad que me quedaron grabadas por largo tiempo?

¿De mis padres, que se hicieron psicoanalistas en el momento de mi entrada en la adolescencia, después de haber hecho ellos mismos un largo análisis y muchos estudios, y que compartían con sus hijos el nuevo enfoque sobre la subjetividad humana? ¿O bien era por mi encuentro con el que sería mi analista?

Lo había escuchado defender, en un anfiteatro donde hacía su intervención entre jóvenes filósofos e historiadores, la reciente aparición del *Seminario* de Jacques Lacan sobre *La ética del psicoanálisis*. Él había citado esta frase, que tomó para mí un acento inmediato de verdad: «La única cosa de la que se puede ser culpable, al menos desde la perspectiva analítica, es de haber cedido sobre su deseo». Porque esta proposición tuvo un efecto de despertar verdadero.

Yo sabía que él era un hombre de acción, comprometido y valiente, y yo decidía por fin apelar a él para poner claridad sobre lo que me trababa y me hacía sufrir. Esta vez yo abandonaba por completo a quienes frecuentaba, y cuyo discurso, fundado sobre la filosofía, estaba lleno de odio, ya entonces, por Lacan y el psicoanálisis.

El encuentro

«Usted está muy determinada» fue la frase que me dirigió mi analista, al final de nuestro primer encuentro. Ese encuentro fue digno de su nombre, abrió el camino a otra causa diferente de la ignorancia del deseo. Porque esa «determinación» resonó en mis oídos como un equívoco entre lo que me venía del Otro, y de lo cual yo parecía estar recargada y lo que yo estaba determinada a emprender y a llevar a su término, un análisis.

Desde la infancia yo había estado confrontada con la diferencia absoluta.

Yo sabía que pertenecía a un mundo laico e instruido, a una familia con pensamiento comprometido políticamente, que invocaba a Marx y a Lenin, y de la cual una parte había atravesado la *Shoa*.

De esas pertenencias familiares, saqué orgullo, dolor y un espíritu combativo a la vez. Y, sin embargo, había perdido mi camino. Me había perdido en las errancias de una adolescente tormentosa y rebelde, aun cuando en mi relación con el saber, algo me animaba, y además me habían dado un lugar para acceder a las clases preparatorias. Me encontraba en la facultad, donde obtuve algunos diplomas, trabajando poco y aburriéndome mucho. Entonces me iba, abandonaba el escenario.

Sufría, paradójicamente, de una ausencia de diálogo y de cierta relación con el decir que me había reducido al silencio y más bien llevado al pasaje al acto. Silencio de la palabra que confina, lo sabemos, al silencio de las pulsiones, de las que Freud señaló sus afinidades con la pulsión de muerte. Yo sufría pues, en mi cuerpo, de la relación con las palabras.

Amaba a los míos, pero ellos, ¿me amaban realmente?, me decía, dejándome desaparecer e ir así a la deriva. Descubrí en el curso de mi análisis la parte fantasmática que encerraba esa actitud de fuga, lejos de la mirada y fuera del alcance de las palabras que lastiman. Yo descifraba así el síntoma que me había llevado a rechazar mi cuerpo de mujer joven y a eludir, una vez más, el lugar que se me ofrecía. El encuentro analítico restableció al instante una relación más justa con el *eros*. Me permitió querer lo que deseaba comprometiéndome con el hombre que amaba. Restauró la imagen narcisista tocada por una serie de traspiés y de caídas accidentales que me habían puesto en peligro. Instauró, en fin, un lazo nuevo con la lengua y con el saber. El analista que yo había elegido, y al que vería durante cierto tiempo —«el tiempo que hace falta para hacerse al ser», pudo decir Jacques Lacan—, sabía hacer vibrar las palabras en su dimensión poética y no ceder sobre el alcance que tienen los actos. Jamás soltó la cuerda de la transferencia y me instruyó sobre ese lazo inédito que es el discurso analítico, inventado por Freud y reinventado por Lacan.

El psicoanálisis se volvió entonces el síntoma vivible del que iba a poder hacer otro uso. Porque hacer resonar de otra manera el eco del decir en el cuerpo procede de un nuevo anudamiento y abre a una dimensión inédita. Ésta da al sujeto su nobleza y hace de él un ser singular, capaz de compromisos y de coraje, capaz de amar y de ser amado. Capaz también de saber defender, en un mundo en el que el mercado aspira a tomar el poder mismo de lo mental, la causa que le parece justa, y que Jacques Lacan llamaba «la causa freudiana».

Mucho más, elevarse más allá del malestar en la cultura y del desprecio por el ser viviente que ello engendra, y tomar por cuenta propia las consecuencias particulares de la lengua sobre el cuerpo que nos da el lenguaje, se ha vuelto, en lo que a mí concierne, una urgencia.

La urgencia de las cosas por hacer, por decir, por escribir.

PIERRE NAVEAU
Psicoanalista

VOLVER A ENCONTRAR LA PALABRA

> El hombre no es ni ángel ni bestia, y nuestra desgracia quiere que quien pretende hacer de ángel haga de bestia.
>
> PASCAL

Un paso en falso en los estudios —no me presento nuevamente en un concurso que perdí— ¡y he aquí que mi sueño de adolescente se viene abajo! No haré como Stendhal o como Claudel. No entraré en la carrera diplomática. No seré escritor. Tengo veintitrés años. Me encuentro solo con mi culpabilidad. Leo a Nietzsche y a Freud. ¿Cómo, por medio del gayo conocimiento, arrancar el deseo de las garras de la severa contabilidad de la culpa? Un amigo, que termina sus estudios de psiquiatría, me habla de Lacan. Entonces me pongo a leer los *Escritos*. Por entonces, me gano la vida, miserablemente, haciendo matemáticas y lógica. Investigo, como se dice. Tengo la impresión de que lo que hago no sirve para nada. ¿Mi síntoma? Podría llamarse «Paseo de un lector solitario». Me paseo, siempre con un libro en la mano y cultivo el arte de callar. Desgraciadamente no es el arte sutil de Baltasar Gracián, sino a la vez algo enigmático, bruto, salvaje, feroz, cruel. Estoy en el anfiteatro donde, algunos años antes, seguí los cursos de profesores de historia, de derecho, de economía y de ciencias políticas.

Lacan escribe en la pizarra una frase que me intriga: «El goce del cuerpo del Otro no es seña del amor». Le oigo decir que *hacer seña* es el resorte del amor y que es además lo que provoca el deseo y que hay otro goce distinto del goce fálico. Hay muchas cosas que no comprendo. Pero tengo la impresión de escuchar por primera vez una palabra que evoca el malentendido fundamental entre los sexos, es decir, la comedia de la *no-relación sexual* entre los hombres y las mujeres. Reconozco, en esta evocación, la causa de mi angustia. Entonces, me pregunto sobre lo que quiero realmente. Viajo. Mi interés se vuelca hacia Oriente, China y Japón. Leo *Tel quel*. Como muchos jóvenes de la época, me siento atraído por lo que escriben Philippe Sollers y Roland Barthes. Pero en el transcurso de un viaje a México tomo la decisión de hacer un análisis. En mi bolso de viaje llevaba libros de Artaud.

Ahora bien, yo mismo me sorprendo; resulta que durante todo el tiempo hablo de Lacan con todo el que me cruzo. Me había vuelto un militante del psicoanálisis, aun cuando todavía ni siquiera había hecho la experiencia analítica. Ese desfase se me hizo insoportable. En consecuencia, está decidido, doy el paso. Comienzo un análisis y el azar hace que el analista venga de otra lengua, de otra cultura, de otra tradición. Feliz azar. Descubro, al comienzo de mi análisis, que la culpa está profundamente enraizada en mi ser y que es exactamente la mordaza de la *culpa** lo que me cierra la boca, lo que me corta la palabra. Me hago a mí mismo una llave de judo que me hace caer al suelo. La herida que esta *infelix culpa* ha hecho en mi cuerpo está en carne viva. ¡El peso de la carga que llevo sobre mis hombros y traba mi marcha adelante es tanto! Es mi propio orgullo lo que me preocupa. A fuerza de rebelarme silenciosamente contra lo que escucho en todas partes a mi alrededor y contra lo que yo considero con tanto orgullo como groserías, obscenidades, torpezas o faltas de tacto caracterizadas, efectivamente, he perdido la palabra. La manera de dirigir la cura que es la de mi analista me hace descubrir que en cuanto me dejan el campo libre, soy charlatán por naturaleza. ¡Por fin alguien que me deja hablar y que no me regaña en cuanto abro la boca! Es importante experimentar en el cuerpo el hecho de que uno tiene algo que decir a alguien. Eso devuelve el aliento y alienta a dar su opinión y a querer tomar posición. En ese momento, me entero de la existencia,

* *Culpa* en el original. *(N. de la t.)*

en la universidad, de un departamento de psicoanálisis y conozco entonces, yo, lector, a Jacques-Alain Miller, que no sólo me dará, de hecho, el gusto por la lectura, me enseñará verdaderamente a leer y, por eso mismo, a escribir, sino que también me ayudará a entender a Lacan.

Comprendo entonces que en la lectura, de lo que se trata es de saber leer. Él me orientará y, poniendo en evidencia, con lo que dice y escribe, las paradojas de la vida y del goce, aclarará mi camino. ¡Qué sorpresa darse cuenta de repente de que uno quiere ser escuchado y leído a la vez, que en todo caso para mí, van juntos! En el transcurso del análisis, tuve que decir, a cada paso, lo que se atravesaba en mi camino, lo que me ponía palos en las ruedas, lo que me hacía tropezar —una familia desgarrada por sus pasiones y sus pulsiones, debatiéndose en sus fracasos y sus *impasses*—; una actividad profesional inútil y vana que mi aturdimiento me había hecho escoger precipitadamente. Un momento crucial de este análisis me hizo entrever mi fantasma y modificó mi síntoma. Hacía siete años que estaba en análisis. No hay nada más tonto que un fantasma. Fue, por otra parte, la primera frase de mi análisis, que sobresaltó, de entrada, a mi analista: «Quien quiere hacerse el ángel se hace el tonto». Yo había tomado al revés una palabra que me había lastimado. Había creído, en consecuencia, no haber sido amado por mi padre. Para vengarme, soñé con el exilio. Pero me equivocaba. Fui efectivamente desengañado de esa creencia, por una intervención de mi analista. A causa de eso, un nuevo síntoma vino a sostener mi deseo de ser oído y leído. Ese síntoma del que pude hacer uso a partir de ese momento, se articuló entonces a un nudo, el que hay entre la palabra, el escrito y la responsabilidad que es la del *parlêtre* (palabra de Lacan), a partir del momento en que se inquieta por querer enseñar. Hacía falta ahora poder arreglármelas con eso. Hacer análisis es eso, es darse cuenta de que, hasta allí, no se ha parado de hacer tonterías y que una vez que uno se da cuenta, no queda más que reír. Lo que con el tiempo se revela legible se vuelve risible. Seis años después, al final de mi análisis, en lo más profundo de una sensación de desesperación que entonces sentí, un sueño de una intensidad inédita designó la causa de mi deseo y, ¡oh! sorpresa, se realizó. Una mujer amada me dijo sí y emprendí una larga conversación con ella. El mundo había cambiado. Llegó entonces el momento de dejar a mi analista. Yo había encontrado el coraje de hacer oír mi voz.

MICHEL NEYRAUT
Psicoanalista

PASQUÍN

«El fin está en los medios», decía Gandhi. Llegó el momento de poner este precepto en acción. *El libro negro del psicoanálisis* no merece ninguna respuesta pero justifica que se dé testimonio de la existencia, de la eficacia, del rigor del psicoanálisis.

Yo ejerzo el psicoanálisis desde hace unos cuarenta años. Los autores de *El libro negro* no me han sorprendido tanto. Son siempre los mismos argumentos y el mismo tipo de gente. Sólo que empeoran.

El jefe de servicio de neurocirugía de Saint-Anne entonces me gritaba al oído: «¡Las alucinaciones, señor Neyraut! ¡Están en el lóbulo parietal!». Eso venía a cuento porque nosotros estábamos en eso, en el lóbulo parietal. Yo cortaba pequeños tapones para detener la hemorragia. Volvimos a cerrar. Por otra parte, estoy convencido de que las alucinaciones auditivas tienen su sede en el lóbulo parietal. No necesariamente tienen sus motivos.

Existe otro tipo de escéptico: el pícaro preventivo, siempre con una sonrisa para cualquier fin útil... O el paternalista militar: «Usted va a romperse la cabeza», o la benevolencia desconsolada: «Pero ¿cuándo va a cerrar su industria culpable?». Todos tienen el mismo aspecto un poco triste si pensamos que nunca, no, jamás, comprenderé la belleza de ¡la *exactitud*! ¡La *cosa*! El *quibus*...

La Petit Guide de l'Autriche, editada por Larousse en el año 1989, me había parecido la cúspide: «Freud Sigmund (Freiberg, Moravia, 1856 - Londres, 1939). Realizó estudios de medicina y fue ayudante de laboratorio del profesor Brüke. Descubrió las virtudes anestésicas de la cocaína que Koller utilizó para curar las afecciones oculares. El verdadero maestro de Freud es Charcot, para quien la histeria es una lesión psíquica sin sustrato orgánico».

Todo eso es cierto. Acompaña a ese texto una ilustración con Freud llegando a la estación del Este con su hija Anna, y el siguiente comentario: «Freud llegando a la estación del Este con su mujer». ¡Desde entonces fue mejor! Yo conozco desde hace mucho a los pequeños Mozart de la nada, los reconozco a cien metros. El último que apareció, del tipo helvético contrariado, me explicó, a pesar de todo, que yo era un agente del capitalismo que solamente curaba a gente que tenía los medios para eso, lo que es cierto, pero no como él lo cree.

Otro también, una nada atrabiliaria, entre *gigolo* y deportivo... ¡Odia al psicoanálisis en su conjunto, no se sabe por qué! ¿Seguramente una suerte de transferencia negativa universal? ¿O retorno a la edad infantil? ¡Un caso excepcional!

Los científicos, los verdaderos, son bastante difíciles de convencer... pero ocurre que superan la primera duda cartesiana, que los honra, para llegar a una segunda, que les preocupa. Tienen bastante humor para concebir que existen otras verdades que las que confirman las revistas *Science* o *Nature*.

El psicoanálisis da muestra de una digresión singular que es la del encuentro con un psicoanalista determinado en un marco definido. Pero hay que entender que la transferencia se instaura en todas las relaciones, aunque éstas sean comportamentalistas, psicoanalíticas y hasta farmacéuticas. Sin embargo, la teoría psicoanalítica es la única capaz de entrever que la transferencia puede a la vez determinar y sobredeterminar la génesis, las manifestaciones y la evaluación de los fenómenos psíquicos que intenta interpretar. Todas las ciencias son humanas.

Por último, veo las reacciones que suscita, en los psicoanalistas, en Francia, la aparición de ese pasquín. El conjunto de ellas es bastante pertinente, en especial la de Élisabeth Roudinesco en *L'Express*, donde subraya muy bien la importancia de una filosofía de la libertad que está en los orígenes de la cuestión psicoanalítica. Esta libertad tiene un precio, que es el del rigor.

Algo más en referencia a lo que los psicoanalistas piensan de ellos mismos y de lo que oyen. Me refiero aquí al artículo de *Le Monde*[1] titulado «Les nouvelles du divan». Aun cuando esta encuesta no sea una respuesta a *El libro negro*, temo que por ella misma no intenta responder en el mismo terreno, el de los desequilibrios sociales, y que olvida lo que hace a su especificidad: el inconsciente.

1. Suplemento n.° 89 del 29 de octubre al 4 de noviembre de 2005.

Desde que la *represión* fue destituida por el *rechazo*, es decir, desde Marcuse, se ha establecido una confusión entre lo que era puro movimiento interior —el rechazo—, y lo que provoca la tensión social —la represión—. Es cierto que la realidad social modifica las manifestaciones del inconsciente. Pero, justamente, ¡no se trata del inconsciente! Como si el único efecto del psicoanálisis fuera enjugar los desbordes sociales cuyo desequilibrio mantendría.

Raramente un solo hombre ha podido invocar ser el inventor de una disciplina, dedicar su vida a ello y promover el método. Entonces es muy cómodo emprenderla contra él creyendo deshacerse al mismo tiempo del inconsciente, de la sexualidad infantil y del recurso necesario a un tercero para hacer emerger el sentido. Freud lo comprobó muy pronto. Mucho antes que la pequeña guía de Austria. ¡Se impone una tirolesa!

CHRISTINE ORBAN
Escritora

VISTO DESDE EL DIVÁN

La primera idea que me viene a la mente es una especie de miedo. Me recorría un temblor de pies a cabeza, a cada peldaño de la escalera que llevaba a su despacho... de modo que el cuarto de hora inicial estaba dedicado a recobrar el aliento. Durante mucho tiempo tuve la impresión de agregar un dolor a otro. No me rebelaba: la rebelión es un signo de vida y en mí ya no quedaba mucha. Estaba en un estado de anestesia general, como si un vidrio imaginario me separara de la realidad. Entonces el recurso de un médico del alma me parecía casi natural. Natural, pero no fácil. Nadie va a buscar un milagro en el psicoanálisis: creer en él no es suficiente. Hay que participar. Curarse demanda un esfuerzo, una inversión personal y financiera.

En un sillón, lo que nos asombra en primer lugar no son nuestros fantasmas, el surgimiento de nuestros males más íntimos, toda la desgracia que puede encerrar una vida. No, lo que nos asalta es simplemente la incongruencia de la situación: acostada en una cama, tener que hablar sin darse la vuelta a un hombre sentado a nuestras espaldas. Y dispuesto de ese modo por el rigor de una disciplina, tener que decirle a una pared blanca, todo lo que nos pasa por la cabeza. En esas condiciones, es difícil hacer abstracción del hombre que está detrás. Yo, por más raro que pueda parecer, pensaba sobre todo en no molestarlo, porque si lo molestaba, él no me querría, y si no me quería no me curaría.

Primera dificultad: la contradicción entre la sinceridad que se necesita para ese tipo de relación y la idea que yo tenía de la paciente ideal: luchar contra la elección de las palabras, el filtrado de los pensamientos, el arranque de coquetería cuyo único objetivo es el alejamiento de sí mismo... Olvidar el miedo a las palabras y el pudor de decir, decir, decir... «¿Por qué?»

«¿Usted quiere curarme para vivir qué?»

Impotencia del «psi» ante el desencadenamiento de los acontecimientos externos. ¿Cómo curar con palabras? ¿Qué hacer cuando es la vida la que se ha vuelto loca? Una vida invertida, una vida comenzada por el final. La muerte anunciada de un marido demasiado joven para morir.

«¿Usted va a curarme para vivir qué?», como un *leitmotiv* en mi cabeza.

Y a pesar de la vida que se venía abajo como un castillo de naipes, él me obligaba a «hacer el trabajo», como si valiera la pena, como si hubiera todavía algo o alguien para salvar... Entonces, a veces, intentaba una incursión: «¿A quién ama, desdichada?». Y ¡vaya! ¡Llévese esto a su casa! Embárquese en noches enteras de reflexiones y sobre todo vuelva con una respuesta...

Pero la regularidad de los encuentros terminaba por hacer la situación tranquilizadora: dos veces por semana, pasara lo que pasara en mi vida, fuera o no, ese hombre me esperaba. Las chicas de mi edad gastaban el dinero en ropa, mi vida era diferente, tenía veinte años, pero ¿qué es la juventud cuando se ha perdido la despreocupación? Entonces yo alquilaba un espacio de tiempo (para llenarlo de palabras, para extirpar el dolor, en fin, tratar) a un hombre que me recibía dos veces por semana, como si yo fuera una persona que tenía algo importante que decir.

Tenía un lugar donde llorar, un lugar y una persona con quien compartir mi pena. ¿Un amigo? No, le pagaba. ¿Un confidente? Él no devolvía ninguna confesión a cambio. Nunca una muestra de compasión, nunca un gesto; no, realmente la calle Béthume no era la mejor dirección para la ternura. Él se protegía detrás de las reglas del psicoanálisis, como si tuviese miedo de sus emociones. Con un giro de mano, me mandaba frente al muro blanco, me miraba cómo lloraba, o mejor, me tendía un pañuelo de papel. Si por casualidad le hacía una pregunta, no respondía, o bien decía «vea», sobreentendido «véalo usted misma». No estaba allí para dar la respuesta, a lo mejor ni siquiera la conocía. Yo debía aprender a encontrar mi camino sola. A pesar de la lentitud, a pesar de los silencios, yo tenía la impresión de construir para más adelante. Sabía muy bien que en el actual estado de cosas era inútil imaginar un estar-mejor, sabía, en el fondo de mí, que tendría años difíciles y que era necesario pasar por eso, o morir. Muchas veces esa idea se me cruzó por la mente... Pero alguien me necesitaba.

Mi análisis actuó como un mecanismo de relojería. Todo lo que me dio ese hombre extraordinario lo he guardado esperando el momento, años después, cuando las heridas fueron menos vivas, de liberarlo. La comprensión es el regalo más bello que un ser humano puede ofrecer a otro, entrar en su universo, más allá de las apariencias, fuera de su rol en la sociedad.

Con él encontraba un sentido, una dirección, a pesar del desfase entre la liviandad normal de la gente de nuestra edad y lo que yo vivía. Es posible que este espacio de verdad sea lo que me salvó la vida.

ERIK ORSENNA

Escritor, consejero de Estado, miembro de la Academia Francesa

GRACIAS

Yo no me acosté. Me senté.

Durante un año. Tres veces.

Tenía veinte años. Tenía treinta años. Tuve cuarenta años. Parece que algo en mí tenía dificultad para comenzar los decenios.

Me senté una vez por semana. Era, recuerdo, en el distrito XII, cerca de la Porte Dorée y de su acuario subterráneo. Y también cerca del zoológico. No sabía quién era: quizá una mezcla de todos esos animales exóticos y enjaulados.

¿Distrito XII o siglo XII? Era tan lejos, tan doloroso ir hasta allá. Me parecía remontar el tiempo.

Tres veces, un año, me senté. Y lloré, hablé, hice silencio, balbucí, retrocedí, caminé...

¿Ese hombre frente a mí acaso me miraba? Tengo más bien el recuerdo de una escucha. De esa generosidad que se llama la atención. Y de esa generosidad venía, a veces, raramente, una palabra, una interrogación, una sonrisa.

Un día, como lo compadecí por tanta inmovilidad en su vida, me confesó que los domingos volaba. Alquilaba un avión y se iba, por arriba.

Yo tenía, tengo, como todo el mundo, un mar helado en mí. «¿Qué es un libro? —pregunta Kafka—. ¿Es una hacha que mata el mar helado en nosotros?»

Yo no tengo hacha. A pesar de todo intenté matar un poco, un poquito el mar helado en mí. No soy creyente, pero sé que tenemos algo en el fondo nuestro que se parece a una alma. Y que esta alma es nosotros.

Esta alma podemos esclavizarla, emperifollarla, humillarla, mecanizarla, disecarla... Podemos negarla. Y aplaudirnos por el robot que habremos construido. Ese robot tal vez podamos necesitarlo en algún momento. Pero la vida no estará allí. La vida habrá quedado en otro lugar. Y luego se vengará.

Un día, yo tenía trece años. Pasé unos tests. Tests de una perspicacidad incuestionable, habían asegurado a mis padres. Conclusión: se me debía orientar rápidamente hacia un trabajo manual. Esos tests no se equivocaban. No hay nadie más manual que yo, puesto que escribo cada mañana desde hace cincuenta años, con mis dedos crispados sobre un lápiz de madera (3b).

Recuerdo una frase de Dostoievski, en *El idiota*: «Usted sólo ama la verdad, no tiene ternura; por tanto, usted es injusto». No se puede esperar siempre del amor. Pero esos tests no entienden nada, porque aplican en lugar de dar. No dan nada, y menos aún tiempo.

El alma, esta alma increyente de la que hablo, el alma es fluida. La mecánica no sabe nada de eso. Apenas la superficie. Y aunque a nuestra época se la llame apasionada por la superficie, es decir por la cosmética, nosotros valemos mucho más de lo que L'Oréal dice que valemos.

Yo no me acosté y he leído poco, muy poco, de los teóricos.

Porque soy perezoso.

Y porque desconfiaba. Quería seguir contándome mis historias queridas. Y yo sé que las historias son fieras tímidas que se asustan fácilmente. Sólo vienen a beber por la noche, de nuestras partes de sombra, de nuestras ingenuidades.

Pero yo quiero dar mi gratitud. Al hombre de Viena, el geógrafo de nuestros mares helados. Y al del distrito XII, tan próximo del zoológico y de la Porte Dorée.

Sin ellos, ¿dónde estaría yo? ¿Quién sería? Y por otra parte, tenía tantas dificultades para empezar mis decenios, ¿sería yo?

RICARDO PIGLIA

Escritor

LOS SUJETOS TRÁGICOS[1]

... Los escritores han sentido siempre que el psicoanálisis hablaba de algo que ellos ya conocían y sobre lo cual era mejor mantenerse callado. Faulkner y Nabokov, por ejemplo, han observado que el psicoanalista quiere oír la voz secreta que los escritores, desde Homero, han convocado, con la rutina solitaria con la que se convoca a las musas; una música frágil y lejana que se entrevera en el lenguaje y que siempre parece tocada por la gracia. Al revés de Ulises, pero cerca de Kafka, los escritores intentan (muchas veces sin éxito) oír el canto sereno y seductor de las sirenas y poder después decir lo que han oído. En esa escucha incierta, imposible de provocar deliberadamente, en esa situación de espera tan sutil, los escritores han sentido que el psicoanálisis avanzaba como un loco furioso.

Hay otro aspecto sobre el cual los escritores han dicho algo que, me parece, puede ser útil para los psicoanalistas. Nabokov y también Manuel Puig, nuestro gran novelista argentino, insistieron en algo que a menudo los psicoanalistas no perciben o no explicitan: el psicoanálisis genera mucha resistencia pero también mucha atracción; el psicoanálisis es una de las formas más

1. Tomado de «Los sujetos trágicos» (Psicoanálisis y literatura), *Formas breves*. Gentileza de la editorial Anagrama.

atractivas de la cultura contemporánea. En medio de la crisis generalizada de la experiencia, el psicoanálisis trae una épica de la subjetividad, una versión violenta y oscura del pasado personal. Es atractivo entonces el psicoanálisis porque todos aspiramos a una vida intensa; en medio de nuestras vidas secularizadas y triviales, nos seduce admitir que en un lugar secreto experimentamos o hemos experimentado grandes dramas, que hemos querido sacrificar a nuestros padres en el altar del deseo y que hemos seducido a nuestros hermanos y luchado con ellos a muerte en una guerra íntima y que envidiamos la juventud y la belleza de nuestros hijos y que también nosotros (aunque nadie lo sepa) somos hijos de reyes abandonados al borde del camino de la vida. Somos lo que somos, pero también somos otros, más crueles y más atentos a los signos del destino. El psicoanálisis nos convoca a todos como sujetos trágicos; nos dice que hay un lugar en el que somos sujetos extraordinarios, tenemos deseos extraordinarios, luchamos contra tensiones y dramas profundísimos, y esto es muy atractivo. De modo que el psicoanálisis, como bien dice Freud, genera resistencia y es un arte de la resistencia y de la negociación, pero también es un arte de la guerra y de la representación teatral, intensa y única.

Por eso Nabokov veía el psicoanálisis como un fenómeno de la cultura de masas; consideraba clave ese elemento de atracción, esa promesa que nos vincula con las grandes tragedias y las grandes traiciones, y veía ahí un procedimiento clásico del melodrama y de la cultura popular: el sujeto es convocado a un lugar extraordinario que lo saca de su experiencia cotidiana.

Y Manuel Puig decía algo que siempre me pareció muy productivo, y que sin duda fue decisivo en la construcción de su propia obra. Decía Puig que el inconsciente tiene la estructura de un folletín. Él, que escribía sus ficciones muy interesado por la estructura de las telenovelas y los grandes folletines de la cultura de masas, había podido captar esta dramaticidad implícita en la vida de cada uno, que el psicoanálisis pone como centro en la construcción de la subjetividad.

En todo esto hay entonces una suerte de relación ambigua: por un lado el psicoanálisis avanza sobre una zona oscura, que el artista preserva y prefiere olvidar; pero, por otro lado, el psicoanálisis se presenta como una especie de alternativa: hace lo mismo que el arte, genera una suerte de bovarismo, en el sentido de la experiencia de Madame Bovary, que leía aquellas novelitas rosas como si fueran el oráculo de su propia vida y el modelo de sus sentimientos. El psicoanálisis construye un relato secreto, una trama invisible y hermética, hecha de pasiones y creencias, que modela la experiencia.

Voy a agregar dos anotaciones más: una, sobre cómo la literatura ha usado el psicoanálisis, y otra sobre el modo en que el psicoanálisis ha usado a la literatura. Para la primera cuestión, podemos desde luego olvidar experiencias un poco superficiales como la del surrealismo o la de la *beat generation*, que confundían escribir sin pensar con oír la voz secreta de la sirena de Kafka (que es muda); confundían, o intentaban confundir, la espera de la gracia y la paciencia del poeta con un procedimiento mecánico de escritura automática: la musa es una dama suficientemente frágil como para esperar un tratamiento más delicado que ese escribir, dejándose llevar por una suerte de vitalismo atropellado; es un poco ingenuo por supuesto suponer que ésa es la manera de conectarse con el inconsciente en el trabajo.

Quien sí constituyó la relación con el psicoanálisis como clave de su obra es quizá el mayor escritor del siglo XX: James Joyce. Él fue quien mejor utilizó el psicoanálisis, porque vio en el psicoanálisis un modo de narrar; supo percibir en el psicoanálisis la posibilidad de una construcción formal, leyó en Freud una técnica narrativa y un uso del lenguaje. Es seguro que Joyce conocía *Psicopatología de la vida cotidiana* y *La interpretación de los sueños*: su presencia es muy visible en la escritura del *Ulises* y del *Finnegans Wake*. No en los temas: no se trataba para Joyce de refinar la caracterización psicológica de los personajes, como se suele creer, trivialmente, que sería el modo en que el psicoanálisis ayudaría a los novelistas, ofreciéndoles mejores instrumentos para la caracterización psicológica. No. Joyce percibió que había ahí modos de narrar y que, en la construcción de una narración, el sistema de relaciones que definen la trama no debe obedecer a una lógica lineal y que datos y escenas lejanas resuenan en la superficie del relato y se enlazan secretamente. El llamado monólogo interior es la voz más visible de un modo de narrar que recorre todo el libro: asociaciones inesperadas, juegos de palabras, condensaciones incomprensibles, evocaciones oníricas. Así Joyce utilizó el psicoanálisis como nadie y produjo en la literatura, en el modo de construir una historia, una revolución de la que es imposible volver.

Y me parece que el *Finnegans Wake*, que por supuesto es una de las experiencias literarias límites de este siglo, se construye en gran medida sobre la estructuración formal que se puede inferir de una lectura creativa de la obra de Freud: una lectura que no se preocupa por la temática sino por el modo en que se desarrollan ciertas formas, ciertas construcciones.

Cuando le preguntaban por su relación con Freud, Joyce contestaba así: «Joyce en alemán es Freud». Joyce y Freud quieren decir «alegría»; en este sentido los dos quieren decir lo mismo, y la respuesta de Joyce era, me parece, una prueba de la conciencia que él tenía de su relación ambivalente pero de respeto e interés respecto de Freud. Me parece que lo que Joyce decía era: yo estoy haciendo lo mismo que Freud. En el sentido más libre, más autónomo, más productivo.

Joyce mantuvo otra relación con el psicoanálisis, o mejor dicho con un psicoanalista, y en esa relación personal, en una anécdota, se sintetiza un elemento clave de esta tensión entre psicoanálisis y literatura. Joyce estaba muy atento a la voz de las mujeres. Él escuchaba a las mujeres que tenía cerca: escuchaba a Nora, que era su mujer, una mujer extraordinaria; escuchándola, escribió muchas de las mejores páginas del *Ulises*, y los monólogos de Molly Bloom tienen mucho que ver con las cartas que le había escrito Nora en distintos momentos de su vida. Digamos que Joyce estaba muy atento a la voz femenina, a la voz secreta de las mujeres a las que amaba. Sabía oír. Él, que escribió *Ulises*, no temía oír ahí, junto a él, el canto siniestro y seductor de las sirenas.

Mientras estaba escribiendo el *Finnegans Wake* era su hija, Lucía Joyce, a quien él escuchaba con mucho interés. Lucía terminó psicótica, murió internada en una clínica suiza en 1962. Joyce nunca quiso admitir que su hija estaba enferma y trataba de impulsarla a salir, a buscar en el arte un punto de fuga. Una de las cosas que hacía Lucía era escribir. Joyce la impulsaba a escribir, leía sus textos, y Lucía escribía, pero a la vez se colocaba cada vez en situaciones difíciles, hasta que por fin le recomendaron a Joyce que fuera a consultar a Jung.

Estaban viviendo en Suiza y Jung, que había escrito un texto sobre el *Ulises* y que por lo tanto sabía muy bien quién era Joyce, tenía ahí su clínica. Joyce fue entonces a verlo para plantearle el dilema de su hija, y le dijo a Jung: «Acá le traigo los textos que ella escribe, y lo que ella escribe es lo mismo que escribo yo», porque él estaba escribiendo el *Finnegans Wake*, que es un texto totalmente psicótico, si uno lo mira desde esa perspectiva: es totalmente fragmentado, onírico, cruzado por la imposibilidad de construir con el lenguaje otra cosa que no sea la dispersión. Entonces Joyce le dijo a Jung que su hija escribía lo mismo que él, y Jung le contestó: «Pero allí donde usted nada, ella se ahoga». Es la mejor definición que conozco de la distinción entre un artista y... otra cosa, que no voy a llamar de otro modo que así.

El arte de la natación

En efecto, el psicoanálisis y la literatura tienen mucho que ver con la natación. El psicoanálisis es en cierto sentido un arte de la natación, un arte de mantener a flote en el mar del lenguaje a gente que está siempre tratando de hundirse. Y un artista es aquel que nunca sabe si va a poder nadar: ha podido nadar antes, pero no sabe si va a poder nadar la próxima vez que entre en el lenguaje.

En todo caso, la literatura le debe al psicoanálisis la obra de Joyce. Él fue capaz de leer el psicoanálisis, como fue capaz de leer otras cosas. Joyce fue un gran escritor porque supo entender que había maneras de hacer literatura fuera de la tradición literaria; que era posible encontrar maneras de narrar en los catecismos, por ejemplo; que la narración, las técnicas narrativas no están atadas sólo a las grandes tradiciones narrativas sino que se pueden encontrar modos de narrar en otras experiencias contemporáneas; el psicoanálisis fue una de ellas.

MARIE-FRANCE PISIER

Actriz

LA BAJEZA DEL SILENCIO

«Hubiera mirado el silencio como una bajeza —o como una pereza, que se parecen mucho—.» Me gusta mucho esta frase de Sand a Flaubert, cuando apareció *Salambó*, fuertemente denigrado por esas «páginas», que ella defiende como puede. Me gusta mucho porque es maliciosa y no deja ninguna escapatoria, por poco que algo nos interese, y el psicoanálisis me interesa muchísimo. No sentiré cobardía —la palabra sería, desde mi lugar, excesiva y pretenciosa—, sino cierta pereza, eso sí, si no dijera, si no escribiera, hoy que los ataques de los que es objeto se multiplican, lo bien que pienso del psicoanálisis. De la cura analítica.

Decir que puede ser practicada bien. En su total singularidad, su irreductibilidad a otras terapias. Y que suceda que haga bien. Decir que nadie me obligaba, que no tenía un fusil en la espalda, pero que sí, había leído bastante a Freud, a Dolto y a Lacan, los grandes malvados, peligrosos adoctrinadores, grandes manipuladores ante lo eterno con respuesta para todo para sentar su poder, etcétera.

No entendía muy bien qué era lo que se mezclaba con mi excitación intelectual de aquella época, dado que la respuesta a la cuestión de mi presencia ante un analista fue: «¡Oh, pero, por pura curiosidad!». Todavía me río.

Una curiosidad extrañamente tenaz en todo caso, ya que me hicieron falta tres análisis interrumpidos antes de encontrar el que me convenía.

Decir mi reconocimiento estupefacto, decirlo de paso a quien lo escuche más particularmente. Decir el lento machacamiento, la incertidumbre, la violencia de la duda, la sensación de incongruencia, los estallidos de alegría, el cansancio, la cólera, los caminos con obstáculos, los tropiezos inventivos, las huidas, los atajos sorprendentes.

¿Y todo eso por qué, cuando «no se está tan mal», como tantos otros que se enganchan?

Para ese casi nada, al que resulta que se accede y que nos hace diferentes, o mejor dicho el mismo, de otra manera.

Ese casi nada, tan íntimo que es incompartible —yo no soy analista y no tengo ganas de serlo—, tan vivo que forma parte de nosotros para siempre, tan evidente que hasta se llega a olvidar que ha sido adquirido, que no ha estado siempre allí para quitar el lastre, ¿habría que auscultarlo, medir su estatura, anotarlo, catalogarlo, clarificarlo cueste lo que cueste?

Me preocupa. Me preocupo por las preocupaciones que provoca.

Me preocupo del bien que se quiere para mí, de la protección de la que quieren rodearme en ese aspecto.

Agrego, sin temor a desagradar a algunos y complacer a tantos otros, mi certeza de que también hay abuso en los profesionales de la profesión, carencias, fanfarronadas, pero de eso hay en todas partes.

Y tanto mejor después de todo para el aire que se respira, demasiado purificado, asfixia...

Pero de todos modos es eso, decididamente, lo que me alarma en este momento, esta carga repetida contra el psicoanálisis, por el balizaje y la purificación de los caminos privados de lo oscuro, del inconsciente, inversamente proporcional al laxismo del que se rodean tantos demagogos en la plaza pública.

BERTRAND POIROT-DELPECH

Escritor, miembro de la Academia Francesa

UN JUEGO SIN REGLAS

Pero ¿qué es otra vez esta historia?

Apenas habían decretado la muerte de Dios y la de Marx, ahora es el turno de Freud, ese otro pilar. Sin proceso, como un linchamiento. ¿Es así como se van a saldar las disputas de ideas a partir de ahora? ¿En nombre de una modernidad completamente expeditiva? La cuestión no es «¿hay que matar a fulano?», pero es como si lo fuera. Unos quince expertos vinieron de lejos para formar el pelotón. Uno de ellos trae el golpe de gracia. En líneas generales, el culpable sería un impostor codicioso, y sus últimos partidarios, unos tontos, refugiados, no se sabe muy bien por qué en Brasil y en Francia, guarida de cretinos. Sin defensor a la vista. Los abogados de oficio estarían disfrazados, dicen.

Los comprendemos. Es grande el riesgo de aparecer ligado a lo injustificable, y cogido en la trampa. El papel de ciencia ofuscada y benévola que se arroga *El libro negro* no esconde muy bien las intenciones fanáticas y vendedoras. En cubierta promete a los lectores «vivir, pensar y estar mejor sin Freud». Podría decirse que es una competencia entre eslóganes de detergentes para ropa. ¡Como para no desconfiar de los vendedores del estar-mejor, tratándose de conceptos! Si las terapias «cognitivas y comportamentales» que se muestran como ejemplo lavaran más blanco, ¡se sabría! La evaluación comparada de las eficacias médicas, suponiendo que esto sea posible y leal, ¿tendría valor de prueba?

La impresión que se tiene de ese panfleto tiñoso es que el debate de ideas perdió allí toda medida para ser el calco de las riñas publicitarias. A tal punto que la antigua confianza en ciertas reglas de juego serían optimistas, salvo confesándose programático, si no utópico. Ése era ya el temor de Sartre cuando decidió confiarse a un psicoanalista. ¿No cedía a un capricho, muy presente en su entorno? El autor de *Las palabras* estaba demasiado lúcido como para no reconocer en los cangrejos, «habitantes del techo», para el que presta la visión al Franz de *Los secuestrados de Altona*, sus propias ansiedades. A su manera, ilustraba un rasgo de la época del teatro del absurdo: darle valor de una cosa a lo innombrable, como Vian, Duras, Beckett, Ionesco.

Si he entendido bien, *La Règle du jeu* espera de los no especialistas que a falta de contraargumentos confíen su eventual experiencia personal del freudismo. Vayamos, sin garantía. Un poco como Sartre, es decir, sin contar demasiado con un resultado, por curiosidad, y hastío de falsas rutas inexplicadas. Me ocurrió, en los años setenta, pedir a dos practicantes, uno de ellos una mujer, que hicieran al menos un diagnóstico. Después de pasar algunas sesiones saltando entre las altas hierbas de la infancia, y otras dulzuras perdidas de vista, éstas no desencadenaron la necesidad de confesión de la que depende toda cura. ¿Tuve o no razón en interrumpir? Si alguien puede juzgarlo, no es el interesado. Pasarse la vida explicándose las citas frustradas es exponerse a que la lista se alargue.

Puede ser más instructivo localizar los rastros que persisten del freudismo en las diferentes jactancias de la sociedad contemporánea. Analistas o analizantes, los intelectuales, a los que Paul Valéry calificaba rudamente de «quienes se ocupan de las cosas vagas», se han anexado todos los términos que les permitieran hacerse la ilusión de practicar una ciencia dura. Por ejemplo «en la medida en que», utilizado para sugerir una relación cuantitativa entre dos términos, con exclusión todo lo que se puede medir. La irrupción del «ello» ha dado cuerpo al espejismo de un inconsciente que puede situarse somáticamente, de allí la moda del «en algún lugar» y del «eso tiene que ver con...», «eso pasa por...». Ese mecano de psicoanálisis divertido sirve para las sospechas de salón, para la caza de actos frustrados, para el envite de poderes. Los charlatanes de la «publicidad» han adoptado esta ganga, para parecer sondear científicamente y manipular las opiniones.

Los hablantes jefes de lo audiovisual y sus servidores de la mediatización son los principales beneficiarios de la jerga psicoanalítica en vías de retroceso. Testigo, la intrusión en todos los bocadillos de «yo tengo ganas de decir...» salido directamente del diván. Como si las ganas tuvieran lugar en el enunciado de una evidencia. Y ¿qué hacer entonces si el alumno del siglo XXI no tiene ganas, decididamente, de que dos y dos sean cuatro?

El tiempo cósmico no permite saber si la estrella psicoanálisis ha dejado o no de vivir. Al menos nos queda su rastro de astro apagado, rastro tanto más visible por el hecho de ser la lengua oral, la que hoy en día hace la ley y colecciona los tics, los tapa-agujeros, las jergas huecas. Ejemplos: «cierto número de», «hacer de manera que», «*etcétera...*» y otras jugarretas con aspecto tecnócrata para ahogar el pescado y adormecer al ciudadano. Sin hablar del lascinante «es cierto que», que abre casi cada frase de los entrevistadores y entrevistados, no para introducir cualquier reserva concesiva, sino ¿por pura redundancia, para ganar tiempo perdiéndolo, para dar una estocada? ¡Astucia de mentiroso nato!

No es para desdeñar el hecho de que ese vano relleno se haya convertido en el tic principal, la firma, de una época en la que lo «verdadero» nunca ha sido tan sospechoso de encubrir una falsedad, una artimaña anunciada. Cualquier cosa que pensemos sobre lo cognitivo y las neurociencias en provecho de las cuales está lanzada abiertamente la ofensiva anti-Freud, les deseamos que nos ayuden, después, igual que lo hicieron con la persecución del lapsus, a desarmar las trampas ahogadas de la mala fe.

PAULINE PROST

Psicoanalista

LA LÁMPARA DE EDISON

En *El racionalismo aplicado* Gaston Bachelard nos ofrece una hermosa imagen de corte epistemológico: la humanidad, dice, ha producido luz siempre por medio de técnicas de combustión, haciendo arder algo; el genio de Edison es haber inventado el medio para dar luz impidiendo que arda una materia: en el vacío, el filamento titila pero no se consume. En ello se puede encontrar la alegoría, el emblema de la revolución freudiana. El inconsciente freudiano no es el inconsciente de siempre, dice Lacan. ¿Por qué? ¿De qué fuente bebían los humanos, qué fuego atizaban para iluminar su camino en la existencia? Puede arriesgarse esta respuesta: el inconsciente se apagaba en el amor.

«Al principio era el amor». Amor al amo, variante del amor al padre, en las sociedades autoritarias y en las religiones, amor al saber, bajo el régimen de la Sabiduría y, más tarde, de la Ciencia, amor por la Verdad finalmente, acorralando el saber en sus fallas y sus límites, en los momentos de subversión, colectiva o individual. Cada uno de los momentos de la Historia, que Lacan llama universos de discurso, encuentran el límite donde se consume el deseo, y dejan el lugar a un nuevo amor. Freud se adelanta en la escena donde flamea la histérica, figura eminente de la subversión, y, nuevo Edison, inventa el lugar vacío donde ella titila y traza el camino de un saber inédito.

Los ídolos y el completamente-otro

En la caravana del mundo, la escena analítica, cual tabernáculo del Éxodo, es una tienda vacía. En este espacio despejado, si no deshabitado, la queja, la demanda, los remordimientos y la angustia pueden desplegar su letanía evitando los dos escollos de todo diálogo: la pregunta y la respuesta. Si el otro, en efecto, me pregunta, me interroga, él me impone, bajo el velo de su interés, sus esperas, sus referencias, su vocabulario. La pregunta, *a fortiori*, el cuestionario, es siempre hipócrita, porque, aunque aparenta ignorar, es a partir de lo que se sabe que se pregunta, a partir de lo que parece importante, útil, sensato. Por eso toda pregunta, y ésa es su astucia, contiene ya su respuesta. Al sujeto que llega con su pregunta «¿Qué debo hacer?» o «¿Quién soy yo?», el análisis le ofrece tan sólo una respuesta: tú puedes saber, con un saber que nadie más que tú detentas, pero que solamente puede enunciarse con una palabra, dirigida a otro que se convierte en testigo de ella, palabra en la que cada uno hace entrar sus maneras de decir, sus imágenes, sus sueños, su historia, procediendo a una «puesta en intriga» de su vida. Ningún diagnóstico, psicológico o médico, puede desposeer al sujeto de esta dramaturgia singular en la que, al construir su *épos*, el sujeto no puede compararse con ningún otro.

Porque el análisis desidentifica. Toda identificación es un esfuerzo por vestirse con los oropeles de otro, tomar prestado su hábito, su prestancia, sus certezas. El análisis cura para siempre de la supuesta consistencia del otro. El sujeto desidentificado sabe ver la división, la falla, escapando a la fascinación celosa por quien se ofrece en la brillantez del espejo.

Por eso el psicoanálisis está a contracorriente de todos los ofrecimientos de ayuda al desarrollo de sí, del aprendizaje de la autonomía, del vademécum del «saber seducir o saber imponerse», ser amado u obedecido, doble *impasse* de la demanda, doble fracaso del deseo. La abdicación del sujeto, bajo la apariencia de «desarrollo personal», toma su forma más monstruosa en la práctica del *coaching*, en el cual el sujeto delega en el experto, ángel de la guarda, *daimon* o suplente, doble, el cuidado de su existencia.

Pasajero clandestino

Intempestivo, inactual, a contracorriente de cualquier intención de normalización, el psicoanálisis sufre las consecuencias en la opinión pública, y muchas veces las desencadena, al revelar y asumir lo que se esconde detrás del llamado a los semblantes de la conformidad: la búsqueda de goce, el individualismo, la aspiración a un «ser sí mismo» sin límites ni trabas, llamado ciego pero tanto más insistente en una singularidad refractaria al lazo social, a los grandes ideales de identidad como han sido la religión, la política o la familia. Ese lazo social inencontrable se busca paradójicamente en la «comunicación», la «transparencia», la exhibición de sí.

El psicoanálisis tiene el privilegio de ir hasta el fondo de esta lógica de lo único. Sabe y hace apreciar a quien se compromete que el «sí» tiene cierta relación con el goce imposible de compartir. Aprende a no dejarse engañar por el llamado del otro «que me comprende», porque por haber ido hasta el fondo de los poderes de la palabra, escapando de la impostura del «lo he comprendido», él sabe que, sobre eso que le es más cercano, hay un imposible de decir que abre el campo a lo que es para hacer.

Al filo de una palabra que descubre la obligación escondida bajo su aparente libertad, la cura analítica depura la voluntad de decir, disipa el espejismo de cualquier elucidación. La ascesis del análisis, su lentitud, su eternización a veces, testifican la dignidad de la palabra, su valentía interpretativa, sus efectos de sorpresa, de creación, de poesía, difiriendo sin cesar y haciendo retroceder al infinito el punto en el que el sujeto es liberado de la pasión por hacerse comprender.

Solamente el silencio atento del otro, invitando al sujeto a recorrer sin descanso los meandros de su historia, a utilizar sus significaciones hasta los límites del sinsentido, ofrece a cada uno el acceso a su punto de silencio, reserva y recelo de su voluntad de vivir, que lo hace apto para acoger todos los ruidos del mundo.

FRANÇOIS REGNAULT

Filósofo

«SÓCRATES FUE ACUSADO...»

> Si el análisis no hubiera sido otra cosa que un perfeccionamiento de la relación médico-enfermo, nosotros no tendríamos necesidad de él.
>
> JACQUES LACAN, *Seminario III*

«¿No ardía acaso nuestro corazón dentro nuestro, cuando nos hablaba en el camino y nos explicaba las *Escrituras*?» Eso dicen entre sí los peregrinos de Emaús cuando reconocen por la fracción de pan que quien se las explicaba es Cristo resucitado (Lucas, 24, 32).

Yo voy a intentar una comparación muy arriesgada, quizá demasiado piadosa: vuestro corazón, o vuestro deseo, ¿no ardía la primera vez que os habéis puesto a leer a Freud?

Pero uno no puede hablar más que por uno mismo. De pronto, por curiosidad, por un consejo, porque se habla de ello, porque está en el programa, poco importa, *leer a Freud*. Encontrarse con el que os habla de vuestros sueños, de vuestra sexualidad, ¡con la idea de que va derecho al corazón de la cuestión! Curiosidad —angustia mezclada con placer— desarreglo

—goce—... Y al mismo tiempo los sueños que se hacen más conscientes. Y la sexualidad, que al mismo tiempo se aclara. Y el deseo... ¡Luces proyectadas en vuestro pequeño Lascaux!* La sorpresa que está al inicio de la filosofía, como también del psicoanálisis. La transferencia que surge cuando se empieza a leer a Freud. Entonces, *leer a Freud.*

Y si usted persevera, descubrirá a un hombre, absolutamente íntegro, «la dignidad de su vida (la expresión es de Jacques Lacan) enteramente dedicada a la ciencia, a la ciencia de su tiempo, que no era la peor, con el coraje de reconocer los límites de esa ciencia, que corresponden al objeto de la ciencia y que provienen del sujeto de la ciencia. La relación justa, establecida por fin, entre la ciencia y su sujeto.

¿«Por qué la gente honesta y cultivada vio inmediatamente en la obra de Freud vaya a saber qué exceso de cientificismo? ¿Por qué los sabios mismos, que parecían desalentados por los resultados y la originalidad del método cuyo estatuto no identificaron inmediatamente, jamás pensaron en mandar a Freud a la filosofía vitalista o irracionalista que por entonces era mucho más vivaz? En verdad, nadie se equivocó. «Efectivamente en el psicoanálisis se trata de una manifestación del espíritu positivo de la ciencia en tanto que explicativo» («Freud en el siglo», *Seminario III*, capítulo XIX).

Y la autenticidad de una vida: en nombre de su retorno a Freud, Lacan, hablando de esas vidas que escucha «confesarse ante él desde hace casi tres décadas dice esto de su lugar de analista: En este lugar que ocupo y donde deseo que termine de consumirse mi vida...» (*Discurso a los católicos*, de 1960). Es un acento que no confunde y, como para Freud, su vida también se consumió en eso. Y la vida de todo analista digno de ese nombre.

Entonces, ¿por qué en la otra punta, ese *Libro negro*, completamente negro, completamente ennegrecido que como una escoba sucia ensucia lo que barre, esa limpieza por la basura? ¿Ese odio por las Luces en nombre de una ciencia reducida al más bajo empirismo farmacéutico? ¡El señor Homais condecorado porque se pretende tan grande como Einstein! ¡Ellos

* En referencia a las grutas de Lascaux, famosas por sus pinturas rupestres del paleolítico. *(N. de la t.)*

son los manipuladores, los oscurantistas, los pequeños jefes, los corrompidos, los vendidos, los comprados!

¡Nuestro corazón no estaba ardiente... también cuando leíamos a Galileo, a Newton, a Einstein! Eso es la ciencia: el descubrimiento sublime, la sorpresa inaudita, seguida de la investigación eternamente abierta, porque el sabio nunca tiene nada dado...

Mientras que los mastica-muertos de *El libro negro* tienen todo ya dado, cerrado, clausurado, muerto. Dejen a los muertos disecar a sus muertos.

¡Y qué pensar de esos psicoanalistas vergonzantes, que en sus debates con ese nuevo Infame, abandonan a Freud, evitan a Lacan, ceden sobre el inconsciente, y casi sacrificarían a sus pacientes a esos minúsculos reptiles!

La autenticidad de una vida de sabio auténtica, porque el psicoanálisis está en la ciencia. ¿Qué es una ciencia que implica al psicoanálisis? He aquí la cuestión, y ella está dirigida a los auténticos sabios, no a sus monos.

«Estén persuadidos de que, si ustedes me hacen morir, sin consideración para con el hombre que pretendo ser, no seré yo quien les haga el mayor daño. Son ustedes mismos. Porque para mí, ni Meletos, ni Anytos podrían dañarme, ni siquiera un poco. ¿Cómo podrían, si es, como yo creo, imposible al malvado dañar al hombre de bien?» (*Apología de Sócrates*).

Así hablaba Sócrates a sus acusadores. ¡Oh, atenienses!

Pero, ¡Oh, franceses!, ¿tomarán partido por Sócrates, o por Anytos y Meletos?

BETTINA RHEIMS

Fotógrafa

EL ANÁLISIS COMO UN SALVAVIDAS

Las relaciones que he mantenido con el análisis han sido siempre complejas —o no tanto—. Mi padre amaba a las mujeres y abandonaba a mi madre, quien amaba a un analista famoso que, para darle placer, se metía un poco demasiado en nuestra educación. Padre ausente —adolescencia difícil—, rechazo del psicoanálisis demasiado presente.

Íbamos a verlo, teníamos que contarle nuestras vidas, y es allí cuando empecé a inventarme una. A lo mejor para no decepcionarlo, para ser un poco interesante. Empecé a inventar para tener paz, ¡para evitar que me castigaran cuando regresaba a casa por la noche.

Obligación de leerle nuestras tareas del bachillerato, de detallarle nuestro tiempo libre. Mi padre no me hablaba y mi madre me hablaba a través de ese hombre. Creía que nunca más lo vería y a menudo pensaba en él. El tiempo pasó. Fui madre y él me ayudó en los momentos difíciles. Hablarle era ahora posible, porque mi madre amaba a otro hombre. Ella estaba muy enferma en esa época, yo iba a verla, estaba acostada para la diálisis, atada a tubos. Ella me decía a menudo: «Deberías hacer un análisis, eso te hará bien», y yo pensaba que a ella no le había hecho tan bien, que esa vida yo no la quería.

En mi vida, he corrido riesgos, he vivido brutalmente, actué primero y pensé después, no tuve consideración con nadie, sobre todo conmigo. Pero en algún lugar, yo sabía que si un día me encontrara contra la pared, tenía una puerta para salir del paso, el análisis como salvavidas.

Y luego, un día, todo explotó. Mi madre acababa de morir. Se había arruinado todo, y me encontré una mañana de otoño, la luz era perfecta, en la place des Vosges, delante de un intercomunicador. Llamé a la puerta de una mujer extraordinaria. Se parecía a mi abuela, a quien había querido tanto, que comprendía todo, y tuve la impresión de haber regresado por fin a casa.

Fui durante dos años, tres veces por semana. Hablábamos mucho de mi trabajo, y efectivamente ella comprendía todo. Era como si mi vida galopara al lado mío. Volvía de su casa, tomaba fotografías, las imágenes salían fácilmente, todo se ponía en su lugar. Mi madre tenía razón, el análisis me hacía bien. Me encontraba amando a esta persona que se iba revelando y era a ella (yo) a quien fotografiaba. Y además, ella me ayudó a encontrarte.

La abandoné brutalmente, demasiado rápido. Siempre he ido así. La extraño. No supe decírselo. Nunca he sabido decir a ningún ser viviente cuánto lo quería.

AMALIA RODRÍGUEZ MONROY
Escritora, traductora

LA FUNCIÓN DEL ARTE: ¿QUÉ ES EL CONOCIMIENTO DESPUÉS DE FREUD?

I. *De exilios y encuentros: el arte de la carencia*

Quizá en esta época de artificiales opulencias sea difícil apreciar el valor que puede tener la carencia. Sin embargo, es esta diosa, mítica madre de Eros, la que despierta muy pronto en mí un deseo que apunta a saber algo más sobre las paradojas de lo humano. Ese primer deslinde orienta ya mi curiosidad juvenil hacia la palabra, sus incongruencias y misterios, hacia lo que el amigo Aristóteles había logrado encerrar en ese enunciado célebre: «Si hay en el hombre algo divino es su pertenencia a la naturaleza». En la tradicional dialéctica entre civilización y barbarie, me interesaba captar su simultaneidad e intrínseca dependencia, la barbarie que toda civilización desencadena.

Mi encuentro con Sigmund Freud se remonta al final de los años sesenta, cuando era estudiante de Filosofía y Letras en Madrid. Las carencias de esa España aislada y doblegada nos impulsaban a muchos a mirar al exterior, a no conformarnos con el vetusto historicismo que imperaba en las aulas. Los libros, alimentos prohibidos, empezaban a llegar del exterior casi clandestinamente. Las ediciones de Losada o Siglo XXI —que acogían las inquietudes de los propios españoles refugiados en tantos países de la América hispana— nos acercaban a los autores que el régimen nacional-católico había borrado del mapa. Desde dentro, la editorial Alianza viene, providencialmente, a paliar la hambruna intelectual de esa generación marcada —sin saberlo aún— por el Mayo del 68. Pudimos muchos leer a los heterodoxos más denostados, a Unamuno, a Galdós, a los filósofos modernos, en asequibles ediciones de bolsillo, acercar nuestra avidez a los principales textos freudianos. Los *Tres ensayos para una teoría sexual*, los *Estudios sobre la histeria* y algunos de sus más célebres trabajos sobre arte y psicoanálisis todavía ocupan en mis estanterías ese lugar inaugural.

No eran novedad, sino la recuperación imprescindible de algo que estuvo ya presente en la España robada, la anterior al trauma bélico, la que no quiso dejarse amedrentar por los retos y las enigmas de la modernidad. La traducción española que lleva a cabo Luis López Ballesteros de la obra freudiana sale a la luz en 1922. En una bellísima primera edición, que logré rescatar de alguna librería «de viejo», un Ortega y Gasset todavía no encerrado en los barrotes del «régimen» presenta la obra freudiana como «la creación más original y sugestiva que en los últimos veinte años ha cruzado el horizonte de la psiquiatría». Antes de la irrupción del desastre, hubo, pues, tiempo para que en nuestro país una generación de médicos ilustrados incorporara a la psiquiatría clásica y a la incipiente ciencia psicológica la indagación freudiana.

En mirada retrospectiva, parece claro que mis inclinaciones, desde niña divididas entre el amor a la medicina y la pasión por las letras y la filosofía, habían de encontrar en Freud un continente a explorar. Todavía no se habían introducido en España los estudios de psicología, así que, una vez descartada la medicina (¿psiquiatría?), seguí el camino de la literatura, que al fin y al cabo —lo sé ahora— es otro modo de aproximación a Freud y al psicoanálisis. Claro que no sería en España donde se daría ese encuentro. Nuestra filología, tras el franquismo, había perdido mucho vuelo y se limitaba a planear por los textos como si fueran campos baldíos que había que cuadricular. No obstante, fuera de las anquilosadas aulas, empezaba a hablarse de estructuralismo, prometedor encuentro entre ciencias de nuevo y viejo cuño: lingüística, antropología, filosofía, sociología y literatura. ¡Qué alivio para quien no comprendía los rígidos y angostos cauces que las disciplinas académicas imponían! Ese final de los sesenta y primeros setenta supone un florecimiento editorial insólito. Podíamos leer a Barthes, Foucault, Lévi-Strauss... Tardé tiempo en constatar que, en este valle-inclanesco ruedo ibérico, esas lecturas no habían sido más que un divertimento para la progresía. Pasada la moda, y el respeto coyuntural por el intelecto, la amnesia pasa a ser la única virtud. ¿Dónde estaban aquellos intelectuales cuando se aleja el miedo? Para dar sentido a esas innovaciones, que el ímpetu de Lacan alimentaba secretamente desde su concurrido Seminario parisino, había que remitirse a un pasado que los ibéricos desconocíamos. Y la famosa transición que había de modernizarnos tenía como condición el olvido. Esos «progres» que iban a ocupar buena parte de los despachos y las aulas del poder «democrático» ya no querían acordarse del pasado, reducido a jocosos «pecadillos de juventud». Marx, Freud, Nietzsche (¡ese nihilista!) ya no eran eje de las conversaciones. *Tabula rasa* para iniciar la ceremonia de la confusión global, río revuelto en el que pescan deprimidas ballenas las multinacionales de «la píldora de la felicidad».

Para reencontrarse con la historia reciente, había que ir lejos. Quienes entendían que los textos permiten pensar, que el lenguaje nos permite evocar y que leer es algo más que acumular datos, no estaban —salvo inolvidables excepciones— en nuestras aulas, ni en nuestros periódicos. ¡Estaban en el exilio! Tuve el inmenso privilegio de aprender de algunos de ellos cuando me doctoraba y comenzaba a dar clases en Estados Unidos en los primeros setenta; en Princeton, Vicente Llorens, su irónica y amorosa lectura de *El Quijote*, de los poetas del 27, de Juan Ramón Jiménez; en Nueva York, Francisco Ayala y con ellos el encuentro con toda esa generación de españoles que se nos había sustraído. Y no sólo españoles; comenzaba la diáspora en Argentina, en Brasil, en Chile. La elección para los expulsados ya no era «la bolsa o la vida». La elección estaba entre «la muerte o el exilio». Para mí, sin embargo, ese exilio, que creía voluntario, se convirtió inesperadamente en sinónimo de «renacimiento», de vuelta a casa.

Un mundo entrelíneas, entre fronteras, se abría ante mí en una América que ofrecía su cara más generosa a quienes fueron acogidos allí, y con su saber saldar la deuda contraída con el generoso Epulón estadounidense, que siempre supo reclutar «cerebros». Para esta testigo casi adolescente que huía de la penuria del espíritu, la palabra «exilio» se mostraría central cuando el psicoanálisis reordenara toda la caótica intensidad de la experiencia, pasada y futura, en torno a esa existencia y ese síntoma, esa antinomia que hacía del exilio «la otra casa». Desde ese lugar, el acto de leer —que centraría mis intereses personales y profesionales— no podía ser lineal, tenía que contornear un vacío. Y no el que planteaba la filosofía. La teoría literaria se acercaba más, pero al regreso descubrí que era desconocida y vilipendiada en el yermo nacional. Era en el refugio estadounidense donde circulaba —entre silenciosa y luminosa— la pieza faltante. ¿Estaré hablando del padre? Tuve allí excelentes maestros que encontraban en los textos literarios *food for thought*, alimento, más que divertimento o mera erudición. Ellos me permitieron intuir que el vacío estaba ya en la palabra misma, en la lengua —mejor... en *lalengua,* de la que ya Jacques Lacan hacía su singular *bla-bla*, ante un intrigado auditorio parisino—. Llevaba años haciendo su recorrido retroactivo por la obra freudiana, rescatándolo de las tergiversaciones y simplificaciones que sufre en tierra estadounidense su pensamiento. Pero yo tardaría en poder reconstruir esa circunstancia. Y eso que el azar puso en mis manos, en una de esas fascinantes librerías del Village neoyorquino, un volumen muy especial: *Écrits. A Selection.* La portada presentaba así al autor: «The first general selection in English from the work of Europe's major Freudian psychoanalist». Era el año 1977 y Lacan no tardaría en asomarse a las aulas norteamericanas más «excelentes», que había ya visitado. Cuando releí esos textos, en castellano, con la mediación de Tomás Segovia (yo le había sustituido en Princeton), la experiencia cobraba nuevos sentidos: ¡mi crítica no era sólo una manía!

Mi particular pasión translingüística, tras los estudios de filología inglesa realizados en España (e iniciados en los años de mi «primer exilio» en el colegio británico que el British Council tenía en Madrid), me conduce en eso años setenta a los autores latinoamericanos, desconocidos en la Península —Lezama, Borges, Vallejo...—, y a una lectura de los clásicos españoles y europeos guiada por esos transterrados. No sabía todavía que cuando tornase a España (se acercaba el momento de poner fin a ese exilio dorado), iba a dedicarme a transmitir desde la penuria de la universidad española lo que en Estados Unidos había conocido de primera mano: la cultura norteamericana y su gran literatura, encarnación de las paradojas y sinsentidos de una civilización construida desde el olvido, desde la denegación de todo el pasado histórico y personal de su heterogénea y fanatizada ciudadanía. Traducir algunas de esas obras al castellano contribuyó a esclarecer algo de la dimensión trágica de esa política adánica que los textos expresan en sus metáforas, es decir, en sus síntomas. La traducción se me convertía, a su vez, en metáfora de la relación del ser hablante con el conocimiento y sus límites. Lo humano se manifestaba como esencialmente social. En esa frontera fluida, ¿dónde localizar al sujeto, al ser dotado de un cuerpo que sufre? ¿Cómo atender a los desencuentros del amor?

Exiliada, sí, pero no toda. Los estudios literarios, la escritura como imposibilidad, señalaban con insistencia en la dirección del psicoanálisis, no en tanto saber, sino en tanto experiencia en torno al vacío de saber. Ya instalada en Barcelona, acudí a las conferencias de Oscar Masotta. Esa luz se apagó pronto, pero otros —de nuevo los exiliados, esta vez refugiados de la feroz dictadura argentina— tomaron el relevo. Me entregué, con un grupo de amigos, al estudio de Freud. Años inolvidables guiados por Luna Cohen, a quien pedí me pusiera en contacto con una «analista lacaniana». Ya nunca se interrumpió el análisis, ni mi vínculo con el campo freudiano.

II. *La deuda: «Entrad, y aquí encontraréis a los dioses»*

Freud no duda en retomar la eterna paradoja del ser que planteaban los griegos. Vuelve sobre sus metáforas, para construir un saber que delimita un campo nuevo, el de la subjetividad, inasimilable para la ciencia. Pretendiendo ésta haber superado con su método empírico toda servidumbre retórica, se aparta de las construcciones poéticas, creyendo así sustraerse a lo imaginario, que considera «irreal». Su objetivo es «lo real», lo natural. Freud, que transita por el terreno —muy real— de la neuropatología, descubrirá que es justamente lo real lo que el animal humano mitifica. Recupera así la dimensión del enigma, y hace de esas construcciones ficticias marco de referencia de sus observaciones clínicas. Es en el encuentro con sus pacientes neuróticos, con su palabra, donde advertirá, no sin esfuerzo, que las pulsiones son nuestros mitos. Nuestros dioses más implacables. El siglo XX libra las guerras más cruentas, y despierta lo más demoníaco del ser. Freud, con una honestidad que conmueve, se pregunta por las causas. Es en los traumas de guerra donde la compulsión a la repetición le permite confirmar la presencia en el ser sometido a la civilización, de una pulsión de muerte. Su incursión en las fuentes del mal le supondrá la incomprensión más total. Soledad heroica que le imponen los mismos, así lo expresa Lacan, que han tenido mucho estómago para ahorrarnos afrontar lo demoníaco: la angustia (*Escritos*, 1989, p. 833).

La secular relación entre los dioses y los hombres, que permitía a la angustia encontrar formas de contener su destino más letal, ha quedado hoy consumida en el altar humeante de la ciencia. Se ve relegada en nuestra hipermodernidad a un doble exilio. El animal humano pierde el vínculo con lo que le es más propio: el artificio, sus duplicidades y ambivalencias, todo cuanto le divide y que Freud, a partir de la experiencia del inconsciente, construye como la pulsión. No se trata del instinto, la pulsión es una construcción artificiosa, presta a la metamorfosis, vinculada al arte del engaño y el fingimiento. Concepto fronterizo entre lo anímico y lo somático, «la pulsión es representante en el psiquismo de los estímulos que provienen del cuerpo, una medida de la exigencia de trabajo que es impuesta a lo anímico debido a su trabazón con lo corporal». La pulsión que Freud articula así, entre el cuerpo y la psique, mueve los hilos de nuestro destino. Hay dos direcciones posibles: hacia la vida, Eros, o hacia la destrucción y la muerte, dioses todos de nuestra invención.

Freud elige ser el Jano moderno que para atisbar el futuro necesita mirar atrás. Dar un rodeo por la otredad que nos habita le conduce a indagar en lo que de nuestra propia naturaleza nos avergüenza. Apunta directamente a la deriva de una civilización basada en la segregación de los cuerpos y en la fragmentación de los saberes. Culto al utilitarismo que cierra el lenguaje al ser, para entregarlo al objeto tecnológico. Omnipotencia del lenguaje, que nos pone contra el muro. Una pregunta recorre en distintos registros y modulaciones su obra ingente: ¿cómo encontrar el límite en que localizar nuestro ser, o mejor su falta? Seguir todo el proceso y el rigor de su escritura nos permite delimitar nuevas fronteras. Éstas le conducen al otro lado de la conciencia filosófica. El inconsciente es el nuevo continente a explorar. Freud-Ulises emprende un rumbo desconocido que sitúa al sujeto en la frontera de ese campo que no por ser exterior a todo conocimiento le es ajeno. Tendrá que inventar un método que prescinda de la hipnosis que tanto le enseñó en sus estudios con Charcot. Aprenderá, no sin tropiezos, a escuchar a las mujeres sin recurrir a la sugestión, sin abrumarlas con su interpretación. Y el diván, símbolo del lecho, de la sexualidad, probará su eficacia cuando se trata de reunir a los dioses más evasivos, pobladores secretos del inconsciente. Atento a la demanda de sus neuróticas, a su deseo de ser escuchadas, Freud inaugura un modo enteramente nuevo de relación humana.

Su rasgo más singular, heroico incluso, es que no cae en la vieja costumbre de *ningunear* lo femenino, en especial la palabra de las mujeres. Sus sufrientes y neuróticas «preciosas» no eran para él, como lo fueron para Molière, ridículas, sino portadoras de un secreto. Su lado femenino, como él lo llama, da crédito a la enigmática llamada. Quieren hacerle partícipe de lo que en ellas es letra, marca de dolor. Y revelan al perplejo neurólogo un destino marcado por la dificultad de acceso al objeto del deseo. Porque Freud escucha lo que no se puede decir en ningún sitio, ellas le entregan las llaves del inconsciente, su clave más dramática: la ausencia ahí de una inscripción de la diferencia entre los sexos. Freud descubre que es el cuerpo el que habla; a través de sus síntomas se van manifestando los mecanismos en que el inconsciente quiere hacer oír su verdad. ¿Cómo escucharla? Los textos freudianos van revelando el tejido de heterogeneidades que darán peso y densidad a la abstracción del filósofo. Freud escucha e intercala muchas voces: los clásicos griegos y latinos, la Biblia, Dante, Shakespeare, Cervantes, Milton, Goethe... Rasgo clave de su estilo —que traduce al lenguaje de la ciencia la inspiración que la literatura le ofrece—. Sobre la certidumbre lógica va imponiéndose en el texto freudiano el enigma del Otro. Fliess, ese Otro que él inventa como interlocutor cuando lleva a cabo su autoanálisis, hace posible el encuentro y es entonces el amor —*amor intellectualis,* el más apasionado de los amores— el que sostiene al médico en esa difícil frontera —no cierre sino apertura...— a un saber que dará todo su peso a la tensión insalvable entre naturaleza y cultura; al tiempo que inaugura un «modo de hacer» con el sufrimiento; en el proceso recupera lo que Platón ya practicaba: aprender es don que proviene del Otro, que involucra al deseo. Él mismo, al final de su vida, resume la ascesis que fue su larga relación con Fliess: «un extraordinario trabajo del amor». ¿No es ésa la naturaleza misma de toda experiencia analítica?

Así lo experimenta Freud en cada uno de los nuevos atravesamientos; muros que le obligan a emprender nuevos rodeos, en especial ese que supone el descenso a las profundidades, la incursión a los infiernos. La letra, fugitiva del sentido, marca imborrable de la pulsión, adquiere formas extrañas. En el célebre «Manuscrito N» de 1897, alude a la manifestación del deseo de muerte en el sueño, y a los desplazamientos de las fantasías. Hace, entonces, una importante consideración que revela el valor central del arte —el lenguaje, su polisemia y ambivalencia— en la invención del psicoanálisis: «El mecanismo de la creación literaria es el mismo que el de las fantasías histéricas [...] Así, Shakespeare tuvo razón cuando equiparó la poesía a la locura»: *The poet's eye, in a fine frenzy rolling* (O.C., 3.574). Desde ese lugar vacío Freud puede hacer aseveraciones que sólo el arte y sus ficciones, su ingenio, habían podido formular gracias al velo tranquilizador con que lo bello recubre las crudezas de lo humano.

III. *Sujeto y lenguaje: la función del arte y el lugar del psicoanálisis*

Borrar las huellas es acto humano por excelencia, nos recuerda Lacan, evocando a Robinson Crusoe. El engaño, ese rasgo que nos diferencia del resto del reino animal, es la señal de que nuestra «superioridad» es, en realidad, máscara de una fragilidad que nos condujo a hablar, es decir, a pactar, a introducir un tercero simbólico, una Ley, y con ella la posibilidad de transgredirla. Freud detectó muy pronto que en esa dependencia del Otro están los orígenes de la moral; del dominio y de la explotación, también. En la actual deriva ultracapitalista de la civilización las pseudociencias son las encargadas de borrar los nombres y las palabras, todo vestigio de un linaje del saber, para sustituirlo por etiquetas y siglas que se presentan como fuentes de una «innovación científica». Todos adanes americanos, seducidos por la tierra prometida de la «normalidad», esa «felicidad» que el amo científico promete. *Business is business*, decían los pensadores del pragmatismo, la única filosofía surgida en Estados Unidos. Orgullo y prejuicio en grosera alianza. Huida hacia delante de quienes aspiran a ser por la vía rápida del tener. Tener soluciones para todo, siempre que no haya que implicarse; basta con aplicarse a seguir el manual, el protocolo que elude toda responsabilidad y todo diálogo. ¿Para qué preguntarse por las causas?

En ese lleno que nada quiere saber del vacío, la obra freudiana me sigue pareciendo la mejor medicina. La única que hace remitir el dolor, la única que nos permite tomar distancia frente al amo contemporáneo que sólo busca que seamos adictos a su sobredosis de objetos. Objetos insignificantes, esclavizantes, tiránicos que nos sumen en el autismo más absoluto. El objeto tecnológico tiene una lógica: ocultar la carencia, esa singularidad doliente que nos constituye como sujetos; disfrazar, de paso, el desencuentro entre los sexos, proponiendo un ideal narcisista, la famosa y equívoca «autoestima» que el manual de «autoayuda» nos promete. Terrible círculo cerrado —vicioso, desde luego— que omite el rodeo necesario por el Otro que introduce un sentido, que hace aparecer la dimensión del amor; la que puede poner límite al goce mortífero y solitario que caracteriza el desamparo contemporáneo. En el Uno imperante de la ciencia Freud introduce otra lógica, la que se desprende del inconsciente, la que incluye la castración como realidad simbólica.

En ella la verdad del fenómeno empírico, del objeto, no es coincidente con la verdad que habita en el sujeto. El lenguaje, su exterioridad, y sus efectos sobre el viviente, obligan a revisar qué es el conocimiento. El lenguaje, sus formas —la cultural— tiene efectos paradójicos. Lo opresivo de la ley está inscrito en su letra, irreductible al símbolo, librada al exceso, al goce. Todo remite a ese orden, a una lógica que Lacan, a mediados del siglo XX, ya puede formular como la lógica del significante. La metáfora y la metonimia hacen posible la significación. Son vehículo de la ley, del deseo, y hacen visible el síntoma que en todo texto se hace letra. Leyes que en el psicoanálisis permiten reformular lo que Freud, atento a la repetición, sabía bien: «Eso de lo que tú sufres es de lo que gozas».

El porvenir de una ilusión (1927), *El malestar en la cultura* (1929), *El porqué de la guerra* (1932), que responde a Einstein, y *Moisés y el monoteísmo* (1939) son parte central de su monumental testamento a un siglo que nada quiere saber de la antinomia en que nos constituimos como humanos. Cuerpo y alma ya no son una dualidad, como para la filosofía, sino un límite, una barrera frente al exterior, frente a un Otro siempre extraño, amenazador, que a veces lleva los nombres de Dios. Freud abrirá en esos textos el espacio de la sublimación en tanto espacio de diferencia, de separación entre el objeto y *La Cosa*. Difícil cuestión en la perspectiva de hoy. El dios actual no celebra al Eros, sus festejos, sólo le interesa el objeto de la satisfacción. Objeto (*a*) que hoy ocupa el *zenith* de la civilización. Dios oscuro y tiránico que exige el sacrificio, nos sume en la angustia.

Porque entiendo que la cultura es —como el inconsciente de que es producto— una forma de defensa, procuro que mis lecturas, escritos y enseñanzas (en una universidad que censura con métodos perversos toda alusión al psicoanálisis) den su lugar a lo que Freud y Lacan formulan. Es un modo de propiciar esa apertura subjetiva a la metáfora, al lenguaje y sus leyes que permita una lectura distinta de los textos y los discursos en tanto artificios —ficciones— para mejor contemplar la realidad, sus crudezas, sus engaños. De Leonardo, el gran sublimador, toma Freud, en *El malestar,* esa fórmula que Hobbes celebra: «El hombre no es el rey de la creación, sino la más temible de sus fieras». Freud localiza esa fiera en el superyó despótico que, bajo el signo del imperativo moral, reina sobre el cuerpo, y al hacerse con la pulsión, le ordena gozar. Hoy reina desde los despachos (bajo la máscara de la libertad) controlando a un cuerpo social que quiere que le digan cómo gozar y de qué: «¡Bailad, bailad, malditos!». La danza del consumo sin límite es la consigna del poder global.

Los enemigos de Freud lamentan que no nos ofrezca una utopía, un evangelio más que podamos transgredir. ¿Pesimista, nihilista? Honesto, simplemente. Padre —también culpable— por los tintes oscuros de un porvenir temible al que lega una escritura que es cura y remedio de tantas utopías vanas. Permitirnos reconocer que es la atopía del lenguaje la que nos sostiene en la cuerda floja en que Eros y Tánatos nos hacen bailar, ¿no es grande privilegio? La ciencia, sorda a la otredad, a la pregunta de la histeria, que es la de la femineidad, quiere deshacerse de la ficción: utopía perversa de «normalidad» en que estamos atrapados. ¿No responde a la misma obsesión por los monstruos que tenían en el siglo XVIII los que invocaban a la Naturaleza? Freud, para darle otro sentido, eligió acercarse a la anormalidad, a la locura, al *locus* del sufrimiento y a las fabulaciones que lo envuelven. Fue su primer —inmenso acierto—, el que todos sus predecesores habían rehuido. Implicaba, además, el paso por la gran literatura, donde la Diana desnuda se esconde, con sus perros. ¿Acteón? Freud no tiene miedo, pasea su mirada por la desnudez de la verdad, nos señalaba Lacan en texto célebre de los *Escritos*. Ese desplazamiento le abre a la dimensión del sujeto, a lo que del fenómeno natural de la tendencia se torna entropía, aunque puede también ser orientado en una dimensión ética, es decir, deseante. Freud, en su recorrido final por los malestares de la cultura, y asediado por el nazismo, tiene el coraje de juzgar. Lacan reanuda la arriesgada y necesaria empresa vivificadora, siguiendo su robinsoniana huella. Triste que podamos ser los sordos herederos de su testimonio ético.

GUY DE ROTHSCHILD

LO QUE DEBO AL PSICOANÁLISIS

A principios de los años treinta, una amiga de mi madre, entusiasmada por el psicoanálisis, le había transmitido una viva curiosidad por esta nueva cultura. A ella siguió toda la familia, y finalmente yo mismo consulté al psicoanalista.

Yo sabía que en mí no había nada anormal, pero él pensó que de todas maneras el tratamiento sería beneficioso. Yo esperaba ver surgir de lo más recóndito de mi inconsciente una impulsión impresionante. Nada de eso, pero aprendí a interpretar mis sueños o mis sentimientos a la luz de lo que ignoraba hasta ese entonces, ya no tenía que luchar contra mí mismo y, en el transcurso de una larga vida sembrada de pruebas, afronté siempre los problemas y los obstáculos con los ojos bien abiertos sin ser dominado por otro yo irracional. A los noventa y seis años, sé lo que debo al psicoanálisis.

Mi hermana ha encontrado una excelente imagen para describir la lucha inconsciente de un neurótico. Un hombre trata de hacer caer un árbol de su jardín al que le falta la mitad de las raíces. Sin saberlo, la cuerda con la que tira queda enroscada a su cuello y, estrangulándolo, neutraliza sus esfuerzos. Él es su propio obstáculo.

Freud expresa brillantemente otro ejemplo. Un hombre entra en su consultorio de Viena. Joven, apuesto, simpático, explica a Freud que es el hombre más desgraciado y más humillado que existe: «Amo a la misma mujer desde hace diez años y ella ha rechazado siempre mis avances. [...] Por primera vez, ella ha aceptado... ¡y no he podido hacer nada!». Freud le habría respondido: «Mi pobre amigo, su miembro es más inteligente que usted».

ÉLISABETH ROUDINESCO

Directora de investigaciones en el Departamento de Historia de la Universidad de París-VII

DESEO DE UN MÁS ALLÁ DE MÍ

Me he cruzado con el psicoanálisis muy temprano en mi infancia, y también con la medicina, porque mi madre, Jenny Aubry, pediatra y médica de hospital, fue una pionera que se ocupaba de niños abandonados, niños autistas, niños que se encontraban en la miseria, niños que no se me parecían pero por los que yo sentía forzosamente desconfianza y compasión al mismo tiempo. Ella venía de una familia de la alta burguesía judía y protestante, una familia aparentemente normal que cultivaba la normalidad hasta el punto de que cada generación fue asolada por la locura, la melancolía, la neurosis, el suicidio.

Mi madre tenía pasión por los niños y por el psicoanálisis, le gustaba Anna Freud y John Bowlby, Londres y Nueva York. Fue amiga de Jacques Lacan.

Nacido en Bucarest en el siglo XIX, a mi padre le causaba horror el psicoanálisis. Sólo viajaba por Europa en tren (*chemin de fer*),* prefería el mundo latino al mundo anglófono, y tenía un apego apasionado, como judío de las Luces, por el asimilacionismo francés. Era bonapartista, gaullista, y enamorado de la religión católica, en la que fui educada. Veía a Freud como a un obseso sexual.

Cuando mi madre, después de veinticinco años de matrimonio y de pediatría, decidió, hacia 1945, justo después de mi nacimiento, orientarse hacia el psicoanálisis, mi padre consideró que Freud era el responsable de su desgracia: ese vienés inventor de cochinadas le había robado a su mujer y su alumna más brillante, decía. El psicoanálisis fue entonces, para mi mayor felicidad, la causa de divorcio de mis padres, la causa por la cual mi madre dejó de lado el saber médico del que era heredera, sin por eso renegar del poder de una mirada clínica transmitida por mi padre, de quien llevo el nombre.

Mi madre era progresista y mi padre conservador, pero ambos eran republicanos, laicos, ateos y resistentes de la primera hora. Gracias a Freud, yo he vivido en una familia recompuesta, en una época en que eso escandalizaba, tanto más por el hecho de que mi padre habría podido ser mi abuelo y que mi madre tuvo la audacia, cuando tenía cincuenta años, de volver a casarse con un hombre un poco más joven que ella.

Un hijo de médico conoce intuitivamente el universo de la enfermedad. Por más que sus padres ejerzan su arte en privado, él percibe muy tempranamente los estigmas en las miradas angustiadas de los pacientes en espera de un veredicto. Si, por casualidad, tiene la suerte de haber tenido por padre a un practicante dotado de un verdadero genio para el diagnóstico —era el caso de mi padre— y si, por casualidad, descubre un día, de la manera más íntima, que él mismo está habitado por algo indefinible que le permite ver

* Textual denominación de los ferrocarriles que la autora destaca. (*N. de la t.*)

lo que otros no ven —es decir, identificar inmediatamente los síntomas de una patología—. Resumiendo, si ha heredado esa famosa mirada clínica de la que tan bien hablaba Flaubert recordando a su padre, tal vez es preferible que ejerza sus talentos fuera de la medicina, sin perjuicio de apasionarse por su historia. También podrá transferir la potencia de esa mirada hacia otros objetos: la literatura, las artes, la filosofía, la ciencia. Porque si se convierte en médico sin haber analizado en profundidad la causa de su deseo, le será difícil no estar, al mismo tiempo, en la posición de un paciente que siente placer, ya sea como enfermo, para desafiar sin cesar el límite de una mirada que decide sobre el pasaje de la vida a la muerte, ya sea por estar aterrorizado por la enfermedad, al punto de no poder ejercer más su arte.

Igual que los hijos de médicos, los hijos de psicoanalistas son tanto los depositarios de una clínica que ha trastrocado su vida como los testigos de una práctica de la que conservan la huella indeleble a lo largo de los años.

Muchos de ellos, como algunos hijos de psiquiatras, se han vuelto locos. Varios odiaron el psicoanálisis por haber sido cobayas de padres que quisieron educarlos «freudianamente». Otros también han sentido la necesidad, a lo largo de su historia, de recurrir a una cura para «desanalizarse», ya sea porque habían sido analizados en su primera infancia por un conocido de su padre analista, o bien para buscar, por medio de una nueva experiencia, un medio para escapar de la influencia interpretativa de una disciplina vivida como la simple expresión de una escena familiar. Por mi parte, tomé la historia sin renunciar al psicoanálisis.

«Soy historiador —decía Pierre Chaunu—, porque soy el hijo de la muerte y porque el misterio del tiempo me obsesiona desde mi infancia. Tan lejos como se remontan mis recuerdos, me veo fascinado por la memoria.»

Yo no soy hija de la muerte, sino hija del psicoanálisis. Yo no estoy obsesionada por el misterio del tiempo, sino por el del exilio y del archivo. El pasaje a la identidad de historiador es deseo de un más allá del yo, de un ascenso hacia el origen que lleva la marca de un devenir: historia de una historia de familia.

Lo que me gusta del psicoanálisis, es, pues, su historia, sus actores, sus conceptos, sus pasiones, sus dramas, su romanticismo, sus personajes. En resumen, su movimiento y el movimiento de su historia, sus querellas interminables, su mirada internacionalista y el deseo que han tenido sus inventores, los primeros vieneses, judíos de la Haskala, de cambiar el mundo cambiando la mirada que tenía el mundo sobre él mismo. Lo que me gusta del psicoanálisis es su búsqueda de una exploración clara y racional de la parte más oscura del hombre. Lo que me gusta en él, es también su historia no escrita, frágil e inaccesible, su historia oral, la historia de sus practicantes anónimos que han dedicado su vida a aliviar el sufrimiento de pacientes también anónimos, y de los que querríamos tener su testimonio sin la mediación de la escritura de los casos.

Finalmente, lo que me fascina de él es el odio que suscita desde sus orígenes —ciencia judía, ciencia de las cosas obscenas, ciencia burguesa, falsa ciencia, mistificación, etcétera—, y eso independientemente del aborrecimiento legítimo que puede sentirse por algunos de sus representantes, que han colaborado con el nazismo o las dictaduras. Ciencia de lo íntimo y de lo heterogéneo, medicina del alma o teoría del inconsciente, el psicoanálisis altera los saberes instituidos, molesta a los hombres de ciencia que no saben qué hacer con su manera de unir los mitos con la observación clínica o de sexualizar el deseo fuera de la anatomía. Sin duda, Freud también es porque Freud supo poner en evidencia, mejor que nadie, cuánto el odio es primero en la historia del hombre y cuánto el deseo de muerte precede al amor. Precisamente, en virturd de esta certeza el psicoanálisis tiene la pesada tarea de ser una avanzada de la civilización contra la barbarie.

De todos modos, hay algo incuestionable, el psicoanálisis siempre se opuso, como tal, no sólo al fascismo político, sino también a todos los pequeños fascismos ordinarios de las sociedades democráticas, es decir, a los múltiples procedimientos de vigilancia, de cercamiento y de biologización de la psique. Detestado, denegado, insultado, sigue obsesionando a nuestra cultura. Y si alguno de sus partidarios contribuye desde dentro a su destrucción, a fuerza de dobleces de interpretación, sus enemigos nunca dejarán de hacerle la guerra. «Cómo debe odiar el psicoanálisis ese hombre [Hitler] —decía Thomas Mann, en 1938—. En secreto sospecho que el furor con el cual marchó contra cierta capital, en el fondo se dirigía al viejo analista instalado allá, su verdadero y esencial enemigo, el filósofo que desenmascaró la neurosis, el gran desilusionador, ese que sabe a qué atenerse y conoce a fondo los condicionamientos del genio».

JUAN JOSÉ SAER
Escritor

LA GLORIFICACIÓN DEL POETA[1]

... Freud rinde, por otro camino, y con él el psicoanálisis entero, a la poesía, y particularmente a la narración, un homenaje más profundo y más verdadero. Este homenaje estriba en el reconocimiento explícito de que el análisis es una actividad esencialmente verbal, y que la palabra es el único instrumento terapéutico con que cuenta. El psicoanálisis no investiga los fenómenos psíquicos, sino el discurso que estima representarlos. Los juegos de palabras, la transmisión oral de los sueños, el diálogo analítico, la asociación libre, son el material específico del trabajo analítico, después de haberlo sido, durante siglos, para la poesía. Considerando los hechos desde este punto de vista, la poesía no ha suministrado al psicoanálisis contenidos que examinar, sino más bien su repertorio metodológico, no el objeto, sino el instrumento del análisis. El psicoanálisis y la poesía tienen, por tanto, en común la característica de que únicamente en el lenguaje, y a través de él, pueden obtener los resultados que se proponen.

Pero el psicoanálisis rinde también un homenaje particular a la narración. Objetivo capital de la sesión analítica, la narración aparece como el resultado dramático de la interacción de un conjunto de fuerzas psíquicas que son la parte oculta del sistema referencial en juego y que hace de él la materia de un dibujo confuso que se teje y desteje indefinidamente. No opera, no ha operado nunca de otro modo, en su trabajo, el narrador. Ese sistema referencial en juego —ni existente ni inexistente, ni verdadero ni falso *a priori*, sino únicamente así, en juego— es lo que Freud llama, en el caso de las alucinaciones, el fragmento de verdad histórica que las fundamenta y las hace, para el enfermo, verosímiles. Tejidas con la misma materia histórica, narración y alucinación elaboran, cada una a su manera, esa materia en un sistema que la trasciende. Esa materia no es otra cosa que el

1. Tomado de «La glorificación del poeta», *El concepto de ficción,* Seix Barral, Buenos Aires, 1997. Gentileza de Laurence Guéguen-Saer.

fragmento ubicuo, incierto, que hormiguea como el elemento común de un conjunto de narraciones, que se complementan, se oponen, se superponen, se tergiversan o se corrigen mutuamente; la historia de la narración occidental no es menos dramática que la historia clínica en que el analista y paciente construyen[1] y descartan una y otra vez, por medio de la palabra, una realidad posible. Esas construcciones son humildes: modestas proposiciones a un magma turbio, cambiante y huidizo. El resultado es siempre incierto y, a menudo, inexistente. A veces, la construcción entera debe ser demolida y vuelta a erigir, a veces, sólo una parte; sugiriendo, modificando, avanzando y retrocediendo, la narración y el diálogo analítico elaboran, con procedimientos similares, una estructura frágil de verosimilitud relativa, de validez temporaria, en el fondo de la cual corre, como si fuera el de la sangre, el río de la memoria.

En *Análisis terminable e interminable*, Freud discute la posibilidad de dar fin a un análisis. En algunos casos, según él esa terminación es posible. Si bien admite que la normalidad no es más que una ficción ideal, es evidente que Freud considera que, mediante la elaboración de los instintos, el psicoanálisis puede restituir al sujeto cierto equilibrio. De esa manera, y tal como aparece en muchos textos de Freud, la construcción narrativa del psicoanálisis presenta, en relación con la narración en general, una particularidad reductora: la de pretender que existe un conflicto preciso, una intriga significante que se debe resolver, lo que equivale a decir que, en ciertas circunstancias, hay análisis terminable. Esa particularidad podría transformar a la narración analítica en un simple caso de la forma narrativa. Dicho de otro modo, en un género. Para la narración analítica puede haber, como para la novela policial, desenlace.[2]

No pasa lo mismo con la otra: el análisis pretende dejar, de su construcción, un contenido. La narración, en cambio, no deja más que el procedimiento, la construcción misma. La narración no es terminable; queda siempre inconclusa. Valéry lo decía: un poema nunca se termina, simplemente se abandona.

1. Sigmund Freud, *Construcciones en psicoanálisis* (1937).

2. En *La interpretación de los sueños,* esa insistencia sobre el desenlace es clara.

ANICETTE SANGNIER
Psicoanalista

CAUSA, SIEMPRE

Ella tenía veinte años cuando algo, de manera insistente, empezó a atragantársele. Ella ignoraba lo que era pero, angustiada, se puso a controlar implacablemente los alimentos que ingería. También, muy a menudo, le faltaban las palabras, su palabra se volvía pobre, se sentía indigente. Periodista, siguió escribiendo aunque sabía, en su fuero interno, que era de relleno.

Indudablemente era por el hecho de esa búsqueda obsesiva e inacabable de la palabra justa, esa que le había sido solicitada cuando tenía doce años por la asamblea de compañeros de ruta de su abuelo —éste había muerto algunos meses antes de su nacimiento— reunidos para un banquete en torno a una gran mesa: «¿Y tú, qué tienes para decirnos?»; ella entonces se había escuchado decir, muerta de vergüenza: «Y bien, no diré nada porque no tengo nada que decir» y se calló. Desde entonces, esta vergüenza, no la abandonaría, la falta de palabras era el estigma, una nada ofrecida allí donde hubiera debido recoger el guante de la causa familiar, una alianza apasionada entre la fe democrática y el compromiso por un cristianismo social. Esta traición la perseguía y hacía de su vida una impostura. ¿Quién podría quitarle ese peso?

Ella había probado otras causas, pero éstas tenían siempre algo que no encajaba, que sonaba a falso. Aunque teñidas de generosidad y de entrega de sí, de fuga romántica o revolucionaria, continuaban siendo causas prestadas.

Para responder a la insistencia de esos padres inquietos, ella quiso conocer al profesor D., pero solamente porque venía de prologar un libro de Montherlant: este eminente psiquiatra era también un hombre de letras. Escuchó con gentileza; sólo hablaron de literatura; ella quería creer que, en ese campo, él le indicaría el camino de la palabra justa. Y, efectivamente, él le indicó un sitio donde, le aseguró, su palabra impedida sería liberada. Movida por la esperanza, fue a ver al doctor R., que la hizo acostar para ponerle una inyección. Obnubilada y ligera, se desplegó entonces una palabra vana como respuesta a preguntas precisas que apuntaban a desalojar el origen de su malestar: sus padres, sus amigos, su vida sexual y amorosa... Resumiendo, molesta por ese suero de verdad, ella vomitó sentidos a pedir de boca, no sin cierta satisfacción, una ligera embriaguez. Después, nada más, ningún cambio. Se quedó pobre de palabras, desconfiando siempre en extremo de lo que comía, atormentada por angustias, tristeza y vergüenza.

¿Dónde y a quién decirle la verdad?

Algunos años después, un pasante apasionado con el que ella seguía el seminario de psicoanálisis en Estrasburgo le abrió la ruta de Freud y de Lacan, luego la de la Causa freudiana y su deseo apagado comenzó a agitarse. Los encuentros con un analista, que entonces decidió, orientaron su vida de una manera completamente distinta. Aprendió la exigencia del bien decir, lejos de la liberación fácil de una palabra evidente, aprendió la responsabilidad de la enunciación, lejos del deslastre vano en el crisol compasivo y aséptico de una vía libre.

Pero, sobre todo, aprendió lo que sabía desde siempre —aunque mucho tiempo después, en la medida de la voluntad que ponía por ignorarlo—, el peso apremiante de una frase, poca cosa en suma, la que Mauriac recuerda en su bloc de notas para subrayar la exigencia de su abuelo en el lugar de los que lo habían seguido en la gran aventura del *Sillon*: «Y tú, ¿quieres dar todo a la Causa, *todo*?».

El psicoanálisis supo traducir esa resistencia obstinada, que no era otra cosa que la lucha contra la exigencia devoradora, percibida apenas a los doce años como reclamando lo que se le debía, y pacificó el feroz rechazo de sepultar allí mi palabra y mi vida, indicando que lo que causa el deseo no es el Moloc devorador que yo me había forjado.

De la Causa a la causa. La primera, demanda inapelable con la que yo había forjado el imperativo voraz que justificaba mi rechazo y la tenacidad de la vergüenza; la otra, en su justo lugar de causa del deseo, que sin borrar para nada las asperezas de la vida, atiza el gusto de saber, de decir y de amar.

De una a la otra, fue todo el largo recorrido de un análisis al término del cual tomé nota, finalmente, de la historia familiar. Ese vuelco es mi deuda para con el psicoanálisis, con Freud y con Lacan, y con el análisis que opera con su deseo para que se despliegue así el proceso de la cura.

Para mí es irreemplazable.

JEAN-JACQUES SCHUHL

Escritor

LA LÍNEA ROTA

Me gusta escribir por asociación de ideas y de imágenes, con digresiones y seguramente debo mucho a los relatos del joven Aragon (*El paisano de París*, *Aniceto o el panorama*...), quien también, con sus cómplices surrealistas, fue marcado antes por dos libros: *Los cantos de Maldoror* y *La interpretación de los sueños*, de Sigmund Freud. Es probable que sin este último yo no hubiera escrito de la misma manera, no me hubiera sentido alentado por una escritura no lineal, barroca, y liberada de las cadenas de una historia demasiado fuerte.

Utilizo con gusto los juegos de montaje y del azar. Hacer entrar en la partida escorias desechadas, objetos perdidos, marginales, me parece preferible al orden lineal, ineluctable. Borges los llama «los desorientados de la línea recta». No perder de vista los trastos (*fourbi*). *Fourbis*, ése es el título del libro de Michel Leiris, poeta surrealista y etnólogo del África negra y de Haití, largo tiempo en análisis. En él la escritura procede por largas digresiones, escuchas de sonoridades, cabeceo del lenguaje. Es la segunda parte de su trilogía *La regla del juego*.

En mi novela *Ingrid Caven*, rindo homenaje a alguien, una cantante, que ella misma dice haber sido salvada por el psicoanálisis y que «desde entonces, cuando se hablaba mal... no, no había derecho, delante [de ella], de hablar mal del detective vienés fumador de cigarros, amante de estatuillas egipcias y descifrador de sueños que había adquirido el arte oblicuo de insospechables asociaciones».

MAREN SELL
Editora

SÁBADO, 12 DE NOVIEMBRE

Si ese sábado 12 de noviembre no hubiera estado tan desapacible, tal vez me habría ido a dar un paseo por el bosque de Fontainebleau. Felizmente mi amiga Michèle, me previno durante la mañana: «El campo está tan triste que dan ganas de llorar, regreso a París, podemos hacer una noche de cine con amigos». También era el día en que la prefectura de policía había prohibido en París cualquier reunión de gente, y yo respondí: «¿Cuántos seremos?». Qué broma. Yo simplemente tenía ganas de quedarme en casa para ver qué pasaría con la «gentuza» que se junta todas las noches en la plaza un poco caldeada de las Abesses, delante de la casa donde vivo, ver si podía ser de alguna utilidad, como observadora de eventuales acontecimientos. Entonces vi desde mi ventana cómo los polis subían a los árboles buscando droga que, por supuesto, se encontraba escondida más abajo. Para divertirse, cuatro chiquilines jugaron al fútbol hasta la noche tarde.

Si ese sábado 12 no hubiera estado desocupada hasta ese extremo, tal vez no habría respondido a la invitación de escribir algunas palabras para defender el psicoanálisis. Un trabajo para mí de tan evidente valor, de tan incuestionable inteligencia, nunca hubiera pensado en tener que dar testimonio sobre ello. Pero visto que hay tribunal —los libros negros son una marea, sumergen las playas de libertad con su sustancia tóxica, las plumas de Ícaro están pegadas con malas intenciones y los desechos se juntan con pala. *Just a joke*? ¿O con la intención de hacer tabla rasa de lo humano no embrutecido todavía con medicamentos?

No puedo dar testimonio de otra manera que no sea rindiendo homenaje, finalmente, a la que me acompaña desde hace treinta años, mi psicoanalista. Cuando nos elegimos, yo tenía treinta años. Ella era veinte años mayor que yo y eso sigue siendo igual, por supuesto. De modo que envejecimos juntas, y mucho. Un día tendré que decirle adiós o hasta la vista —¿pero se vuelve a ver algún día a nuestro «psi»? O *auf Wiedersehen*, *see you again*— ¿dónde?, ¿cómo?, ¿en otra vida? Puede que uno quiera retrasar el momento de la separación, por temor a matar al otro, al mismo tiempo que puede ser matado por el otro, como consecuencia de haber tomado ese extenuante hábito de mantenerse juntos con vida después de tantos años. He leído textos eruditos que hablaban del análisis interminable: la comodidad rutinaria de depositar su infeliz paquete, una interpretación que se vuelve cómoda, los peligros de un ronrón repetido cuando haría falta cortar. Mala suerte, por el momento sigo, trato de ofrecerle algunas flores en forma de palabras: «Esto anda bien también gracias a usted», cuando no estoy demasiado cargada, o no soy rehén de viejos demonios. Mientras está allí, en su sillón detrás del diván, me siento segura, no tengo ganas de rebanadas, sino de panes enteros, y cuando de vez en cuando escucho que se adormece un poco, la perdono, por supuesto, qué aburrimiento prestar oído a lo que repito una vez por semana durante cuarenta y cinco largos minutos, esta vida que ella conoce de memoria desde siempre. Una vida «casi mía», porque una parte, diría yo, le pertenece: es ella quien la ha salvado. Pero es como con todo, es como en el amor, en la amistad: uno se pertenece solo en parte.

En su carta abierta a Freud, Lou Andréas-Salomé escribe: «El psicoanalista y su paciente comparten la misma humanidad».

Hace alrededor de diez años, yo estaba frente a frente con usted, estaba en el final de análisis. De pronto me pareció indecente volcar mis problemas, cuando lo que yo sentía intuitivamente era que usted vivía un inmenso pesar. ¿Qué hacer? ¿Quebrarse? No pude. Me tragué mis palabras irrisorias e hice acto de presencia cerca suyo. Por supuesto le debía eso: estar allí, por si acaso. Evidentemente eso estaba fuera del campo del rigor analítico, que por otra parte usted reestableció inmediatamente. Me habré tomado por un regalo. ¡Qué pretensión!

«Yo no soy un regalo.» Es una frase, por ejemplo, que llenaría inteligentemente una sesión. Un caso que uno cargaría sobre sus espaldas. Un don que toma. ¿Qué es lo que yo he querido tomar? ¿Vuestro amor de madre para su muy devoto retoño; la hija que pueda servirle de bastón? Como Antígona a su hombre en *Edipo en Colonna*. Pienso en usted, luego existo. Una garantía, finalmente, de su propia existencia.

«¿Y tu Edipo?», como se dice a veces resumiendo. El mío fue bastante clásico en su constelación familiar. Yo estaba enamorada de mi padre, como muchas hijas, él me lo devolvía. Sugiriéndome que la palabra «erotismo», por ejemplo, sólo tenía pleno sentido en francés y que la misma palabra en alemán, *erotik*, llevaba implícito la noción de enrojecer (*erröten*); mi padre fue determinante en mi elección de ir a ver si en Francia yo podría ser yo. Cuando él murió, mi hija tenía diez años, ésa es la prueba de que yo era yo. Mi madre asociaba la sexualidad con «una práctica de puercos». Yo hubiera podido ser una «puerca», pero como a los puercos no los detienen por tener la conciencia sucia, me convertí en una romántica muy alemana en el deseo de trascender la carne. Cuando mi padre murió, soñé que un corazón se partía en dos.

A mi hermana, cada vez que yo anunciaba a la familia un acontecimiento feliz —casamiento, nacimiento—, le atacaba la ceguera. Eso, ella no soportaba verlo. Actualmente, padece igual que yo de un glaucoma, es una enfermedad de la vista irreversible: el campo visual, que inicialmente es una gran pantalla, se achica poco a poco hasta volverse una ranura no más ancha que una tronera. Es lo opuesto al gran horizonte de la sabiduría que, esperaba, acompañaría la edad madura. Felizmente existen unas gotas que se ponen en los ojos tres veces al día. Mi hermana y yo utilizamos las mismas. Y resulta que todo se arregla.

Después de dar la vuelta por esas historias de papá-mamá-hijo, que son las historias de todo el mundo con variantes, el rizo, lejos de estar definitivamente rizado, organiza su eterno retorno con cada nuevo encuentro y también en compañía de sus propios hijos: venga, aquí están todavía, mis queridos padres, acomódense en la mesa de las generaciones.

¿De dónde viene esa hospitalidad? Es la inteligencia del psicoanálisis la que acuerda su lugar a cada uno y en la distancia justa.

Vuelvo a usted, mi psicoanalista durante treinta años y veinte años mayor. Recientemente ha escrito un libro que leí. Un libro bastante personal. Tal vez esa lectura me autorice a ser, como usted, un sujeto escribiente, además de la función que usted ocupa, psicoanalista, y además de la función que yo ocupo, editora. Estas líneas, quisiera que fuesen un homenaje y quizá contengan palabras de adiós que yo no me atrevo a formular. El escrito es siempre una manera de poner fin, una puntuación, como sacarse el sombrero, besar la mano de las personas que inspiran una estima muy grande. Sí, en cierto modo, me gusta inclinarme.

El escrito, los libros, son una pasión común. A juzgar por las obras que tiene encima de su velador, tenemos más o menos las mismas lecturas. Nos gusta la música clásica y, ante todo, la música romántica alemana. Me basta con mirar las partituras sobre su piano. Desde el principio, hubo esta suerte de compartir la misma humanidad, de poder ahondar en el crisol de dos lenguas, francesa y alemana, porque el inconsciente es un reportero sin fronteras que toma un elemento en la vasta reserva de la lengua para despertar al dormido. Si se escucha. Escuchar a veces sin comprender racionalmente el sentido. Eso me ocurrió a menudo en la lengua francesa, en especial con los textos de Lacan que a veces me esforzaba por «explicar» a los alemanes con cierto júbilo en la voz, porque me seducían. Me parecían prohibidos y para nada divertidos. «No hay relación sexual», *dixit* Lacan. ¿«Cómo eso, qué es, entonces?» «Pero eso no produce nada...» Es porque una lengua no es otra.

Lo mismo *Verkehr* al final de *El proceso* de Kafka, un Kafka siempre ¡oh! tan sexual. Desde lo alto del puente, observa abajo el tráfico. Él no está allí. Se circula sin él pero sin relación. Los de hoy día, deprimidos a morir y practicando el intercambismo, son la triste demostración de ese tráfico sin relación. Como está escrito: la palabra *Verkehr* («tráfico») aloja la palabra *verkehrt* («al revés»).

Existen multitudes de ejemplos en los dos idiomas. El *é-moi*,* que deja al yo en la calle; *Ver-lust*, que por la palabra misma inscribe el placer en el registro de la pérdida, etcétera.

De esa forma, nos convertimos en exploradores del territorio infinito de la lengua solamente, en presencia de los cuerpos sobre y detrás del diván. Muchas veces una palabra, al sorprender por su tonalidad subjetiva y por la universalidad de su efecto —el *Witz*, el chiste—, aliviará el cuerpo que sufre.

Va de suyo que esa atención por lo dicho a medias antes que dicho, se prolonga más allá del marco analítico y se convierte en una «segunda oreja» constantemente al acecho. De la misma manera, el escrito, prosigue el trabajo analítico, o el trabajo analítico precede a una liberación de quien escribe. Éste deja entonces que llegue sobre la página, igual que deja que

* Emoción. *(N. de la t.)*

llegue en la cura. Eso habla, eso escribe, eso dice fuera de cualquier cálculo retórico. Es cierto que las neurosis importantes han producido textos admirables, pero hoy la ignorancia o el rechazo del psicoanálisis hace que millares de libros que existen en el mercado estén redactados por marionetas.

Usted, Jacqueline, mi psicoanalista, usted no me ha impedido escribir, a veces me ha hecho dudar en publicar un texto que habría podido tener efectos negativos en mis conocidos. Ha hecho bien. El haberlos escrito me permitió terminar con algunas errancias.

Treinta años. ¿En qué se usó todo ese tiempo? En no mucho, si se trata de enumerar logros contabilizables. Usado en observar cómo, regularmente, la red de la muerte tiende a hacernos vomitar y cómo, regularmente, luchamos para aprender las palabras, los gestos para deshacernos de su estrangulamiento. Apenas seguir tirando de la red de la vida mientras *der Tod ist gross* (la muerte es grande) en su inmutable presencia.

En 1976, llamo por primera vez a su puerta. «Pierdo mis encantos», le dije. Mis encantos —pero en ese momento yo no lo sabía— fueron todos esos compromisos sucesivos con distintos grupos que preparaban la revolución, ese fantasma de lo todopoderoso y que nos ha hecho creer en lo todopoderosos que somos hoy y mañana, y que ya éramos en nuestro fantasma, los amos del mundo, los adversarios se replegarán y los mañanas cantarán gracias a nosotros. Las mujeres son el futuro del hombre, estaba dicho, y nosotros éramos seres corroídos por llamas del momento. Todo eso se reducía a cenizas y, al despuntar la realidad, los encantos se marchitaron. Entonces llamé a su puerta.

Históricamente estábamos en ese punto. Históricamente yo empezaba a descubrir bajo esas cenizas recientes de nuestros años gloriosos «la leche negra» del pasado alemán. Yo estaba sepultada, y tenía como único deseo morir de la muerte infligida por mi pueblo a otros pueblos. A mi alrededor, perecían amigos de ese «cadáver en el cuerpo» heredado de nuestros padres. Sí, yo me encontraba en un estado desastroso cuando la conocí. Usted me ayudó a querer lentamente construir una vida. Hecho está. Durante ese trabajo paciente, usted nunca me protegió de la emoción, tan viva hoy como ayer, ante los giros que toma el mundo, la injusticia cada vez más grande, esta monstruosidad de la exterminación del otro cada vez más frecuente, pero que se convierte en un modelo para otros crímenes en otros continentes. Usted nunca me prescribió ningún calmante para atenuar esa angustia de estar en el mundo, angustia que es preciso atravesar manteniéndose de pie para por fin desembocar en la otra, luego transformar transformándose.

«¿Es su última palabra?» ¿Es mi última palabra? Veamos.

El psicoanálisis en todo caso nunca se ocupó ni de querer hacer ganar millones ni de alimentar otras ilusiones.

MARTA SERRA FREDIANI

Psicoanalista

CAMINO HECHO Y... POR HACER

Encontré a Freud cuando tenía catorce años, en la parte de la biblioteca de mi casa que me habían prohibido leer. Ya se sabe, la ley funda el deseo. Decidí entonces que sería psicoanalista, dando al traste con las expectativas familiares, de forma que, de entrada, el psicoanálisis cambió el destino que mis mayores me construían.

No puedo decir que fuera el encuentro con la vertiente epistémica del psicoanálisis porque mis lecturas —en sintonía con mi sintomática manera de vivir— eran apresuradas, precipitadas; ojeaba las páginas buscando algo, sin saber exactamente qué era, pero esas palabras me hablaban y decían algo que me concernía: la teoría fálica me parecía de una claridad diáfana, el padre que nunca está a la altura de su función, la relación madre-hija marcada por el estrago, la sexualidad infantil y el traumatismo, la doble cara del superyó, el *penisneid*... sin embargo, no me paraba mucho a pensar, siempre había otra cosa más urgente que hacer. Cuestión de estilo, me decía yo.

¿Cómo pensar ahora, *après-coup*, lo que parece ser una decisión tan temprana sobre mi implicación futura en el campo del psicoanálisis? No creo que, ni siquiera entonces, ocupar el lugar de Freud me pareciera envidiable; sin embargo, pensarlo como posibilidad apaciguaba el efecto de división que había producido en mí el encuentro con ese saber supuesto.

Enfrentar la experiencia de la transferencia fue tarea más ardua. De hecho, mi primer intento de abordaje clínico —necesario para «hacerme psicoanalista»— fracasó porque mi analista no lo soportó o, mejor dicho, no me soportó. Allí descubrí que además de ser insoportable para él, también lo era para mí misma, lo que contrastaba abiertamente con mi facilidad para la circulación social, sostenida en un semblante femenino bastante convincente y algunas identificaciones exitosas que habían desplazado, aparentemente, un complejo de masculinidad duro de pelar.

El segundo intento, menos engañoso, estuvo orientado por la imperiosa necesidad de hacer algo con la angustia que me inundaba y la compulsión que comandaba mi vida. Por otra parte, el Otro que me habitaba dividía mi ser, de manera radical, entre un «no mereces...» y un «tienes que poder...» que me atenazaban. Ese Otro se encarnó en el analista que, pese a su acto orientado, no logró sustraerse a mi maniobra inconsciente.

Lo que llamo «mi análisis» llegó en un tercer tiempo, con aquel que consideraba mi maestro y que nunca cedió a mis permanentes intentos de colocarle en el lugar de amo. Sabia decisión la suya. Además, cuando me aseguró que lo que me pasaba no tenía nada que ver con la locura se ganó, para siempre, mi estima.

Después, con pequeños empujoncitos, me ayudó a introducir entre mi compulsión y mi angustia un pequeño resquicio para el deseo que se llamaba Escuela Europea de Psicoanálisis —y que más tarde se agrandó con la ELP—, donde era posible hacer algo que realmente valiera la pena con esa energía que yo andaba derrochando por el mundo. De esa manera, lo clínico se anudó con lo político y esa unión, inevitablemente, me empujó a abordar de manera más seria lo epistémico que se resistía —y se resiste aún, de vez en cuando— como gato panza arriba.

Entretanto, con la transferencia como operador, pude empezar a traducir en términos de goce lo que vivía en términos de sufrimiento y, paulatinamente, me fui aliviando. Poco a poco, las escenas indelebles de la infancia se fueron despejando hasta dar a luz la forma particular de traumatismo que me dio acceso a la subjetividad que encarné y encarno: me he reconciliado con una parte de ella y de la otra me he separado. Para siempre.

Eso ha tenido muchas consecuencias hasta ahora, quizá la más importante es haber hecho que el campo del amor —donde labraba mi malestar a marchas forzadas— sea transitable como nunca lo fue antes.

Mi vivencia, hoy, no es la de estar en deuda con el psicoanálisis en general o con mi analista en particular. Diría que estoy, por una parte, agradecida, pero sobre todo comprometida con una Escuela que me ha alojado en su comunidad de trabajo, donde puedo sostener mi palabra, estar atenta a la de otros y poner en juego mi deseo.

PIERRE SIDON

Psiquiatra, psicoanalista

CÓMO ME CONVERTÍ EN PSIQUIATRA Y LO SIGO SIENDO

En otro tiempo, estimo mucho a un hombre afectuoso, atento y bueno.

Es un educador paciente, inquieto y previsor, que no concede nada al azar. Aprecio y temo su juicio, porque puede ser tempestuoso, brutal y expulsivo. Pero no me asfixia porque hay otras prioridades.

Tomo entonces mi tiempo para dilatarme en los márgenes, en el paraíso de sus ideales, que recubren las apuestas reales de su ser. Lo seduzco, él se ablanda. Soy su Campeón en el jardín secreto del Gusto, su bailarina en un universo de cálculo. La libertad que me confiere ese privilegio me deja ser su *partenaire* irónico y juguetón, su bufón en sociedad. Pero yo creo en esos espejismos y su casa es mi casa. Además, mi ironía ignora todavía los confines de ese Edén adonde lo confina su miopía. Soy felizmente un niño incauto.

De este modo creo en mi libertad y voy, feliz, burlándome y tomándole el pelo públicamente a mi Maestro. Desbarato sus cálculos infalibles, dilapido su crédito. Pero en lo esencial, soy un niño bueno y no me alejo: libo de flor en flor sin dejar esa cuna de una felicidad enraizada.

Ni bien me hice adulto, un favor del destino me concede la primera línea. Yo no renuncio al jardín secreto más que para ir a adornar con una piedra los canteros oficiales. Elijo entonces estudios serios, los suyos, por los que transcurro ausente, para decepcionar con determinación. Por otra parte fracaso con talento. Después, me enmiendo un poco y no hago otra cosa que consternar discretamente cuando, haciendo de su inquietud mi vocación, fracaso en no ser psiquiatra.

Pero ardo ahora por esa hoguera oscura a la que me aproximo. Porque no me conformo con hacer mi trabajo, entro en comunión con la psicosis. Surge la angustia. ¿Es solamente el afecto que Lacan llama adecuado a este encuentro? Tal vez, pero debo comprobarlo por mi propia cuenta y desanudar los hilos de mi «concernimiento»: entro en análisis.

Me dedico desde ese momento a la terapéutica psiquiátrica y me vuelvo un apasionado de la localización de la «estructura clínica». Más aún, acorralo el error: el mío y el de los otros. El diagnóstico diferencial (neurosis-psicosis) es mi Escalibur: corto, clasifico, rectifico. Me enorgullezco de adquirir entre mis colegas la reputación de «ver psicosis en todas partes», considerando por mi parte que ellos no la ven en ninguna. No me privo de provocar, es cierto, esparciendo en cada caso el significante «paranoia», en su acepción lacaniana más amplia, ante la mínima alucinación. De hecho, aprovecho la capitulación de la práctica clínica frente al *marketing* de la clínica del medicamento, para convertirme en el rectificador de los diagnósticos.

Durante mucho tiempo trato de seleccionar a los pacientes: quiero ocuparme solamente de los «psicóticos», a los que me consagro intensamente en nombre de mi vocación. Muy a menudo, no puedo retener cierta emoción detrás de la cual percibo compasión: soy médico, doy y me doy, a quienes flaquean y desfallecen.

Un acto fallido me hace ir en mi contra sin saberlo: tengo algunos años de análisis cuando acepto por primera vez que una paciente no psicótica desarrolle su queja para conmigo. La dejo entrar insensiblemente en el discurso analítico; consiento en dejarme hacer analista por ella. Las dificultades empiezan, las únicas verdaderas según Freud: los embrollos de la transferencia. Todavía debo avanzar, sin pausa ni retorno posible, en el análisis personal...

Al término de un largo recorrido, se impone por fin la evidencia en cuanto a mi Maestro. Mientras redacto un informe clínico para mi trabajo, me siento impresionado por el parecido que tiene con mi historia. El rechazo se muestra en un primer tiempo por una aserción tímida: «Después de todo, no hay tanta diferencia entre...». Me escucho y no me lo puedo creer: en un relámpago que me fulmina, comprendo cómo y de quién he sido el terapeuta. Porque tengo la sensación de haberlo sabido siempre.

Una discreta señalación de mi analista se me hace presente: «Él no pierde nada». Me doy cuenta de que yo quería constituir una falla, encarnar la duda en una roca de certeza. Intenté hacer existir el resto de una división subjetiva ausente, una división que parecía justa, lo «Justo» que creía ser eso. Seguir siendo un niño bueno era, pues, una solución sin futuro porque me precedía un fantasma de partenogénesis. En lo que siguió, la vida se encargó de revelarme poco menos que el encubrimiento que me unía a él: ¡*in fraganti*! Sin orgullo pero, sutilmente, rompo. Inmediatamente después, puedo por fin ver cuáles habían sido los compromisos que una fuerza invisible me había obligado a contraer hasta ese momento.

También como psiquiatra, yo era el incauto de esa equivocación y, según Lacan, yo daba a quien no le falta. Cuando la mancha ciega fundadora de mi compromiso se aclaró, reí, de la boca para afuera, de mi cruzada por el diagnóstico. Su síntoma era un paciente, desde mis comienzos. Y mientras las angustias, con las que vivía la transferencia, parecían haberse disipado de todas partes, en realidad se habían concentrado sólo en él: en una relación tensa, irónica, agresiva y colérica. Tan fijado estaba a su mirada. Un calco enceguecedor de mi relación con el Maestro. En el momento en que estoy a punto de desnudar las raíces de mi vocación, descubro con espanto la certeza persecutoria que yace en el centro de la queja de ese paciente para con sus hijos. ¡Qué error de diagnóstico! Él era mi Maestro, un Profesor. Yo era el alumno, en eso como en todo. Y también como con el análisis. Y en efecto yo aprendía: yo era el analizante en todas partes. Y olvidaba además, meticulosamente; para volver a empezar incansablemente...

Hoy, una emoción discreta todavía aflora a veces cuando abordo la miseria, que es pan de cada día. Pero sin compasión. Mueve un resto de deseo terapéutico que ya no comporta el sacrificio. Ya no doy, ni me doy a tontas y locas. Porque la angustia y la certeza delirante ya no me divide: corresponde a cada uno reconocer y asumir la parte oscura de su goce. Finalmente, «*It's a dirty job but somebody's got to do it*!».

Epílogo: en octubre de 2003, aparece, en la escena pública francesa, un pequeño grupo de psiquiatras con concepciones extrañas. Ellos reducen lo humano a una maquinación viviente que no sería efecto de una lengua hablada, sino que usaría un lenguaje que orgánicamente partiría del substrato neurofisiológico de la memoria (engrama), libre de cualquier equívoco y adherencias: una concepción esquizofrénica de lo humano, un sistema computarizable sin resto, idealmente rectificable y reparable sin problemas. Sus cuentas son invariablemente acreedoras por el sesgo de sabias sumas, y hablan en nombre del Bien, bajo caución científica. Conozco el estilo.

Se apoderaron de todos los puestos de poder en psiquiatría, sedujeron a la administración, se aliaron al poder del dinero y han investido organismos oficiales de control. Lanzan enseguida una campaña que tiene por objeto prohibir el psicoanálisis con la excusa de «está en todas partes». Luego claman por la impostura, el fraude, la secta. Yo sé lo que tengo que hacer: soy psiquiatra.

ANNE SINCLAIR
Periodista

POR EL PSICOANÁLISIS

Los cuestionamientos violentos y duraderos no son necesariamente un signo de debilidad. Ciento cincuenta años después de la Declaración de los Derechos del Hombre, la República debía todavía ser abatida para ciertos «la Gueuse».* De la misma manera, el odio que se manifiesta por Freud sigue estando muy vivo, intacto como hace un siglo. Igual que la República, el psicoanálisis sigue siendo el punto de mira de los conservadurismos e igual que con la República, a veces es necesario alzarse para defenderla.

Para comenzar, no me gusta que se llame a quemar libros, como en este auto de fe al que nos convida ese colectivo de autores vindicativos. Hay un efecto «Noche de cristal» para querer demoler con tanto furor la obra del más famoso médico judío vienés que, por el invento del psicoanálisis, permite a los individuos que lo practican abrirse un camino de libertad en su propia vida.

* «Pordiosero(a)», «mendigo(a)». Palabra utilizada despectivamente para referirse a la República, durante los disturbios de París en 1934, cuando se intentó destituir el parlamentarismo. *(N. de la t.)*

Además, conozco a muchos hombres y mujeres que han sufrido durante años su dolorosa historia y que han conseguido domesticarla, hacerla soportable, y pueden a continuación vivir con ella sin sufrir exageradamente. El psicoanálisis no es una búsqueda intelectual, una curiosidad mundana, ni siquiera unas ganas de conocerse mejor. Es una terapia, larga, costosa y a menudo dolorosa, pero que permite estar mejor. No es una sucesión de gestos, de actitudes, de comportamientos para vencer de manera empírica los males que nos asaltan. Es una inmersión en aguas turbias, acompañada, para entrever una lucecita al final del túnel.

En nombre de todos aquellos que un día vieron aparecer ese resplandor en el horizonte; en nombre de todos los practicantes, analistas, psicoterapeutas, a veces exasperantes —todos conocemos algunos—, preciosos guías muchas veces, que durante años han escuchado, observado, unido los hilos de la vida de sus pacientes; en nombre de Zweig o de Breton, de Bergman o de Woody Allen, yo prefiero el mundo de libertad de Freud al del oscurantismo de un libro negro. Hay una vida después de Freud, nos dice el libro. Hay sobre todo una vida gracias a Freud, dirán esos heridos del alma a los que Freud curó.

ESTHELA SOLANO-SUÁREZ
Psicoanalista

EL ARTESANO

En un pueblo ubicado en el hueco de un valle en una lejana provincia de Argentina, vivía un señor que poseía el arte de reconstruir la cabeza y el cuerpo de muñecas rotas. En su taller, se podían admirar las muñecas deliciosamente expuestas, una vez salidas de la operación de reconstrucción. Uno llevaba trozos y se iba con una muñeca nueva y sonriente.

Para la niña de cuatro años que yo era, el arte de ese señor formaba parte de la creación divina. Ahora bien, a pesar de su edad, no dejaba de saber que este pensamiento era un «pensamiento malo»: no se podía comparar la obra de un hombre cualquiera con la del Señor. Pero, después de todo, ¿no le habían explicado que con barro se creó un hombre y que de una costilla de éste emergió de la nada una mujer? Si el cuerpo del primer hombre y de la primera mujer había sido creado a partir de elementos, el artesano de su pueblo, ¿no hacía lo mismo, volviendo a crear las muñecas a partir de piezas sueltas, incluso de pedazos?

Si para ella el artesano era un dios y su hacer un misterio, era porque, al recomponer su muñeca rota, este hombre la había curado, a ella, de una profunda pena. Efectivamente, a los cuatro años ella había tenido la experiencia del encuentro con el accidente, el choque, la rotura, la contingencia que introduce en un instante la ruptura, la rotura de la consistencia y hace aparecer, allí donde había una imagen, un agujero. Entonces había comprendido seguramente que bastaba nada para que, al instante, el cuerpo y la vida que lo anima se separen para siempre dejando aparecer el abismo de la muerte.

No sería exagerado suponer que el encuentro con el psicoanálisis ya estaba prefigurado en el encuentro con el saber hacer enigmático del artesano.

Muchos años después, en la adolescencia, un encuentro desafortunado la precipitó hacia el lado de la caída. Fue un encuentro con una palabra desafortunada. Esa palabra había sido provocada seguramente por ella, ella había querido oír su propio mensaje invertido, poniéndolo en la boca de otro, de un pequeño otro. Esa palabra tuvo el poder de hacerle captar, en el fulgor del instante, todo el peso de los dichos que la aprisionaban, de los dichos provenientes de las generaciones que la precedían y que se estrechaban en ese momento a su alrededor, como una maldición. Esa palabra desafortunada quebró el acuerdo del cuerpo y del sentido con la vida que la habita, haciendo aparecer el agujero del sinsentido, un puro real, donde todo apetito de vida se consume en su anulación.

De ese momento de catástrofe subjetiva, de ruptura, de rotura, extrajo la enseñanza del enigma doloroso de su propia vida y del misterio de la relación entre el cuerpo, la vida y el sentido. En el fondo, cuestiones que giraban en torno a este enigma la habían habitado siempre. Antes, por el apoyo encontrado en la religión, cuestiones atinentes a la vida y a la muerte encontraban un andamiaje simbólico y un arreglo sensato. Ahora bien, como había dejado de creer, ya no contaba con el aparato casuístico del dogma religioso, este enigma se le apareció en plena adolescencia en su valor de cifra pura, encerrando en su encandescencia el límite del soporte fundamental que le procuraban sus pensamientos. Se le hizo urgente entonces descifrar el enigma que ella era para ella misma y, en consecuencia, se dirigió a un psicoanalista. Ella encontró un primer análisis. El efecto mayor de este encuentro fue el que la llevó a tomar la decisión de abandonar su país, con el fin de encontrar un segundo analista.

Ese segundo analista, ella lo había encontrado leyendo los *Escritos*. Esa lectura le hizo comprender que el psicoanálisis era algo más que hablar estirada sobre un diván. Algo más que una experiencia de palabra donde el sentido recubriría todo y donde la búsqueda de sentido estaría abierta al infinito. En ese caso, el síntoma se nutre del sentido para ejercer mejor su tiranía sobre el sujeto, llevando en su cortejo más inhibición y más angustia.

Empujada por su deseo de conocerlo, ella fue a París. Ella le pidió una cita y él se la acordó. Ella le expuso su demanda de análisis y, después de una larga entrevista, él acepto ser su analista. Como ella no tenía muchos medios, él le propuso que le diera lo que quisiera. Él era así, abierto a acoger una demanda que parte del que o la que sufre.

Y con él, por medio de su acto analítico, ella encuentra el psicoanálisis y su eficacia. Con él, no era cuestión de hablar para no decir nada o para no oír nada o para complacerse en la queja. No, con él, se hacía la experiencia de lo que se dice sin saber, de lo que insiste a la manera de una melodía secreta y que no se oye, porque no se quiere saber nada. Para poder oír, había que romperse a una experiencia muy penosa al principio, que se vuelve alegre seguidamente, una experiencia de disyunción de sonidos con el sentido de las palabras. Este analista llevaba la experiencia de palabra hacia la zona donde la palabra se anuda al real. En ese diseño, él desarticulaba el lenguaje con el fin de hacer emerger el rumor de *lalangue*.

Agujereando los enunciados, hacía brotar los sonidos que estaban incrustados en la carne, los sonidos del dolor, los sonidos parásitos de los pensamientos dolorosos, los sonidos de cosas entendidas o más bien de los malentendidos soldándose por tantas trabas que hacen girar en falso. Así, gracias a ese trabajo, uno podía desasirse del goce ruinoso, del goce que es sufrimiento y que sólo se admite en tanto que satisfacción. Ese goce muestra no ser más que un resto, un residuo cuya consistencia lógica se deduce como objeto. Ese objeto, una nada, comanda silenciosamente la puesta en escena sostenida por el sujeto en su teatro más íntimo, ese de donde provienen las representaciones que dan consistencia a su mundo.

Así, poco a poco, tuve la impresión de haber sido dada vuelta como un guante por este analista. Allí donde había habido dolor, se instalaba la alegría, allí donde la inhibición reinaba como principio de detención, una energía ignorada de mí misma aparecía por la experiencia del análisis, uno puede pensar de sí mismo que no es más que una respuesta, *bricolé* a la buena de Dios, con restos de cosas dichas, oídas, olvidadas, para llenar el agujero en lo real.

En ese análisis, cuya conducción no pasaba por la solidificación de un sentido que explicara todo, hice la experiencia de lo imposible. Pude saber que hay imposible y que es eso la respuesta última al enigma. Pude hacer la experiencia de un análisis que no hacía del sentido sexual la clave última del pensamiento inconsciente, sino que permitía captar que ese sentido está en el lugar de eso que, en lo referente a lo sexual, se desprende de lo imposible de escribir, como escritura de un saber que no hay, relativo a los asuntos del sexo. Hacer la prueba de lo imposible abre hacia todos los posibles, que por otra parte residen solamente en el saber hacer allí con los recursos que se tiene.

La presencia de este analista, su forma de operar con la lengua, su saber hacer con el tejido, el trenzado de las palabras de donde proviene el sujeto, me han hecho recordar por supuesto en varias oportunidades al artesano de mi infancia pero en su reverso. Si aquel recomponía las muñecas rotas a partir de pedazos, el analista en cambio operaba una puesta en pedazos, una pulverización de la materia del lenguaje para aislar los elementos, los Unos constitutivos del nudo del sujeto. Aislar el nudo del sujeto hace posible no tropezar todo el tiempo con él, incluso tener una idea del carozo constitutivo entre el amor y el deseo de donde se nace.

Por todas esas razones y muchas más, puedo decir que mi análisis con Lacan me ha dejado un saldo de alegría y de urgencia. Ese saldo nace de un saber hacer allí con la vida que se nos escapa todo el tiempo y de la que no se tiene la menor idea, pero ajustada a partir del límite cierto de la muerte que nos apremia a cada instante con su paso apresurado. Pero no se sabe hacer allí para siempre, en una suerte de continuidad sin corte. No, no hay eternidad prometida en la tierra, porque lo más cómico del asunto es que, a cada momento, hay que volver a empezar.

JEAN-PIERRE SUEUR
Senador

TERRENO DESPEJADO

Durante mucho tiempo, creí haber olvidado —¿pero se olvida alguna vez?— el psicoanálisis.

Se me presentó de golpe cuando la Asamblea nacional adoptó la primera versión de la enmienda Accoyer. En ella podía leerse esto en particular: «Las diferentes categorías de psicoterapias son fijadas por decreto por el ministro de Salud. Su puesta en práctica es competencia únicamente de médicos o psicólogos que posean las calificaciones profesionales requeridas por el mismo decreto».

En esas dos frases había toda la pesadez retórica de la norma: el eterno presente legislativo, el encuadre estricto —«es competencia *únicamente* de»— del procedimiento, la fuerza, toda la fuerza del decreto.

Había una exclusión radical de toda psicoterapia relacional y de todo psicoanálisis a partir del momento en que esas disciplinas no existen, no tienen espacio para existir, si no se pone como postulado que el tratamiento del sufrimiento psíquico es competencia *únicamente* de la medicina.

Y esta restricción original, de donde saldrían todos los episodios que seguirían, se hacía en nombre del sentido común —el sentido común que se presenta siempre como una evidencia.

¿Se podría dejar a *cualquiera* colocar la placa «psicoterapeuta» en su puerta sin asegurarse de que ese *cualquiera* poseía las competencias y los conocimientos requeridos?

Seguramente no: ¿un ser sensato respondería afirmativamente a una pregunta formulada de ese modo? Pero, como a menudo ocurre, el aparente sentido común enmascaraba otra cosa.

Es difícilmente cuestionable que la práctica del psicoanálisis o de la psicoterapia requiera conocimientos, competencias y experiencia.

Allí donde el golpe duele es donde, exceptuando el caso en que el practicante sea titular de un diploma de psicología, éstas se reducen solamente al abordaje médico. Mejor: se pone a la psicoterapia, y por vía de la consecuencia al psicoanálisis, *bajo tutela*.

Detrás de todo eso, vi un nuevo prurito del discurso de la seguridad. Vivir en seguridad —antes se decía en *sûreté*—* es un derecho. El prurito de la seguridad es diferente de ese derecho. Puede ser su contrario. Porque presupone que con medios simples se pueden arreglar cómodamente problemas difíciles y en particular éste: ¿cómo vivir bien todos juntos?

De la misma manera, el higienismo, o sea, en este caso la tutela médica para el conjunto del psiquismo, tiene por función tranquilizar a buen precio y hacer creer que puede curar simplemente.

Pero eso no es todo. Porque no faltan respuestas a la cuestión planteada sobre la formación de los profesionales implicados. Y por mejor que quiera considerarse todo el trabajo de transmisión de conocimientos y de experiencia, de control y de peritaje puesto en práctica en los campos del psicoanálisis y de la psicoterapia relacional, se encontrará una amplia materia susceptible de fundar formaciones y validaciones de lo adquirido.

Recientemente propuse adoptar, junto con Jack Ralite,[1] un método completamente diferente del de la enmienda Accoyer para el cual serían solicitados los representantes implicados en las cuatro disciplinas —psiquiatras, psicoanalistas, psicólogos y psicoterapeutas— para un trabajo profundo y común a ellos, de manera que se formulen «reglas de deontología, un campo de valores», inspirándose en las «autorregulaciones existentes y aprobadas en el seno de esas profesiones».

Fue —y lo sigue siendo— tiempo perdido para los promotores de la enmienda Accoyer. Porque hay, efectivamente, algo más, que en un principio no vi. Y es que todo eso se desarrollaba sobre el fondo de un debate propio de la psiquiatría. Y que la enmienda Accoyer preparaba, de hecho, el abono para la dominación, si no la hegemonía, esperada en el conjunto de las disciplinas precitadas —y en el seno de la psiquiatría en primer lugar— de las terapias cognitivo-comportamentales (las TCC). Esas «terapias» son, de forma explícita, un nuevo avatar del behaviorismo, que pre-

* Cuerpo de policía. *(N. de la t.)*

1. «Une nouvelle chasse aux sorcières», *Le Monde*, 10 de septiembre de 2005, en Élisabeth Roudinesco, *Pourquoi tant de haine?*, Navarain éditeur, París, 2005.

tenden curar racionalmente el sufrimiento psíquico a partir de procedimientos normados, ligados a un análisis a menudo cuantificado del comportamiento, que va de la mano de protocolos medicamentosos predeterminados.

El informe del INSERM, apuntando a demostrar que las mismas técnicas eran más eficaces que la cura psicoanálitica o un procedimiento relativo a la psicoterapia relacional, iba evidentemente en el mismo sentido.

Ese informe es doblemente cuestionable. En primer lugar, por la naturaleza del *hábeas corpus* de artículos científicos que se da como objeto de estudio. Como ese *hábeas corpus* comprende en su mayoría artículos favorables a las TCC, el informe prueba evidentemente lo que quería probar y la *ciencia* en este tema sirve sólo como coartada.

Eso sólo ya es de grandes consecuencias. Pero el segundo motivo de cuestionamiento es peor. Tiene que ver con los procedimientos de evaluación. Que sea útil, incluso necesario, evaluar, o mejor comparar entre ellos, o más aún, proceder a un examen crítico, de los distintos asuntos referidos al psicoanálisis o a la psicoterapia relacional, eso es concebible. Que se puedan fácilmente comparar entre ellas las prácticas derivadas de las TCC, es más asequible todavía, puesto que esas técnicas están casi siempre fundadas sobre presupuestos, especialmente cuantitativas, que facilitan el trabajo. Pero comparar unas y otras, cuando se trata de caminos en extremo diferentes, encaja *de facto* para los autores del informe del INSERM unir, hacer coincidir los métodos de las segundas con los de las primeras. Dicho de otra manera, a ajustar las primeras a la lógica de las segundas.

Y por supuesto esto tiene mucha relación con el punto de partida de la enmienda Accoyer: poner al psicoanálisis bajo la tutela de la psiquiatría, y por empezar a ella misma tutelada por una determinada psiquiatría.

A partir de ese momento todo se sostiene. Se despeja el terreno para *El libro negro del psicoanálisis*, patético ensayo de liquidación de una porción entera del pensamiento y de las ciencias sociales.

Qué importa si mientras tanto, por un singular lapsus del legislador, el transcurso del debate parlamentario ha mostrado que la enmienda Accoyer es contradictoria en sus términos.[1] Qué importa si la oposición

1. J.-P. Sueur, «Psychanalyse et politique: histoire d'un amendement», *Psypropos*, noviembre de 2004.

entre la voluntad de instaurar la tutela y la ilegitimidad de tal tutela se vio materialmente inscrita en el texto convertido en *collage* de lógicas antagonistas: los adeptos a la enmienda y unas TCC reunidos quieren a todos los efectos que se publique un decreto que supone aplicar ya no el texto —¡porque es contradictorio!—, sino su visión del texto.

Esta visión de las cosas estaba escrita desde el primer día, o mejor dicho desde la primera noche, bajo la luz amarillenta del hemiciclo del Congreso nacional. «Es competencia únicamente de...» era la restricción fundadora, la que cierra todo espacio al psicoanálisis.

Porque la evaluación lo dice. Está allí para decirlo: con las TCC se puede hacer mejor, más corto, más barato.

Porque es demasiado largo, demasiado caro, demasiado incierto, sin duda angustioso pasar tanto tiempo en comprender que el sufrimiento es profundo, que el dolor viene de lejos, que hay que atravesar el reino de las sombras fundiéndose siempre en los resplandores de la razón.

Demasiado largo, demasiado caro, demasiado incierto.

No os extraviéis. La policía cientificista os prevendrá contra los desbordes del análisis. Mientras tanto, la policía a secas os ahorrará la molestia de crear lazo social, empleo, urbanidad en los barrios periféricos; la policía literaria arreglará cuentas con algunos delirios (tendrán trabajo); se desharán de una vez por todas de lo que escribía Michel Foucault sobre la locura; los tranquilizantes y los cuadros de doble entrada habrán suprimido la angustia; las ciencias del comportamiento habrán evacuado el sentido de lo trágico y las errancias metafísicas.

En una palabra, se habrá despejado el terreno.

MAURICE SZAFRAN

Periodista, director de la revista Marianne

LACAN EL CODICIOSO

Durante mucho tiempo no supe nada del psicoanálisis. Hoy sé un poco más. Sin duda, era preciso pasar por él.

Tampoco sabía casi nada sobre Lacan. Entonces traté de leer algunos textos. Algunos me parecieron muy claros; otros, incomprensibles. Es tan banal insistir sobre el hermetismo de Lacan. De él, debería conformarme con las apariencias —su aspecto loco, su cabello blanco, sus malos cigarros italianos, su pasión por los coches bellos, sus trajes con buen corte, etcétera— y las denuncias ideológico-rabiosas de las que era objeto: Lacan, un estafador del pensamiento (François Georges), además del sórdido trabajo de Sokal y Bricmont: Lacan, simplemente un estafador, a tal punto estaba engangrenado por la pasión del dinero. ¡Ah, eso, desde mis primeros pasos en el periodismo, en cuanto abordé los medios intelecto-culturales, escuché tantas anécdotas sobre la relación de Lacan con el dinero!

En realidad, el caso Lacan poco me interesaba. No sentía ninguna hostilidad *a priori* hacia el psicoanálisis —si algunos podían arreglárselas así, ¿por qué no?—, pero tampoco nada me unía. Por el contrario el personaje Lacan me intrigaba; sus tesis, también. Pero no tenía tiempo de detenerme en eso. Hasta el momento en que descubrí que el dinero no era otra cosa que una máquina de guerra montada contra Lacan. ¿Cómo pude no establecer, en ese momento, una relación directa con esta obsesión permanente de Occidente que es la relación de los judíos con el dinero? Lacan, o el otro judío del psicoanálisis...

A principios de los años ochenta me crucé con Brigitte, una joven filósofa. Algunos años antes, en otra vida y en otro contexto, me había ocupado de su formación ideológico-política. Después de conversar un momento, ella me precisa —seguramente esto se relaciona con el punto anterior— que estaba «en análisis con Lacan». No le creí ni una palabra, mentía. ¿Por qué? El dinero. El dinero omnipresente. Ella venía de una familia muy pobre, subsistía gracias a una beca ridícula y a pequeños trabajitos para sobrevivir y preparar su titulación. De modo que mentía, porque no podía evidentemente pagar al tan codicioso Lacan. Se echó a reír, antes de describirme en los mínimos detalles el departamento de la calle de Lille: «¿Tú crees en esas historias de dinero?... Por supuesto, Lacan exige que le pague cada sesión. ¿Quieres saber cuánto? 20 céntimos. Y voy tres veces por semana, 60 céntimos por semana, 2 francos 40 por mes. ¡Un maldito rapaz, Lacan!».

Algunos años después, una asociación de antiguos deportados, simpatizantes del comunismo, lanzó contra mí una muy virulenta campaña: en mi diario de aquella época, *Le Matin de París*, yo había transcrito un diálogo entre dos jóvenes del liceo y una representante de esa asociación, relacionado con la existencia de una sexualidad en los campos de concentración. Mi transcripción era de una precisión extrema, pero no por eso el escándalo fue menos estrepitoso. Yo había «escupido» sobre los deportados(das) y participado en la «banalización» de Auschwitz. Los apoyos no fueron muchos, fuera de algunos psicoanalistas lacanianos que quisieron, ellos sí, saber de qué se trataba y que entonces corrieron el riesgo insensato, en semejante contexto, de darme *quitus*. Al menos, el tan codicioso Lacan no los había formado tan mal... Al menos ellos eran valientes.

Y, entonces, yo descubría que Lacan era uno de los primeros, de los pocos, que habían comprendido el sentido de la *Shoa*, el rol particular y al mismo tiempo estratégico del pueblo judío, uno de los pocos que reflexionó sobre el misterio, el agujero negro del exterminio, estaba entre los únicos que nunca se perdieron en comprender el antisemitismo. La comprobación puede parecer menor, incluso anacrónica, pero yo terminé por tener la convicción de que sobre esas pocas cuestiones, en el medio de mis preocupaciones y mis pensamientos, Lacan podía servir de brújula, que él no se equivocaba, que su mirada no se desviaba nunca. No puedo dejar de pensar en él cuando hojeo este horror firmado por una dignataria de la psicología, *Guérir de la Shoah*. La *Shoa* como una gripe fuerte. Repugnante. ¿Qué habría dicho Lacan?

Terminaré con un apunte en calidad de no especialista que ha hecho de la observación de la sociedad francesa y su componente político, en particular, una profesión, desde hace tres decenios: la ofensiva antipsicoanálitica lanzada por un puñado de comportamentalistas desenfrenados, sostenidos por algunos políticos tan reaccionarios como necios, no puede ser una sorpresa. ¿Son liberticidas? ¡Evidentemente! Pero no en el sentido habitual. La libertad que da el psicoanálisis los indispone en lo más profundo de ellos mismos. Los priva de esas preciosas cajitas donde encerrar a unos y otros. Jugar con el tiempo, tomar el tiempo: es demasiado pedir, realmente demasiado. Una píldora arreglará todo. A Lacan le habría causado mucha risa.

VIRGINIE THEVENET

Cineasta, pintora, actriz

ADMIRACIÓN

Me gustaría manifestar simplemente mi admiración por el trabajo de Freud. Para mí, es un genio tan imprescindible como Galileo: quizá porque sus descubrimientos han revelado —entre otros— el oscurantismo y la culpa en los que ha mantenido al mundo la hegemonía religiosa. ¿Por esta razón hoy, en momentos de los retornos debilitantes a los fundamentalismos que conocemos, se ensañan tanto con él?

SUSO DE TORO

Novelista, ensayista

EL LENGUAJE ES UNA HERRAMIENTA PARA ALTERAR EL ORDEN

Mucho antes que con la disciplina me encontré con un texto, *La introducción al psicoanálisis*, cuando tenía catorce años, en 1970. Para mí fue la dialéctica con un ensayo literario, un texto que me hacía una propuesta para aceptar o no. En mi recuerdo la acepté plenamente, como es fácil de imaginar. Recuerdo hablar con mis amigos del significado de los sueños, jugar a explicarlos. Luego leí otros ensayos que fue publicando en España Alianza Editorial en los años setenta. Supongo que en mi adolescencia fui «freudista» entusiasta, y nunca dejé de serlo aunque luego le sumé lo de marxista. La adolescencia y primera juventud es muy verbal, es el tiempo de hablar, conversar y discutirlo todo. En esa época dediqué muchas horas a discutir y compartir con mis amigos las ideas de Freud sobre sexualidad, por supuesto, sobre neurosis, sobre religión, monoteísmo, sobre el malestar en la cultura...

Cuando recorro mi formación intelectual, señalo mi tropiezo con la obra de Freud como una especie de crisis intelectual; desde ese momento pasé a entender que todo tenía significado: los sueños, los actos fallidos... De algún modo pervirtió mi mirada sobre la realidad, fue la pérdida de la inocencia.

Hizo de mí una persona hiperlingüística. La concepción de Freud, creo, es que la realidad es una construcción de lenguaje, la realidad no es tanto tangible como lingüística. Imagino que de ahí se derivaría que somos nosotros quienes construimos la realidad, y tengo entendido que esto se puede argumentar desde la filosofía y desde la física con la ayuda de las matemáticas. En cualquier caso, Freud cree que el lenguaje es la llave, o la clave, la cifra que descifra la vida. También la herramienta para alterar el orden.

En eso coincide con el pensamiento esencial de los seres humanos, pues hoy usamos el lenguaje lógico para dominar el cosmos, pero en el origen, los humanos usamos las palabras para conjurar el caos, para dirigirnos a los dioses y al universo. Las palabras sagradas, mágicas, alteraban el mundo, aplacaban la lluvia o la llamaban, servían para suplicar, rogar, calmar la cólera del volcán, del mar o del cielo. Con posterioridad la humanidad ha experimentado el poder del lenguaje y sus efectos, desde la persistencia histórica del pueblo hebreo que hizo del Libro su patria hasta los discursos religiosos y las ideologías revolucionarias y escatológicas que anunciaban y procuraban el fin de la historia, o sea, del mundo. El lenguaje ha movido mentes, masas, ha destruido países, ha levantado otros. Ha construido nuestra civilización, el dominio de nuestra especie —la única que tiene lenguaje articulado— sobre el planeta.

Los escritores, los herederos de los sacerdotes en un mundo que parece irremediablemente profano y profanado, estamos obligados a creer aún en el carácter mágico de las palabras. Es nuestra disciplina: usar el lenguaje, esa cosa inmaterial, pura electricidad, energía, para trasladar algo, un mensaje cifrado, de un lugar a otro, de la mente del autor a la mente de quien lee.

Más tarde, a través de crisis ideológicas y de crecimiento personal, fui liberándome de la visión mecanicista que me había ido construyendo de la historia y de la condición humana misma. Pues Freud me había hecho moderno, hiperlingüístico, pero necesitaba hacer la crítica a esa noción misma. Necesitaba pasar de entender que todo tenía significado, un modo de estar en la vida tan agotador, a buscar sentido, a buscar una comprensión trascendente de la existencia, una religación con un todo al que pertenecer. Cuando uno se acerca a lo religioso, o a la religiosidad, hay un momento en el que Freud se va quedando atrás. Pero para ser escritor de verdad, o sea, para ser artista, hay que tener una cosmovisión trascendente, es lo que pienso yo. Hubo una primera parte de mi trabajo en la que deconstruí, desmitifiqué, y una segunda parte, en la que todavía ando, en la que busco el mito y el rito. Ahí Freud no me acompaña. En algún momento leí algo de su antagonista Jung, y debo decir que jamás le recomendaría a nadie que necesitase analizarse, o analizar cosa alguna, que siguiese su senda, pues en realidad creo que es el camino exactamente contrario al análisis. En cambio, sí me reforzó una idea que creo que es útil y buena, ojalá sea también cierta: la de que todos formamos parte de un todo y de que llevamos dentro algo de ese océano, magma, original. Lo creo firmemente, que todos estamos hechos del mismo carbono. Que estamos hechos de «polvo de estrellas». Y me parece maravilloso.

Pero nunca pude abandonar al Freud ensayista; es tan, tan, inteligente, audaz..., moderno. También espléndidamente masculino. Probablemente ahí, donde reside la fuerza de ese pensamiento agudo, analítico, violento, esté también su límite. Pero de Freud, como del cerdo, no se desaprovecha casi nada, sean sus consideraciones sobre Hamlet, Leonardo o Moisés... Hace pocos años leí la espléndida biografía de Peter Gay y renovó mi interés por su figura y su legado.

En otro plano de mi vida personal, hace un año recurrí al psicoanálisis para revisar mi vida, creo que todo el mundo debiera, por lo menos una vez en la vida, hacerse la revisión en el taller del psicoanalista. Los cincuenta años, por ejemplo, es un momento óptimo para revisar la vida que se tiene entre manos y recordar también quién es uno. Me fue muy útil.

Creo que le debo a Freud ser más inteligente de lo que habría sido. O no, a lo mejor sería igual o parecido. Pero creo que casi me obligó a ser inteligente (espero haber obedecido bien), que casi me obligó a ser moderno (no sé si es una condición fatídica, pues, en cierto sentido, desearía dejar de serlo; es tan seco y cansado) y que me provocó en mí una explosión intelectual que luego me permitió seguir leyendo a otros autores. Y hablo de autor, porque Freud para mí fue antes de nada un autor, con quien tuve un diálogo personal. Tardé muchos años en tener trato personal con su disciplina. En mi Santiago, en la España donde me crié, el psicoanálisis como terapia o vía de conocimiento personal era algo exótico y casi esnob. Pero la vida cambia y también el nieto de mis abuelos campesinos acabó sentándose en el sillón de hablar.

Confío en el poder terapéutico de la palabra, como también creo en la ayuda de la química, sea como infusión de plantas silvestres recogidas en luna nueva o en forma de síntesis de laboratorio en píldoras, pero sólo con la terapia a través de la palabra somos nosotros agentes de nuestra propia curación. Sólo la busca de significado, y también de sentido, a través de la palabra, nos hace dueños de nuestra propia vida. La química, muchas veces necesaria y a veces imprescindible, nos somete, nos destruye en parte, mientras que la palabra nos permite abrir las heridas primero para luego cauterizarlas, nos permite reconstruirnos, nos permite la dignidad de ser dueños de nosotros mismos. El psicoanálisis como terapia parte de la dignidad de la persona, cree en la integridad del individuo y en su capacidad para afrontar el vivir. El psicoanálisis se basa en la esperanza, apuesta por la persona. Precisamente en una civilización que nos objetaliza, que nos escinde, que nos fragmenta, la creencia de que existe un deseo que nos sostiene, que puede orientarnos para encontrar lo más singular de nosotros mismos, hace al psicoanálisis digno de todo el respeto y nos invita a apostar por él.

EUGENIO TRÍAS

Filósofo, escritor

UN TEXTO INSCRITO EN EL CUERPO

Durante cinco años me psicoanalicé con Luis María Esmerado, argentino radicado en Barcelona, gran profesional, recientemente fallecido. Ha sido una de las más importantes experiencias de mi vida: la concreción, en mi historia particular, y en el régimen de vida contemporáneo, del viejo desiderátum délfico (y socrático): conócete a ti mismo. Me permitió trazar el relato de mi propia historia personal, que muchos años después expuse y publiqué (hace ahora cinco años) en forma de primeras memorias y confesiones, las relativas a mis treinta y tres años primeros de vida, con el título de *El árbol de la vida*. Para acercarme sobre todo a la infancia, ese país de Nunca Jamás, acudí a una colección de sueños que en ese tiempo psicoanalítico logré recuperar: sueños algunos de ellos de mi vida infantil, preadolescente.

Mi deuda con Freud y con los seguidores de Freud es grande. Está presente Freud y el freudismo en el núcleo de mis ideas, las que he plasmado en libros como *Lo bello y lo siniestro* o el *Tratado de la pasión,* ambos de diálogo continuo con los principales temas del fundador del psicoanálisis.

Freud tuvo la inmensa audacia de internarse en un tema conflictivo y doloroso (a la vez que gozoso y pródigo en promesas de felicidad): la sexualidad, concebida en forma moderna como diferenciación sexual. A la gran doctrina del eros platónico le dio un sesgo moderno, muy siglo xx, al cifrar la clave del pequeño dios (vendado, o ciego) en la diferenciación sexual, y al descubrir en ese hondón las raíces del relato de nuestra identidad. Y en su vejez alcanzó perspectivas filosóficas de largo aliento al concebir la vida y la cultura como una despiadada lucha entre eros y el principio de muerte.

Precisamente por haber buceado en tema tan conflictivo y doloroso como la sexualidad padeció Freud, y sigue padeciendo, mucha resistencia e incomprensión, como lo atestiguan los continuos y constantes intentos por criticar su legado desde perspectivas conductistas o naturalistas. La grandeza de Freud consistió en re-suscitar el viejo tema griego de la cura por la palabra. Y de concebir nuestro cuerpo invadido por sustancia verbal y textual: el libro de nuestra vida está inscrito en esa carne que somos, toda ella convertida en logos. Esa legibilidad, sin embargo, es dificultosa, pues se trata de un texto oscurecido, como si sobre él hubiese transitado el Gato Murr, al igual que en el célebre relato de E. T. A. Hoffmann. Más que un texto es un palimpsesto. Pero nuestro cuerpo no es analizable sólo en términos bioquímicos. El código de nuestra genética espiritual requiere hermenéutica y conocimientos de lingüística (y de retórica).

JEAN-DIDIER VINCENT
Miembro del Institut Universitaire de Francia

EL JUGO AMARGO DE LA NARANJA MECÁNICA

Neuropsiquiatra por diploma, psicoanalista por impregnación, cristiano por educación, yo borré por delicadeza de mi psiquis esas apelaciones de origen controlado cuando «entré en Investigación». Con algunos electrodos, acompañado por monos y por roedores de todo tipo, y persuadido de encontrar las claves del deseo en la fuerza de las hormonas, participé con entusiasmo y sin demasiado pesar en el progreso de las neurociencias. No es sino mucho más tarde en mi curso, después de haber frecuentado la intimidad de las neuronas, tan de cerca como mis instrumentos me lo permitían, cuando empecé a hacerme preguntas que podría calificar ligeramente como «neuroontológicas». La teoría refleja, tan bella y tan explicativa cuando se trata de la médula espinal, condujo en sus avatares behavioristas a una derrota de la subjetividad y a un exilio del yo fuera del «cerebro-máquina». La ilusión fisicista, alimentada sucesivamente por la farmacología, la biología molecular, la neuroinformática y finalmente por la imagería cerebral, dio cuenta de la psique, de allí en más perdida en cuerpo y alma en las redes de neuronas.

Vestidas con los espolios del behaviorismo, las ciencias llamadas «cognitivas», atiborradas de informática y de imágenes cerebrales con colores virtuales, se convirtieron en el pretexto teórico para un regreso violento de las terapias llamadas comportamentales. Éstas se presentan como refritos al gusto del día, *condicionamientos* pavlovianos o skinnerianos de los que no se puede negar su eficacia en ciertas patologías de tipo obsesivo-compulsivo, lo mismo que en un contexto más estrictamente carcelario y policíaco. Esas aproximaciones, en resumen, consideran al hombre nada más que en su mitad de naranja mecánica.

Evocando esas terapias «eficaces», *El libro negro del psicoanálisis*, por su vieja dialéctica totalitaria y su violencia militante, cierra la puerta a toda argumentación filosófica. El gran mérito del psicoanálisis, más allá de sus excesos y de sus desvíos, ha sido el de mantener la presencia de la psique en la sustancia misma de lo humano, afirmando la preeminencia del afecto sobre el acto. Comprender qué ocurre en el adentro del otro, ¿no es acaso el imperativo al que nos lleva el concepto de inconsciente? Aceptar que la conciencia sea un afecto en sí, ¿no es, como contrapartida, aceptar que el inconsciente funciona como un lenguaje? El genio de Freud y de Lacan merecía muy bien que esos «inquisidores de la cognición» le reservasen sus mejores hogueras.

ROSE-PAULE VINCIGUERRA

Psicoanalista

VOZ

Mi primer encuentro fue el de la guerra. Guerra subjetiva primero que me imponía la necesidad de un punto de certeza. Ese punto de Arquímedes fijo, yo se lo pedía a la metafísica y en principio a Descartes, a quien apelaba, ése que había podido tener la idea clara y distinta. La evidencia del «yo primeramente tengo de alguna manera en mí la noción de lo infinito más que la de finito...» fue mi primer rapto.

Guerra de descolonización después. Atentados, seguidos muchas veces de linchamientos, odio entre comunidades, ese real encontrado tempranamente me despertó a cuestiones éticas. Y, entonces, por medio de la filosofía, yo trataba de entender la emergencia de aquél. Buscaba, pues, un principio.

No había encontrado a Freud en la clase de filosofía en el liceo, como es costumbre. ¡Mala suerte, pensaba! Cuando muchos años después, tuve que relatar este hecho a Lacan, la primera vez que le hablé, me dijo que era mejor así, porque «¡para lo que hacían con el psicoanálisis en las clases de los liceos!». El psicoanálisis no era esa parte del programa de filosofía, que los profesores, como podían, se veían obligados a tratar entre otros; no una nueva *Weltanschauung*. Era, más bien, una subversión radical, no del saber, sino del lugar del saber. Escuchar a Lacan implicarse de esa manera con el mínimo de su decir, implicar su auténtica relación con el psicoanálisis, me sorprendió, y me reafirmó lo que pensaba por entonces: «La verdad del pensamiento estaba en otra parte, no en él mismo»; el psicoanálisis era eso a partir de lo cual, había que repensar el pensamiento.

Tampoco había encontrado el psicoanálisis en mis primeros años de estudios en la Sorbona. El año en que este encuentro hubiera podido producirse con los estudios de psicología, tampoco tuve ninguna señal. De ese año me quedan recuerdos anodinos, que todavía me provocan risa. Había muchos cursos magistrales de psicología general, especialmente el de Daniel Lagache, que quería encontrar una unidad, pero eso no satisfacía para nada mi sed de verdad, a la que, después de todo, respondían mejor los grandes filósofos. No, mis recuerdos más vivos de ese año de estudios son más bien sobre los ¡trabajos prácticos de psicología experimental! En el más profundo aburrimiento, a veces ocurría que ¡nos divertíamos mucho! Bachelard decía que si a los malos alumnos se les preguntaba qué habían retenido de sus cursos de química, éstos relataban infaltablemente experiencias frustradas, explosiones, es decir, hechos que tocaban la imaginación, pero que ¡nunca apelaban a algún despertar de la razón! Entonces fui, fuimos, todos malos alumnos en psicología experimental. Conservo algunos recuerdos, sobre todo éste: una tarde de invierno, en los locales mal iluminados del laboratorio de psicología experimental de la calle Saint-Jacques, un compañero, con los ojos tensos por la solicitud del profesor, debía encontrar, munido de un pequeño estilete, el camino de salida de un laberinto —prueba en la que una rata hubiera sobresalido, decían—. Afuera, por momentos, la tormenta bramaba; los rayos iluminaban los locales oscuros. La atmósfera era poética. Pero ¡ay! La inspiración no le vino a nuestro abnegado cobayo. Al cabo de media hora de agotadores esfuerzos, seguía en el laberinto con su estilete. Ese estilete no era una pluma. Se hubiera echado a llorar. Pero nosotros, estudiantes despreocupados, apurados por terminar, no le ahorramos bromas: había resultado más tonto que una rata.

¡Bachelard tenía razón! Nosotros no estábamos hechos para esa ciencia experimental. En aquella época todavía no me afectaba la maldad de nuestros pedagogos, forzando a estudiantes de filosofía a tan humillantes experiencias. Lo que me quedó es el recuerdo de la torpeza... Sin embargo, aquel año tuvo algunos placeres: Pierre Kaufman y su musiquita, que sonaba extrañamente en ese universo de enseñantes con tanta seguridad. «¡Debería hacer psicoanálisis!», decía a veces a alguno de nosotros. Él seguía de cerca la enseñanza de Lacan.

Sin embargo, no descubrí a Freud por esa vía. Encontré el psicoanálisis en el desarraigo y la urgencia, cuando no supe hacer otra cosa que entrar en análisis. De todos modos, una lógica operaba durante esos estudios de filosofía. Con la enseñanza de Canguilhem y Althusser, la filosofía aparecía interesante solamente si estaba articulada a la ciencia. Es en este período de preparación para mi título cuando escuché a Lacan por primera vez. Sin entender mucho, suponía por entonces que a la exigencia teórica de articulación al discurso científico se agregaba, en su decir, el problema de esclarecer la dimensión del deseo. Y entonces, más allá de mi propio análisis, yo sabía que el psicoanálisis estaba allí, en marcha. Es, pues, el encuentro con la enseñanza de Lacan, la prudencia de su decir, el rigor de su clínica, lo serio de sus presentaciones de enfermos, lo que hicieron que para siempre tomara en broma las construcciones de los psicólogos de todo tipo, por más que se vistieran de psicoanalistas, pero también que abandonara la esperanza que había creído poder encontrar, cuando era joven, en la filosofía. Eso tan sólo había sido, como dice Platón de la matemática, «preludio del aria que debemos cantar».

El análisis fue largo, con eclipses. Fue necesario no actuar de golpe para llegar a concluir con el pase, ese dispositivo inventado por Lacan para que un analizante convertido en analista pueda dar testimonio ante otros analizantes, también ellos en final de análisis, de lo que pudo enseñarle un psicoanálisis. Éstos, a su vez, irán a contar lo que han escuchado de ese testimonio a analistas que concluirán. El pase tiene la estructura de un *Witz*... No hablaré aquí de lo más singular de mi descubrimiento personal a lo largo de todos esos «años de viaje», sino de lo que fueron mis «años de aprendizaje». Así pues, me sucedió que pude dar razón de lo que hacía mi desarraigo y me impedía vivir realmente, lo que denominan un síntoma. En un análisis, se despliega efectivamente un haz de significantes que habitan una palabra, después converge, se estrecha alrededor de la parte insondada de goce, la que encierra el síntoma. Éste, una vez llevado a la incandescencia, se apaga: después de todo no había sido más que una particularidad. Aun cuando el real del que surge no es, no será agotado jamás. Y eso sin ninguna necesidad de yugular nada autoritariamente, sin gemonías. Nada más que la lógica de una vida, no más inefable ni maligna que la de otra vida pero cuyo sujeto ha aceptado desenmarañar los hilos hasta el final. Hasta el final, es decir, hasta que la maraña de su destino se reduzca a un nudo que resista, tanto como resiste un principio.

Es allí, en mi opinión, donde la exigencia lógica encuentra su lugar en el psicoanálisis. El psicoanálisis postula que ese saber difícil de adquirir es, sin embargo, simple: postula que en el centro de las repeticiones que padece una existencia, en el medio de las errancias, de los tormentos, de los errores, de los fracasos, hay, en lo más íntimo del sujeto y sin que lo sepa, una decisión, no obstante totalmente articulada, de goce. Pero aquí, contrariamente a lo que enseñaba Descartes, ningún silencio de las pasiones precede a esa elección. Porque es más bien en el ruido del furor, tanto fuera como en él mismo, que un sujeto aquí o allá hará calaveradas, conspirará con la locura que se inventa. Y no hace falta menos que los largos rodeos de una cura, el amor de transferencia y sus gajes pero también el saber hacer de un analista para que la cifra clave de su destino le sea revelada... Laberinto sí, pero de huellas de la memoria, y no de recorrido de rata. Pequeño estilete sí, pero con el que se encuentra una salida, se escribe en lugar de perderse en las chicanas de pruebas presuntuosas e imbéciles. Además un psicoanalista lleva a un sujeto, sin la ayuda de ningún ideal, más allá de los efectos de verdad eficientes, a hacerse cargo de su particularidad sintomática; esta vez, con pleno conocimiento de causa, a volver a jugar la partida mal jugada desde el origen, sabiendo que las cartas serán las mismas pero que el juego será distribuido de otra manera, interpretado de otra manera. En este aspecto, se trata únicamente de conseguir confesarse que eso que estaba allí desde siempre, a su alcance, era objeto de un «todo pero no eso». Se trata sólo de «consentir a lo peor»: dejar allí el despojo de su Otro atormentador, ser reconciliado consigo mismo. Pasaje delicado ciertamente, pero pasaje, como lo dice Lacan, de la suposición de sujeto a la existencia. Sin duda es allí donde lo que me había animado al principio de mis estudios de filosofía —la interrogación sobre la conjunción del saber y de la existencia— encontró una respuesta inesperada... en su disyunción. Yo había dejado allí la Idea que «flota como un sueño» (¡otra vez Platón!), sueño de eternidad, y encontrado un deseo causado por «eso de lo que justamente no se tiene ni idea», una voz, como relevo de otras voces.

Aquí, seamos justos: el pase, por muy paradigmático que sea, no me enseñó todo. Ya sabía por mis peregrinaciones psicoanalíticas lo que el psicoanálisis no era. Había descubierto lo que Lacan había aportado de radicalmente saludable al psicoanálisis. Había podido experimentar la extrema rapidez con la que él sabía escuchar y hacer resonar una palabra. Sabía que el psicoanálisis no era el *furor sanandi* que puede todavía reinar en el psitacismo del genial invento freudiano; que frente al inconsciente imprevisible, el analista está mucho más, cual Orfeo en busca de Eurídice, desaparecida tan pronto como aparecida. Yo sabía también lo que la paciente perseverancia de un analista puede revelar de la insistencia de su deseo...

Pero resulta que hoy se pretende eliminar con un golpe el psicoanálisis: supondría, por parte de quien entra en él, un acto de fe. En un mundo que ya no quiere parecerse mucho a sus creencias, que pone en juego actos de fe subrepticios para con la modernización, la adaptación, la evaluación «ratera», ¿no es en todo caso quien se ha autorizado analista quien hace acto de fe para con el poder del psicoanálisis? ¿Aceptando encarnar una figura del sujeto supuesto saber para con quien viene a pasarle la carga? ¿Y aun sabiendo a qué atenerse en cuanto a esta función? Sin embargo, con esta única condición hará posible la tarea de analizante de quien demanda, abrirá la caja de Pandora. Seguramente hace falta coraje, ya que *a priori* no hay ninguna garantía de éxito que dé certeza para desear que el deseo del Otro advenga. Un psicoanalista apuesta más bien a que podremos saber hacer con lo que se habrá hecho de nosotros.

No dejará que se envilezca ni tampoco que se mancille el descubrimiento freudiano al que Lacan ha sabido volver a darle toda su amplitud. Para que el desasosiego humano no se vea sometido a la «cuestión» de los terapeutas, ni el síntoma considerado como un mal hábito a erradicar. Para que no vuelvan, como espantosamente ocurre, los electroschocks. Para que los niños no sean objeto de mutilaciones psíquicas, como muchas veces se comprueba, cuando un síntoma encoprésico, por ejemplo, habla de un desorden íntimo. Que el metilfenidato no se convierta finalmente en la llave de la tranquilidad de las familias... Y que cuando en cada uno se encuentre el punto de horror que hace al fondo de todo síntoma, un psicoanalista no se lave las manos. Un psicoanalista no se lava las manos de lo real.

HERBERT WACHSBERGER
Psiquiatra, psicoanalista

USTED

De la familia quedaba el «amigo». Yo me convertí en su hijo *ready-made*. Su fervor fue mi providencia.

Busqué en sus libros el secreto de su «en otro lugar». Adivinaba en ello sus preguntas, descubría las mías. Algunas páginas ardientes me enseñaron las delectación de las escenas prohibidas. Pero yo prefería los deslumbrantes estudios de psicología sexual, más particularmente los que relataban observaciones en primera persona. Esta precoz familiaridad con un autor que no ignoraba nada de Freud me pondría muy temprano en el camino de *Tres ensayos sobre la teoría de la sexualidad*. Todavía no era leer a Freud, lejos de eso.

Nada crecía en los espacios desertados por los «desaparecidos», excepto los síntomas. El tiempo se estiraba desmesuradamente. Yo me había prohibido cualquier retiro hacia el pasado, había condenado ferozmente los accesos. «El universo mórbido de la falta» me ofrecía un refugio. Mis lecturas «psicoanáliticas» me aclimataban a ese mundo cerrado, dándome la razón lo hacían habitable. Creo que ellas ayudaron a complacerme en ello. ¿Yo pensaba que el psicoanálisis podía curar? Ciertamente no. ¿Y curar de qué?

Diez años: la edad de una sensible y súbita inflexión escolar; y el comienzo de una larga declinación que se mantuvo todo a lo largo de los estudios secundarios. De indulgencias en recuperatorios alcancé la universidad, que fue menos clemente. Cayó un veredicto de exclusión. Un jefe de servicio hospitalario, que conocía mi interés por los enfermos, se hizo cargo en su nombre, de obtener del decano, que aceptó, que se me dejara continuar. Ciertamente había sabido volver a poner en servicio el Nombre-del-padre, porque la deriva cesó. Abandoné los caminos laterales, me instalé en la existencia. Pero cuando fui nombrado en el internado de los hospitales psiquiátricos del Sena, y el psicoanálisis golpeó a mi puerta, hice oídos sordos.

Sobrevino la muerte del Amigo. Yo le debía la vida. Pude creer que ella me la reclamaba. Mi deuda, con la medida de su insatisfacción, era impagable. Me había vuelto insolvente, me otorgaba sólo lo necesario. El psicoanálisis era algo superfluo que nunca habría podido confesarle. Ya no tenía que confesárselo. La deuda se mantenía. Ya no era la misma. Franqueando el paso del análisis, tomé una cita.

¿Por qué con ella? Me lo he preguntado durante mucho tiempo. ¿Habrá bastado con verla, escucharla? En el transcurso del análisis, recordé que hacía poco había recorrido el texto de una conferencia sobre el amor, del que ella era autora, pero entonces su nombre me era desconocido. El aura de su pertenencia a la Escuela de Lacan hizo el encuentro más cómodo.

Pude comprobar de diversas maneras cuánto vale para un analizante la presencia del analista. Ésta es la más destacable. Yendo a una de mis primeras sesiones, creí ver un coche de policía y corrí —¡detienen a mi analista! No puede ser, ¿no creerás que van a deportarla?—, pero nada detuvo la irresistible carrera loca de ese treintañero «robusto, con corbata —con mujer e hijos— y además, en el bolsillo, con qué pagar su análisis». Corre, buen hombre, recupera tu infancia, la resiliencia está detrás de ti.

Entonces flamearon los frágiles Iconos, la Imagen-de-la-pareja, el Amor-del-padre. El análisis que comenzaba me reveló una pasión descompuesta, perturbadora, por mi madre. Desde el hueco del diván, hilvanando palabras, el pasado regresaba. Mi consentimiento al ritual de los cuidados maternos. El veto paterno contra el deseo a mis seis años de ser médico. La guerra. Los arrestos. La mano que me suelta y me deja la vida. La mano que me recoge. Y esos Desaparecidos que nunca terminan de desaparecer y que a veces frecuentan las calles. Sobre todo: la mancha de un trozo de tejido amarillo en el revés del abrigo; el cuello que levanto para disimularla —gesto inmediatamente reprobado... Demasiado tarde. Ya está allí la vergüenza.

Así es como encontré la disciplina freudiana.

¿Por qué haberle resistido durante tanto tiempo? Aunque el título de un ensayo de Loewenstein, *Psychoanalyse de l'Antisemitisme*, ya me había puesto en la pista: eso también se analiza. ¿Y cómo tomar la afirmación, al principio de mi cura, de que no quería ser analista? ¿Que no soportaría los propósitos antijudíos de un analizante? De *eso* no se habla, era mi consigna, y que permanezca velado lo que yo consideraba como una infamia. ¿Puede uno satisfacerse de su infamia? Eso también se analiza. En un momento de desconcierto descubrí mi imposibilidad para evocar mentalmente las palabras con las que, en la lengua de mi primera infancia, llamaba a padre y madre y por los que me había asegurado por mi cuenta su supervivencia. Entonces supe, por haberlo perdido, lo que era, lo que había sido «la alegría de los sonidos» (Michael Edwards), que ya no estaban. Los «desaparecidos», como se dice de un nubarrón que no puede retenerse, se habían disipado. Yo era huérfano de una voz que se había vuelto áfona. Huérfano, para lo mejor.

Se lo debo al psicoanálisis.

FRANÇOIS WAHL
Filósofo, editor

LA DISIDENCIA DEL SUJETO

1. Los psicoanalistas, o la comunidad psicoanálitica suponiendo que exista, son gravemente responsables de la ofensiva sociomediática de la que son víctimas por haber permanecido pasivos frente al aumento de las corrientes cognitivas: eran ellos quienes debían iniciar el debate, lo que quiere decir tomar conocimiento de los textos y de las prácticas, trabajarlos, demostrar sus insuficiencias y su fragilidad conceptual. He tenido oportunidad de constatar que quienes quisieron suscitar la discusión de fondo son las dos partes, que se esconden dudosamente. Eso no excusa a nadie. Y menos aún a aquellos cuya competencia epistemológica es reconocida por todos.

2. Los textos, en su mayoría anglosajones, son muchos y fáciles de encontrar: sólo bastaba leerlos. El rasgo constante es la diferencia entre la puntualidad de un microtest o la particularidad de una práctica adaptadora y la desmesura de las conclusiones fundadoras que se pretende que se extraigan de ello. A cada paso se comprueba la ingenuidad epistemológica de este nuevo positivismo. Verificarla era lo más fácil.

3. Por más que implique, en última instancia, retomar las determinaciones materiales, es decir, neurológicas, y en definitiva *cerebrales*, de ciertos trastornos psiquiátricos, el psicoanálisis nunca tuvo nada que objetar a eso. Y vuelvo a ver a Lacan diciéndome, en la esquina de las calles Jacob y Saints-Pères —diciéndome sustancialmente, no pretendo citarlo palabra por palabra—: nada excluye que se descubran las condiciones orgánicas del material psiquiátrico, eso no resolverá el modo sobre el cual se organizan, para el *parlêtre*, neurosis o psicosis. Con eso estaba todo dicho. Y sabemos cómo la resolución puramente material de un trastorno deja al paciente en vías de «curación» totalmente *alienado*, que le retira su condición de sujeto, consciente y amo de sí mismo. ¿Hay que recordar los tiempos de los electroshocks?

4. Por más que se trate de la adaptación, la distinción debe hacerse entre la relación concreta del *infans* con su medio, en el período de los prime-

ros aprendizajes, donde toda experiencia bien fundada merece ser retenida —se sabe que la práctica cognitiva ha marcado en eso puntos de eficacia— y el *ideal* adaptador como clave de cualquier intervención curativa. En la primera acepción, la adaptación se entiende como regulación necesaria de las relaciones esenciales con el medio objetivo; en la segunda acepción, se trata de una reducción forzada por el modelo *social* del cual el responsable de la cura se autoproclama testigo. Modelización de la que el propio psicoanálisis resulta ser responsable, bajo la especie de la *Ego Psychology*. Tal como decía Lacan, cuando se está en eso, no se está muy lejos de resbalar de la cura a la prefectura de policía. La finalidad propia del psicoanálisis, y sólo de él, es la resolución de un sujeto que ha tomado la medida de lo que es, tal como es, y la aptitud para sacar partido de lo que es. Lo que el psicoanálisis objetará siempre a los dispositivos comportamentalistas es que pueden hacer a un individuo «cómodo», no problemático desde el punto de vista de la comunidad, pero una vez más un sujeto radicalmente alienado: armado porque ha sido manipulado.

5. Es patente que la agresión de la que es objeto el psicoanálisis acontece, por el triple índice del cientismo, por la adaptación, y aun por la carrera de las subvenciones, en un momento de la americanización de la sociedad. Es patente que los que emprenden este camino deben responder del modelo del que se hacen los agentes militantes. Y es patente que, haciéndolo, participan del derrumbamiento de lo mediato de la idea por lo inmediato de la eficacia: sí o no, ¿es en función de lo que acepta o rechaza, de lo que es su deseo y de la idea que de él manifiesta, como un sujeto responde de su nombre? Por ese camino, el debate ya se vuelve político y, por lo tanto, filosófico. En un mundo donde el rendimiento de la economía china enmascara un nuevo dispositivo del trabajo forzado, donde el individualismo occidental ciega simétricamente la sujeción a consumir tanto como la industria lo requiera, ¿no es acaso sólo la disidencia la que puede ser liberadora?, y ¿dónde se ve que una disidencia sea fundadora si ella no apela a la objeción de las coyunturas por medio de la idea? Solamente hay sujeto si es testigo de una idea.

6. Es desde ese ángulo que debe ser abordado el debate sobre la «eficacia» de la cura. En el campo de la psiquiatría igual que en el del psicoanálisis, la «curación» no existe, o bien es un término inadecuado. Una disidencia

de estructura —disidencia interna a la estructura, en disidencia con ella misma— conduce a un bloqueo existencial que la cura bien puede o no puede resolver; sin duda hacer la existencia «posible» no es poca cosa: pero esa poca cosa no deja de ser un fracaso si se paga con un aplastamiento de la estructura, en donde todo «decir-Yo» es alienado; y lo propio del psicoanálisis es requerir la asunción de la estructura: no «curar» de eso, sino hacerla operativa, ponerla a disposición del sujeto. Que eso sólo sea posible por la confrotación con un retorno del Otro de la identificación y con un valer —para Otro—; dicho de otro modo por la conciencia de que solamente hay sujeto en el campo de los Otros y de la ley —es lo que prescribe el procedimiento analítico—. De lo que se induce que su acierto, cuando existe, no es hacer anarquistas, sino más bien disidentes irreductibles, mantenidos en la fidelidad de lo que hay de propio en su sujeción a su historia y a la ley. Sin que —precaución que, debemos convenir, no siempre ha asumido— le corresponda al psicoanálisis hacerse el Otro de la ley.

Es en eso en lo que la empresa analítica estará siempre fundamentalmente ajena a una determinación sociopolítica, aun en los tiempos en que da a la sociedad los recursos que más necesita: sujetos disidentes.

7. Todo el pensamiento contemporáneo debe al psicoanálisis —y al lacaniano más que a ningún otro—, el haber hecho caso omiso de un concepto idealista del sujeto de haber demostrado su estructura del sujeto y de haber puntualizado con ello cómo el sujeto suscribe ese discurso que debe portar, siendo que ese discurso porta al sujeto. En consecuencia, el análisis es todo lo contrario de la ruinosa destitución del sujeto inscrita en el corazón de las prácticas neurológicas y comportamentalistas. La finalidad del análisis es poner luz sobre lo que *puede ser*, propio para cada uno, el sujeto. Lo que, como sujeto singular, tiene para ser.

Queda por mostrar —pero aquí el psicoanálisis se detiene y es la filosofía la que toma la palabra— que el sujeto no designa una individualidad como tal, sino que es quien responde de una idea, el testigo del enunciado, del cual él es el suscriptor.

GÉRARD WAJCMAN

Psicoanalista

GÉRARD

En un libro sobre las ventanas, busqué definir las condiciones de posibilidad de ese núcleo subjetivo que llaman lo íntimo. Yo suponía que no era un don, que lo íntimo tenía una historia y una estructura. Yo lo he circunscrito como un lugar, de esencia casi arquitectónica, el espacio donde el sujeto puede estar y sentirse fuera de la mirada del Otro. Esto toma forma en el Renacimiento, en el arte, en particular con el nacimiento del cuadro como ventana abierta, que lleva a cabo la idea de que el hombre de allí en más tiene derecho de mirada sobre el mundo. La posibilidad de lo escondido no es simplemente una conquista, es una condición del sujeto: sólo hay sujeto si éste puede no ser visto. Sin la posibilidad de la sombra no hay sujeto que piense, luego, que exista. La sombra es el lugar mismo del sujeto. Definido de este modo, lo íntimo no está simplemente relacionado con la psicología o con el derecho, sino con la política. Lo íntimo es la salida de un combate, implica una relación de poder al poder, más exactamente: una separación. La condición de lo íntimo está inserto en la posibilidad para el sujeto de sustraerse al poder de otro omnividente. Esta dimensión política es cosustancial a la noción de íntimo a través de sus variantes históricas. «Íntimo» no hace más que nombrar esa parte de lo más interno (*intimus* es el superlativo de *interior*), implica el secreto en su definición misma. Ese diseño de lo íntimo se superpone a la doctrina de las libertades que Jean-Claude Milner dice fundada en la fuerza, ya que hay, según eso, sólo un garante para las libertades reales, que es material: el derecho al secreto. Lo íntimo se recorta sobre el fondo de otro que amenaza ese derecho, potencialmente inoportuno, indiscreto, intruso o invasor —que quiere ver todo—. En la época romántica, lo íntimo tomó un color que ha bañado el invento de Freud, delimitando lo que es estrictamente personal y que se mantiene oculto, particularmente lo que toca a la sexualidad. Es tanto como decir que el psicoanálisis es relativo a la existencia de lo íntimo, ese repliegue del sujeto, ya no para forzar la confesión, sino para abrir al sujeto la posibilidad de incluir al analista en su secreto y de ocultarlo en la intimidad de un consultorio con puertas y ventanas cerradas.

El derecho al secreto traza la frontera de lo íntimo. A partir de allí hay tres estados posibles de la frontera. O bien permanece hermética, instituyendo y preservando dos espacios disjuntos, dejando al sujeto fuera de la influencia del Otro. Libertad real. O bien el Otro quiere poner allí el ojo. Es un tiempo inquisitorial. Es el tiempo, por ejemplo, de la videovigilancia. Policial, urbana, que está ahora más que generalizada: planetaria, ya que unos Big Brothers satelitales nos miran día y noche —como puede verse cómodamente pulsando en «Google Earth» (http://earth.google.com/). En verdad, hemos entrado hoy en el tiempo de una ilimitación de la mirada del amo, sostenida por la técnica. Técnicas de vídeo, perfectamente oficiales y consentidas, que sirven para las estadísticas de medición de audiencias, permiten saber, a demanda de los publicitarios en qué momento alguien deja su sillón para ir a orinar. La sofisticación de la técnica se desarrolla fundamentalmente buscando dar medios cada vez mayores para violar las fronteras de lo íntimo. La evaluación es del tiempo de esa mirada intrusiva. También puede ponerse en la serie la explosión de las imágenes médicas, no en ellas mismas, que por supuesto es un provecho, sino en lo que engendra y alimenta el fantasma de una transparencia absoluta del sujeto. Resulta que la radiografía nació el mismo año que el psicoanálisis, en 1895. Abriendo a la medicina, después del nacimiento de la clínica, la posibilidad completamente nueva de un cuerpo vivo enteramente transparente, uno no se sorprenderá de que en la misma época de su nacimiento, el invento de Wilhelm Rontgen haya suscitado ciertos sueños en los médicos, en particular que la radiografía sería un rival natural del psicoanálisis, que haría obsoleto al mismo Freud porque a partir de ese momento se tenía, gracias a los rayos X, el poder de observar en directo los movimientos secretos del alma. De paso, es divertido notar que la primera imagen hecha por Rontgen, en 1895, fue la de la mano de su mujer, y que lo que primero se ve es la sombra negra de su alianza; así que lo primero que revela la primera imagen del interior del cuerpo de una mujer es la presencia de un hombre, de un marido —para quien ella no podría tener ningún secreto.

Podría decirse que lo que en otros tiempos era la omnividencia de Dios se ha vuelto hoy el atributo de la Ciencia. El sujeto que antiguamente era visto hasta el alma hoy es el sujeto del escáner, de la medición de audiencia y de «la autopsia psicológica». Lo íntimo, que se definía por ser ventana cerrada a la mirada, hoy se ausculta incesantemente y sus fronteras se traspasan o se borran.

Queda aún otra manera de traspasar la frontera. Puede que el sujeto decida rebajarla él mismo, abrir su intimidad, o abrirse de su intimidad, que hable de ello o que la exponga. El psicoanálisis responde de ese deseo. No se trata aquí para el sujeto de una renuncia de su derecho al secreto, solamente de cierto ejercicio de ese derecho. El derecho a guardar silencio, como se formula en las películas policiales americanas cuando se produce un arresto, no obliga a callarse —se caería, pues, en el totalitarismo según Lacan—: todo lo que no está prohibido es obligatorio. El arte y la literatura hoy son también un lugar del ejercicio de esta libertad. Ese salto puede recubrir toda una serie de formas —pornografía, exhibicionismo, confidencia, confesión—, ya se trate de *La vida sexual de Catherine M.*, de las películas de Larry Clark, de las fotografías de Nabuyoshi Araki o de las de Nan Goldin. Además de decirse en el secreto de un consultorio, lo íntimo hoy se expone extramuros, en los muros de los museos. Yo agregaría: sin vergüenza ni provocación. Luego, sin preocupación por lo sagrado. Es exactamente eso lo que marca hoy la exposición de lo que correspondería a la categoría de las «imágenes vergonzosas»: que se expongan sin vergüenza. Eso es tanto como decir que ese arte y esa literatura son, desde el tiempo del triunfo del psicoanálisis, el indicio mismo de cierta victoria del decir todo, como señalaba Jacques-Alain Miller. Pero aquí y allá, todavía lo que se ejerce es el derecho al secreto, que es también para el mismo sujeto el de romperlo. Se trata de permitir al sujeto decir lo íntimo, y no de arrancarlo. Pudo pensarse que el psicoanalista que apela a decir todo, después de todo no hacía otra cosa que ejercer a su vez el poder de forzar la confesión. La verdad es que el consultorio del psicoanalista es el lugar mismo de lo íntimo. No es por nada que con el diván más bien parece un dormitorio que un consultorio médico. El consultorio se convierte en el lugar mismo de lo íntimo del sujeto, es decir, que responde a su definición, en lo que ningún Otro tiene allí derecho a mirar. La palabra libre es con esta condición. La apatía del psicoanalista también es eso: debe ser como su diván, «profundo como una tumba». Y después Lacan habrá llegado a hacer del propio psicoanalista un objeto, no causante, sino también el objeto más íntimo del sujeto, osito o peluche El psicoanalista no arranca nada de lo íntimo: lo encarna. Por eso, cualquier intención de hacer un peritaje en el consultorio analítico es, quiérase o no, una amenaza vital contra el psicoanálisis y la palabra libre. El psicoanálisis no es solamente contemporáneo y amigo de lo íntimo, es su garante. Debe serlo. Espacio en el que el sujeto puede estar y sentirse fuera de la mirada del Otro: eso define lo íntimo tanto como el psicoanálisis.

Yo me acuerdo muy puntualmente del día en que la cuestión de la mirada se convirtió en *mi* cuestión —aun así me llevó cierto tiempo darme cuenta y aun cuando ello orienta mis intereses intelectuales—. Un día, olvidé mis gafas sobre el escritorio de mi analista. No hace muchos años de esto. Gafas de ver, muy bonitas, de carey, que mi hermano mayor, y amado óptico, me había hecho. Al darme cuenta en la calle, la cosa me ha más que perturbado, porque no sólo quería esas gafas, sino que me preocupaba todo el tiempo de llevarlas conmigo. Es decir que, salvo ese día, nunca las perdía de vista. Algo un poco exagerado en relación con mis problemas de vista más bien moderados. A pedido mío, se me había descubierto simplemente cierto astigmatismo, apenas un motivo para usar gafas. Curioso defecto el astigmatismo, afecta el poder separador del ojo, en cierto sentido tiene que ver con lo distintivo. Donde más frecuentemente se nota es en la lectura, en el dibujo de las letras. Había, pues, olvidado mis gafas en el consultorio de mi analista. En la siguiente sesión, las vi sobre el escritorio. Él no me dijo nada. Yo no las cogí. Nunca más volví a tenerlas. Debo decir que, de golpe, ya no las necesitaba para nada. Puede decirse razonablemente que el psicoanálisis me curó de un desorden visual. De golpe, el psicoanálisis ha hecho de mi desorden una cuestión, un objeto que me ocupa, que me mantiene con los ojos abiertos. No se trataba de los efectos de la edad, por otra parte bastante limitados en este sentido, ni siquiera hoy necesito en verdad gafas de ver. La mayoría de las veces no las uso. En cambio, desde hace mucho tiempo, soy un apasionado de las gafas de sol. Demasiada luz me choca, es un hecho. Soy bastante difícil en cuanto al estilo y la calidad de los cristales, algo que puede fastidiar un poco a mi hermano, que me las regala con toda generosidad, pero, además de sus cualidades ópticas, quiero que sean gafas negras, quiero decir que sean lo suficientemente oscuras como para que mis ojos no se vean. Un día, entonces, olvidé mi par de gafas en lo de mi analista. Era poco tiempo antes de percatarme, con extrema sorpresa mezclada de júbilo, que Gérard, mi único nombre, terriblemente francés, era el anagrama perfecto de *regard*.*

ROGER WARTEL

Profesor de psiquiatría, psicoanalista

UN HUESO IRREDUCTIBLE

Estrasburgo, 1960.

La neurología está en el candelero: examen clínico afinado, nuevas técnicas de exploración funcional, enseñanza de métodos y de rigor ejemplares. Estábamos en un mundo de excepción. Para acceder a una carrera, era conveniente, sin embargo, hacer un curso durante un año como internado en psiquiatría. Ya no la neuropsiquiatría, porque la verdadera psiquiatría ya existía en Estrasburgo desde 1871. Así es la historia. El mismo Kraepelin fue su titular durante poco tiempo. Entonces, desembarcábamos en la clínica psiquiátrica en pleno corazón del Centro Hospitalario Universitario, a unos cien metros de las cirugías y del templo de la anatomía.

¡Sorpresa, sorpresa —lo que se oye por aquí—! ¡Algo impensable! Théophile Kammerer, René Ebtinger, Lucien Israel: otro universo, otro discurso. El método clínico, el debate sobre los casos, todo es diferente, de repente desfasado, impregnado de una pasión cierta y de referencias inauditas: Eugen Bleuler, Ernst Kretschmer, los vecinos de Fribourg y de Heidelberg, los sucesores de Karl Jaspers, pero también la tradición de la Facultad de Letras y de Ciencias Humanas de Estrasburgo con Daniel Lagache (antes de 1939), después Juliette Boutonnier hacia 1946, Didier Anzieu, Georges Lanteri-Laura. Pero sobre todo Freud. Cuidado, Lacan todavía no está allí, al mismo nivel: París está muy lejos y los *Escritos* publicados nos llegarán recién en 1966. Sin embargo, teníamos

* Mirada. *(N. de la t.)*

nuestros grupos de lectura, de traducción, de control: un fermento. Sobre todo, sutiles presentaciones clínicas, opuestas a la aridez necesaria y felizmente indispensable para el encuadre neurológico. Había algo muy atrapante en no reducir un drama, un sufrimiento extremo, una catástrofe delirante a una rúbrica nosográfica avalada, es decir, no *bricolé* como lo fue luego. Estaba comprobado, puntualizado, que si se sabían utilizar las categorías no se las debía despreciar, ni hacer un empaste o un cauterización. Es así como en pocos días el neurólogo se despega, atrapado por ese discurso impensable. Adhiere, quiere hacerlo suyo inmediatamente, en el ardor y la voluntad de cambiar algo en las enseñanzas destinadas a los nuevos internos, a los externos. ¡El proselitismo se ejercitaría en el imperio del internado!

Ese clima excepcional será el aguijón de un oficio marcado por esa necesidad forzada de arrastrar a los estudiantes hacia una clínica que no reniega del valor de las clínicas médicas, pero que localiza la originalidad del caso, la sutileza de esos síntomas que insisten y se sustraen a la curación, la imposición de la transferencia. Sólo bastaba estar en el lugar de enseñante, porque ése es exactamente el resorte. ¡De golpe la extrañeza al comprobar que el auditorio en general se siente tocado, o a lo mejor sólo rozado por lo que nos llega progresivamente de la enseñanza de Lacan! Estamos en 1970-1975, y la soledad de provincia pronto empieza a pesar menos porque otros compañeros comienzan a manifestarse y a confirmar por su práctica y su propia radiación que el asunto vale la pena.

Ante la evidencia, visto hoy, todo eso no sería más que chispazos de encuentros plurales, que llegarían a sostener un proyecto y después a mantenerlo.

Un encuentro más preciso con el psicoanálisis habría podido curar ese síntoma en ocasiones invasor del círculo familiar. A pesar de ese drama absoluto, el síntoma no se cura en la indiferencia —«solamente es eso»— o el borramiento. El entusiasmo todavía no ha sido enjugado, encallado, ni por los hechos ni por el análisis. Se mantiene, como un hueso irreductible.

IRIS ZAVALA
Escritora

FREUD Y EL ESPÍRITU DE LA MODERNIDAD

Leer a Freud

Comienzo por confesar que Freud forma parte de mi desarrollo intelectual y de mis búsquedas para entender la creación estética y la modernidad, abrumada ya de las recetas de la filología clásica. Me interesaba el lenguaje, la apuesta por una nueva poética, la comprensión de la telaraña de signos que nos rodean y que nos hacen, y forman parte de nuestro estar en el mundo. Comencé a leerlo de adolescente, y luego más seriamente en la década de 1960, después de haber publicado mi primer libro sobre el teatro de la conciencia en Unamuno (1962), atenta aún a los problemas que este autor me sugería y a los problemas de la modernidad, una de mis mayores preocupaciones. Mi primera lectura adolescente fue *El poeta y la fantasía*, pues quería abrirme caminos en la comprensión de la palabra poética de la modernidad. De ahí, es de rigor que continuase años más tarde con *La interpretación de los sueños*, *Lo siniestro*, *El chiste y su relación con el inconsciente, Totem y tabú*, y el magistral *El malestar en la cultura,* así como la *Carta a Einstein sobre la violencia y la guerra.* Poco a poco fui recorriendo aquella enmarañada y compleja escritura, que transitaba por caminos desconocidos, pero que nunca se alejaba de la creación artística. Bien fuera Leonardo o Dostoievski, los textos de Freud me enseñaron a tomar en cuenta el lenguaje, la palabra, el discurso, de una manera novedosa.

Estas perspectivas se enriquecieron a partir de 1980, cuando descubrí a Lacan, cuando aparecieron los *Escritos* en inglés. Durante los años subsiguientes fui leyendo los seminarios, y debo decir que me impresionó notablemente el de las psicosis, extraordinaria reflexión sobre el lenguaje. Con el moderno Freud y particularmente nuestro contemporáneo Lacan, desde la filosofía a la ciencia misma, a la historia, la literatura, las artes y la teoría del lenguaje se enriquecen. ¿Qué sería de la lingüística y las disciplinas afines si incorporasen las lúcidas observaciones lacanianas sobre el lenguaje del seminario de la psicosis? Las llamadas ciencias del lenguaje se enriquecen si establecemos su relación con el goce, y algo más importante aún: ambos —Freud y ante todo Lacan— me han permitido lecturas retroactivas de los textos que sacan a la luz otros mensajes, y una escritura del futuro anterior en mis textos de ficción. Prosigo.

Toda una teoría del alma humana y la cultura surgieron a partir de mis lecturas, pues Freud trasladó una serie de fenómenos psicológicos y sociales y los expuso de manera inusitada, planteándose la sexualidad como tabú, como aquello que interesa pero se silencia. Mi mayor descubrimiento fue la cadena de envíos a otros discursos; leer a Freud es leer otros textos, con los cuales dialoga o polemiza. De Shopenhauer a Nietzsche, de Platón a Aristóteles, a la Biblia, Lacan se paseará por toda la historia del pensamiento y la cultura, de tal forma que toda la corriente innovadora del pensamiento occidental se da cita en sus textos, en un complejo entramado de palabra referida, se relaciona con la interrogación dirigida al texto sobre lo que puede darnos, lo que tiene para respondernos. La lectura de Freud se sitúa en esta encrucijada, propicia una apertura del texto que revoluciona los modos de lectura. Todo el problema radica en percatarnos de la relación que liga a ese objeto; relación privilegiada que nos conduce una vez más sobre ese manejo de verdad (y mentira) en el que nuestra subjetividad se inscribe en los textos. Pero sabemos que lo propio de las verdades es no mostrarse nunca completas —son unos sólidos de una opacidad pérfida—. Hay que darles la vuelta, y aun la vuelta del prestidigitador.

Freud me obligó a repensar retrospectivamente lo que representa la ética; una de sus más lúcidas manifestaciones es su manera de abordar a la mujer, y a la literatura. Desde el primer trabajo que leí en mi madurez para orientarme en el vasto mundo de fin de siglo al que he dedicado años de estudio, me admiró cómo creaba el vienés los conceptos originales necesarios para ordenar el campo nuevo que descubría, el inconsciente. Introduce cada uno de sus conceptos con un mundo de preguntas de tal forma que cada uno de ellos es un texto problemático, lo que implica que leer a Freud es volver a abrir las preguntas. Entre los modernos es quizá también el más incisivo, y sin duda el pensador que giró su mirada hacia el ser humano y su infelicidad en el mundo. Es necesario, en este punto, hacer vivir este texto sobre el malestar en la civilización con lo que le sigue y con lo que le precede. Los acontecimientos que le siguen, no hace sino corroborar sus planteamientos. Freud me ha ayudado a comprender lo que significa interpretar y la estrecha relación entre el acto de lectura y la ética. Su pensamiento en movimiento siempre me abrió caminos, ante todo para vincular el acto de escritura con la responsabilidad ética. El secreto del impacto estético no sólo está en captar la perfección de la forma, ni tampoco en la satisfacción que tal perfección proporciona, sino en el encuentro con una palabra que nos permite captar la contingencia. Leemos entonces cosas muy singulares: que la obra de arte pone en obra la verdad, que nos induce a tomar seriamente el mal y afrontar su enigma. Para ello hemos de observar fascinación por la opacidad del lenguaje poético, y esa noción fundamental —tal vez la mayor aportación de Freud a la teoría y a la filosofía del lenguaje— de que el ser humano se constituye como dialéctica del cuerpo y de la palabra.

Para mí Freud vuelve una y otra vez a formular la pregunta de la palabra y la alteridad, y las relaciones entre la palabra y el discurso. El lenguaje irá aportando la noción misma de estructura, de división entre el yo y el otro; este problema de heterogeneidad radical lo conducirá también al estudio del lenguaje y a la semiótica. Podríamos decir que es un semiótico *avant la lettre,* en su empuje hacia la metáfora y la metonimia como resortes del sueño. Tomadas en este registro, muchas cosas se aclaran, por ejemplo, la entrada al estudio del lenguaje y la palabra, intentando trazar las distinciones. Lo que se va esbozando en estos años es el desarrollo de su *metapsicología*, para dar cuenta de la estructura misma del lenguaje. Me sentí profundamente atraída por este discurso analítico, que me ayudó a ver cómo en la escritura poética se está sujeto al significante y algún real se pone ahí en juego. Lo que más me entusiasmó (y me sigue maravillando) es su manera de enfocar la modernidad, porque Freud es un moderno, y un moderno crítico de la modernidad. De su mano, comencé a comprender la orquestación finisecular y me adentré en la dimensión urbana, el lugar asignado para estos discursos; allí el impacto modernizador penetra en las vertientes de la tradición en juegos dialécticos de absorción, resistencia y transformación. Aludo a la semiotización extrema del mundo, consecuencia del mercado capitalista y de la transformación de la realidad en el puro valor de cambio. Los verdaderos escenarios fueron París, Viena y

Berlín. En este conglomerado de ideas, Freud —creo— es un escritor que no ha perdido la capacidad de atraernos, cuando consentimos a aproximarnos, pero su propia novedad, lo arriesgado de su método, hacen casi inevitable el pánico que produce incluso hoy. Encontraremos en sus textos una especie de laboratorio teórico en el que se disuelven los viejos discursos, al tiempo que crecen los nuevos, como el del inconsciente, y la teoría de los sueños que tanto impacto tuvo entre los artistas. Delirios de libertad política y sexual se ven confrontados en sus escritos, en vasta polémica contra la moral. La lectura de cualquiera de sus aportaciones se despliega lenta y vacilante, ardua a pesar de una fascinación cierta. Ningún escritor se aventuró como él por los caminos del exceso, del dolor humano, o la sexualidad. Su obra es para mí paradigma de la más desgarradora lucha contra las formas más totalitarias del poder, y contra los discursos estereotipados y vacíos que hoy invaden nuestra desorientada subjetividad. Y es que Freud conoce profundamente los problemas sociales, políticos y filosóficos de su época, y nos alerta contra toda utopía en su magistral *El malestar en la cultura*, que debiera ser lectura obligada, acompañada de las relecturas lacanianas que nos hacen ver con mayor claridad su incidencia en el presente y en el futuro. Lo que se me ha hecho evidente es la riqueza que ofrece el psicoanálisis en la tarea del pensar.

La Viena de Freud

Hilemos fino. Al declinar el siglo XIX cambian los modelos sociales en Occidente. En la Viena de Freud se inicia un desenmascaramiento de esta crisis: los escritores y pensadores denuncian la insuficiencia de la palabra, y el naufragio de un sujeto impotente para poner entre sí y el caos vital, la red del lenguaje. Los artistas problematizan la concepción tradicional del mundo, y plantean serios interrogantes sobre las ciencias, sobre todo la llamada filosofía del lenguaje, imposible de sostenerse en la objetivación, que la reduce a mera convención operativa. Se plantea un saber hipotético, que para Musil define el nuevo orden del saber, y el viejo sistema de representaciones es ahora objeto de la más radical de las sospechas; el nuevo saber deja en suspenso todos aquellos sistemas heredados e inaugura un nuevo orden. La estrategia los lleva a construir otros lenguajes, nuevas gramáticas filosóficas, científicas o artísticas, en una estrecha relación de instancias y necesidades éticas.

En este impulso cabe situar los neologismos freudianos, su nueva concepción del mundo y de la vida en la que ética y estética están ligadas, pero haciendo hincapié en que el ser humano ha creado las instituciones, las normas y leyes, los sistemas políticos para controlar la destructora agresividad humana, haciendo posible así una forma de progreso que en nada nos acerca a la felicidad. Esta perspectiva es la que encontramos en una amplia tradición que recorre por igual filosofía y literatura, política y arte, y está presente en la obra freudiana. Mejor aún, es el trasfondo de su obra. La de Freud, es la Viena de la Wiener Sezession, del Karlsplatz; la de los cafés, de un gran dinamismo y riqueza intelectual. En esa Viena agonizante se siente al máximo el vértigo de la exasperación de la crítica, y la enorme dificultad de colocar alguna baliza del padre como ley del discurso mismo. En este clima, aparece fulgurante la figura de Sigmund Freud. Con él se descentra el sujeto, y el inconsciente toma su lugar, y su pertinaz determinación. Un verdadero *zeitgeist,* o estado de espíritu común, se apodera de los intelectuales y artistas alemanes. El ataque, consciente o inconscientemente, se dirige contra los modelos de un arte todavía representativo del ilusorio sueño liberal burgués: el naturalismo, el impresionismo, el paisajismo pastoral y sus múltiples derivaciones son blanco de los expresionistas. Contra la armónica *impresión* tranquilizadora proponen la salvaje *expresión* visceral de lo subjetivo; contra las coordenadas de lo bello, la crudeza de la fealdad, contra lo espiritual y angélico en el arte, lo sádico y demoníaco, lo cruento, lo que escapa tanto a las virtudes teológicas como a esa moderna teología de la razón.

Contradicción, paradoja, discurso y contradiscurso, moralismo y laicidad, matrimonio burgués, homosexuales, «mujeres de la noche» son el entramado finisecular. En mis lecturas fui descubriendo cómo se levanta un poderoso discurso moralista en este ambiente de fin de siglo, que alude a la ciudad enferma; la medicina y la iglesia levantan su voz para describir y censurar estos excesos: histeria, enfermedad, degeneración. Temas como la condición femenina, el adulterio y las relaciones entre los sexos tenían especial relevancia en el teatro del noruego Henrik Ibsen y del sueco

August Strindberg, obsesionado también —como Kierkegaard— por los complejos de pecado y culpa y por los estados patológicos de la mente. En la década de 1890, escritores y científicos sociales mostraron un evidente interés por temas como la histeria, la criminalidad (a raíz de los trabajos de Cesare Lombroso) y la psicopatología sexual, desarrollada por el alemán Krafft-Ebing y por el británico Havelock Ellis. La publicación en 1892 del libro *Degeneración*, del médico húngaro Max Nordau, donde sostiene que la cultura de su tiempo estaba patológicamente degenerada, es un ataque frontal a la modernidad. Identifica al genio con la degeneración y la enfermedad e instituye un modelo de lectura sobre la relación paradójica y contradictoria entre la degeneración física y moral y las producciones simbólicas. Condena el arte moderno, considerándolo decadente, enfermizo, frívolo y afeminado. En definitiva, se construye un discurso regenerativista que está en el trasfondo de la actual compulsión a normalizarlo todo, como si la enfermedad no fuera un signo, una llamada del cuerpo. Todo este entramado me permitió comprender el porqué de la gran polémica freudiana contra la moralidad e hipocresía.

Y para mí, Freud reina entre todos estos discursos de la modernidad, y me ayudó a verla bajo otra luz. Comprendí así muchas de sus preocupaciones, pues en aquella urbe moderna salen a la superficie: la homosexualidad, el safismo, la histeria, síntomas que se entendían como una grave enfermedad moral, una profunda crisis espiritual de la sociedad europea ante el fin de siglo. En realidad, lo que sucedía era que la sociedad comenzaba a conocer aspectos de la naturaleza psíquica del ser humano, previamente ocultados y silenciados por la ignorancia, las convenciones o la hipocresía. Para mí ésta es la aportación de Freud en un momento en que la decadencia era el significante amo. Entre todas las preguntas que, con este vertiginoso cambio de espíritu, iban surgiendo, venían las aclaraciones, matices, críticas que la obra de Freud introduce con asombroso tino. Si no lo hubiera leído creo que no habría podido comprender las marejadas del discurso de fin de siglo.

Su voz se eleva contra las voces que construyen un poderoso derecho de castigar cuanto se defina como inmoralidad. Inmorales son, claro, los artistas que ya no creen como los otros. La sociedad se transforma en un gran aparato social, de vigilancia. Vigilar y castigar; así las reuniones de los salones se denominaban «Misas Negras» cuando no bacanales, lo que en realidad eran unas veladas de lecturas poéticas, literarias, semiteatrales, cuadros vivientes, en las que intervenían personajes de la aristocracia y la cultura y jóvenes estudiantes. En cambio, en los medios de comunicación se las describía exclusivamente como ocultas orgías donde se combinaban sexo, rituales satánicos y hasta sacrificios humanos. ¿Y qué de la histeria? Sin Freud y su diván, y su escritura, tendríamos una imagen terriblemente distorsionada. Por estas fechas de rigores positivistas, la histérica se describe como una mujer convulsiva, atacada de furor uterino y entregada a una sexualidad desenfrenada en paroxismos y gestos que articulan el cuerpo fragmentado. Toda una escenografía histriónica acompaña la sintomatología de la histeria. Freud da, de nuevo, un viraje y el cuerpo de la mujer es entendido como trazos de escrituras superpuestas. Pero no es la única referencia a la sexualidad, pues ya desde la Ilustración ha ido cobrando peso la cuestión sexual y aparecen por vez primera conceptos tales como onanismo y ninfomanía en un intento de explicar una serie de dominios —literario, corporal y económico— amenazados por la imaginación desbocada y los nuevos placeres que prometían las patologías de la ficción novelística. ¿Hemos de olvidar que el gran moderno, Baudelaire había aprovechado en sus prosas —*Fusées* (1862)—, se identifica con la enfermedad de la modernidad: «J'ai cultivée mon hystérie avec jouissance et terreur... 23 janvier 1862». Nietzsche, por su parte, en *El nacimiento de la tragedia* (1872), había trazado analogías entre la histeria y las óperas wagnerianas.

Con el desarrollo del naturalismo radical decimonónico toda esta experiencia individual de la modernidad empapa y envuelve como una atmósfera. La *histeria* adquiere carta de ciudadanía durante el siglo XIX positivista, muy especialmente en el trabajo de Charcot, en plena efervescencia anarquista y naturalista. Curando pacientes histéricas (en particular el famoso caso Dora), Freud desarrolló el método psicoanálitico. A partir del vienés, este útero, causa de la enfermedad, no será otra cosa que la libido, y los desplazamientos del útero a lo largo del cuerpo se convertirán en las distintas conexiones y sustituciones del significante. Histéricas son Madame Bovary, Ana Ozores (*La Regenta*); de la histeria tratan Zola, Balzac, *Una vuelta de tuerca* de William James, Colette, Virginia Wolf; «Histeria» es tema de un poema de T. S. Eliot. En realidad, se trata de la mujer y la enfermedad. Surge además una literatura erótica y lo que hoy se llamaría una literatura lésbica y gay.

El malestar en la cultura

Lo que a mí se me ilumina a partir de Freud es lo erótico, que no se disfraza, sino que se construye retóricamente. Los deseos transgresores del cuerpo se manifiestan estéticamente; la mirada hace el cuerpo legible, entre la imagen y la fragmentación textual media el erotismo de la representación. Lo que los artistas nos figuran es el goce. A la luz de la noche urbana se perfila el terreno, y la singularidad de los códigos de amor se adentra, estremeciéndose, en el espesor tembloroso de la muerte. Pero la feminidad es el misterio a desvelar, como el famoso caso Dora de Freud, texto *princeps* de la histeria.

Lo cierto es que al despuntar el siglo xx hay una eclosión de escritura de mujeres, y una escritura subversiva que llega hasta el presente. Hacia 1900 la explosión es evidente: Nora y Dora quieren ser libres y hablar. En síntesis: el fin de siglo xix es uno de libertades, con un subsuelo profundo y sólido de nuevas técnicas de control. Los estudios de Freud son una respuesta de orden bien distinto; su obra da un giro fundamental a los discursos médicos, religiosos, morales, en torno a las llamadas desviaciones sexuales: ante todo la inversión sexual, entendida como una reversión del género de la persona. Estas categorías y su transformación reflejan el cambio en la organización cultural propiciada por el capitalismo. Freud —moderno—, que ya había estremecido el mundo médico con sus aportaciones desde 1893 (*Estudios sobre la histeria,* «El caso Dora»), se levanta en solitario contra el discurso dominante. Retomará la sexualidad en 1905 para mostrar su centralidad para el psiquismo, trazando nuevas vías totalmente alejadas del discurso científico, que reconoció inadecuado para abordar esa dimensión de lo humano. La historia del saber sobre la sexualidad que se inicia con el siglo está llena de infamias y pugnas. Contra las infamias y el oscurantismo se levanta el discurso de Freud, introduciendo aquel saber otro en *La moral sexual «cultural» y la nerviosidad moderna* (1908). Señala allí «un notable procedimiento de indagación conocido como *psicoanálisis*» que puede discernir que los síntomas de estas afecciones (histeria, neurosis obsesiva), son producto de la represión inconsciente.

En su magistral legado *El malestar en la cultura*, entiende que la civilización es el conjunto de las normas restrictivas de los impulsos humanos, sexuales o agresivos, exigidas para mantener el orden social. Hace así patente el peso de la cultura y la paradoja en la que se sostiene. Con Lacan pude profundizar más en el malestar en la cultura, en los problemas de la sexualidad y la ética del psicoanálisis. Si Freud nos abre camino en los enigmas peliagudos de la sexualidad, en sus raíces simbólicas —inconscientes— que fundan una cultura, Lacan irá transitando nuevos caminos que me son indispensables para comprender los fenómenos culturales y la ética; desde una ética del deseo a la del goce. Es decir, Lacan nos pone de manifiesto los nuevos síntomas que la cultura produce y los juegos de lenguaje en que se inscribe. Es éste un Occidente impío, laico, secularizado, dominado por la razón instrumental y el desencantamiento del mundo. Se asoma el nihilismo.

¿Hemos de insistir en que Freud se levanta contra todo este entramado de cientificismo behaviorista? En mis pesquisas sobre la modernidad pude comprobar que el discurso médico, el religioso y el legal extraía sus «razones» de la fascinación y el horror de esa «histeria» que anda suelta, y el fantasma de la mujer libre corre por las calles. Los moralistas y tradicionalistas tacharían de vulgares y sórdidas las imágenes que los modernos describen (a Freud se le calificó de pansexualista). Si el artista se lanza al caos, al movimiento irrefrenable de la urbe, lo que deja plasmado es que puede apropiarse de esta vida para el arte. Aquello que Freud llamó «la sublimación» del arte, la modalidad social de retribuir en belleza el malestar en la cultura. Si el horror necesita ser velado es la belleza la que puede contener esa angustia. Parte de la analogía entre los fenómenos individuales y los fenómenos socioculturales, y escribe: «No nos sentimos cómodos en la civilización del presente». Expresa así su desencanto con la cultura y reconoce la incapacidad de ésta para remediar la infelicidad humana. Para mí, su voz es única, y sus textos son un legado para todos los que nos dedicamos a estudiar y crear obras de cultura, conscientes de que: «La felicidad no es un valor cultural». El mensaje freudiano es claro: la cultura implica la sustitución del principio del placer por el principio de la realidad y esta sustitución crea malestar. Pero no es todo, autor de certeza anticipada, Freud me sirve hoy de guía para continuar analizando los fenómenos culturales, y nuestra actual modalidad de malestar, unido, claro está, a Lacan, su más lúcido lector.

ALFREDO ZENONI

Psicoanalista

EL DERECHO A LA SINGULARIDAD

La cercanía del psicoanálisis puede desalentar al filósofo, al historiador, al universitario que suponen en él un tratamiento reduccionista de las grandes cuestiones de la vida humana, la cuestión del poder o principalmente la cuestión del amor, que se ven reducidas al omnipresente complejo de Edipo. Si intentan conocerlo, es en general para hacerse una idea del componente afectivo que puede colorear o nublar las características universales de la percepción, de la razón, de la moral. Pero tal vez en el lector tome forma otra aprehensión de lo «psicoanalítico» si logra entender que lo que disfunciona en la percepción o en la moral enseña más en cuanto a su estructura que lo que funciona, que lo que es «normal». Por ejemplo, que la forma en que la mirada se cristaliza en la práctica del exhibicionista o en la experiencia de la psicosis enseña más en cuanto a la estructura del campo visual que la descripción fenomenológica del acto de ver. Ese cambio de perspectiva, si se produce, no es, sin embargo, el resultado de una simple operación mental. Supone que algo en la clínica hace eco de eso que en la experiencia más privada del sujeto se presenta a sí mismo como opaco. Puede encontrarse entonces psicoanalizando después de haber sido lector. Ahora bien, ese recorrido no es fundamentalmente diferente del que lleva al individuo que sufre a referir su sufrimiento de lo que en él escapa a cualquier comparación con otro ser humano, o sea a la unicidad de su experiencia. El deseo de saber lo que hace la verdad propia, singular, orienta su demanda de sanación. Y elige como terapia la que toma los mismos caminos que esas con las que se ha tejido, entre azares y encuentros, el texto de su vida. Elige el psicoanálisis.

La política que quiera tratar los problemas llamados de «salud mental» como problemas de salud física (en términos de población de riesgo, epidemia, prevención, etcétera.) falla simplemente en eso que es el objeto propio de la terapéutica en esa materia. Su aplicación es precisamente lo que hace que una anorexia sea diferente de otra, por ejemplo, y no lo que hace que se parezcan, de la misma manera que lo que hace más interesante una novela no es que trate sobre el mismo tema que otra, sino lo que tiene de original. Allí donde, para las cosas que más nos interesan, no existe una fórmula universal innata, no pueden haber más que fórmulas individuales cojas. Además el síntoma está hecho de lo que en cada uno hace la diferencia. La condición humana no sería la condición humana si no comportara ese punto de unicidad cuyo síntoma, con el sufrimiento, es el signo de su irreductibilidad.

Así, el psicoanálisis no está más reservado al «intelectual» que las terapias estándares —tal diagnóstico, tal tratamiento— no lo está para quien sufre. Reducir el psicoanálisis a un ejercicio puramente intelectual y sin efecto terapéutico es precisamente privar a quien llega a la consulta de la única terapia cuya acción está en consonancia con la manera en que el síntoma se anuda.